LOCUS

LOCUS

LOCUS

LOCUS

touch

對於變化，我們需要的不是觀察。而是接觸。

一、《PC HOME》(電腦家庭)月刊編輯部的先生小姐們，於截稿期間仍慨然允諾為本書蒐集資料，以求更詳盡介紹書中33位電腦菁英，謹此致謝。
二、本書三位譯者分別負責的部分茲說明如下:
汪仲小姐，作 pp.115-260 。
邱家成小姐，pp.8-114，以及 pp.367-372。
韓世芳小姐，作 pp.115-260 。

未來英雄

Digerati

Encounters with the Cyber Elite

約翰・布洛曼John Brockman

譯者：汪仲／邱家成／韓世芳

A *touch* BOOK
Locus Publishing company
P.O.Box 16-28, Hsin Tien, Taipei County, Taiwan
2-3 Alley 20, Lane 142, Sec. 6, Roosevelt Road, Taipei, Taiwan
ISBN 957-8468-04-0 Chinese Language Edition

January 1997, First Edition
Printed in Taiwan

未來英雄
作者：約翰・布洛曼(John Brockman)
譯者：汪仲／邱家成／韓世芳
責任編輯：邱家成　美術編輯：何萍萍
發行人：廖立文　出版者：大塊文化出版股份有限公司
台北市117羅斯福路六段142巷20弄2-3號　**讀者服務專線：080-006689**
TEL：(02)9357190　FAX：(02)9356037　信箱：新店郵政16之28號信箱
郵撥帳號：18955675　戶名：大塊文化出版股份有限公司
行政院新聞局局版北市業字第706號

總經銷：北城圖書有限公司　地址：台北縣三重市大智路139號
TEL：(02)9818089(代表號)　FAX：(02)9883028 9813049

排版：天翼電腦排版有限公司　製版印刷：源耕印刷事業有限公司
初版一刷：1997年1月　定價：新台幣330元

目錄

開場白

一九六六

「『愛情跨媒體動態環境』(Love Intermedia Kinetic Environment)，約翰．布洛曼如是說，帶著些許玩笑成分，但顯示了跨媒體動態環境確是當紅寵兒，在各熱門場所：一項經驗，一樁事件，一個環境，一個嗡嗡響的電子世界。」《紐約時報》

跨媒體動態環境？那是什麼東西？一種以爪哇語言寫的小應用程式？一個微軟新技術研發部門發展的新式OS平台？一種4D的VRML檔案格式？不盡然。那時候是一九六六年九月四日，勞動日週末，我坐在紐約長島某處公園的椅子上，讀著《紐約時報》藝文休閒版頭版上描寫我的文章。邊讀邊想，這文章會不會讓我在林肯中心「紐約電影節」的工作不保。我在那兒負責「新型態電影」，彼時二十五歲。

周圍環境裡，新的、刺激的點子和表達手法，已由一些活動、舞蹈、地下電影、前衛劇場中，由致力於實驗的創作者身上露出端倪。跨媒體，通常包括沒有劇本，有時即興的戲劇活動，在活動中觀眾也是表演者。

擔任這份工作之前，我是在「電影人劇院」(Film-Makers' Cinematheque)，負責籌備一個電影節活動，拓寬電影表現形式。一九六五年，「電影人劇院」是地下電影的大本營。我簽下了三十項表演節目，表演人俱爲世界一流的舞者、詩人、劇場人員、音樂家。我不限制演出內容，任他們自由發揮，唯一要求是必須與電影有關。

最後成果便是「拓寬電影節」，吸引了主流媒體的注意。一年內，《生活》周刊報導了兩次；《時代》周刊介紹了若干作品。我採用「跨媒體」當商標，打響了名號。不少藝術圈裡的傳奇人物對這一類演出感興趣。那時期我與若干人物合作過，包括：視覺藝術家萊絲・李文（Les Levine）、克雷・奧登伯（Claes Oldenburg）、羅森伯格（Robert Rauschenburg）、安迪・沃霍爾（Aady Warhol）、羅伯・惠特曼（Robert Whitman）；機動藝術家（Kinetic artist）夏洛・莫爾曼（Charlotte Moorman）、白南準（Nam June Paik）；偶發藝術家（Happening artist）艾倫・卡卜洛（Allan Kaprow）、卡洛利・施尼曼（Carolee Schneemann）；舞蹈家翠夏・布朗（Tricia Brown）；電影製片賈克・史密（Jack Smith）、史丹・范德比克（Stan Vanderbeek）、艾德・艾姆斯威勒（Ed Emshwiller）、庫查（Kuchar）兄弟；前衛舞蹈家肯・杜伊（Ken Dewey）；詩人葛德・史登（Gerd Stern）和「我們公司」（Us Co.）一群人；音樂家有拉芒・楊（Lamonte Young）和泰利・羅利（Terry Riley）；藉沃霍爾之助，也與地下絲絨（Velvet Underground）合作。

詩人葛德・史登曾幾次與馬歇爾・麥克魯翰（Marshall McLuhan）合作，把麥克魯翰的演講與「我們」的跨媒體表演結合起來。葛德一頭亂髮，滿臉于思，而麥克魯翰這位多倫多來的教授，全套西裝。兩人對比鮮明，然而合作無間。經由葛德等人引介，麥克魯翰的想法逐漸爲藝術界所知，幾年後成爲主流。葛德介紹我認識了麥克魯翰的夥伴，人類學家艾德蒙・卡本特（Edmund Carpenter），而一九六七年，卡本特轉帶我去富登大學（Fordham U.）見麥克魯翰、卡爾金神父（Father John Culkin），以及頗受傳播理論學界歡迎的幾位人士。在座多位咸認，我們（表演）已超過佛洛伊德提出的「潛意識」理論，並且說，我們讓意識現出形狀了。

麥克魯翰提了一段話，我很興奮：貝爾實驗室（Bell Labs）的科學家克洛德・山農（Claude Shannon）與華倫・威佛（Warren Weaver）兩人，寫了一本書《傳播的數學理論》（*The Mathematical Theory of Communication*），書開頭這麼說：「『傳播』（Communication）這個詞，在本書中的含義很廣，凡是某一個心靈影響另一個心靈的過程，均稱傳播。書寫式和口頭式傳播當然包括在內，同時包括音樂、圖像藝術、戲劇、芭蕾，事實上涵蓋人類所有行爲。」

作曲家約翰・凱吉（John Cage）也有類似看法。平日，他每週召集一次餐會，找來一群年輕的創作者、詩人、作家等，談論他自己的看法，當然也試一試他的洋菇食譜味道如何。我有幸參與了那些個餐會，一同討論媒介、傳播、藝術、音樂、哲學，以及麥克魯翰與威納（Norbert Wiener）的學理。麥克魯翰說，人類發明電子科技以後，中樞神經系統——也就是心靈——便從身體內部向外在世界延伸了。凱吉更說，我們不得不推測，「只有一個心靈存在，一個我們全體共同擁有的心靈」。凱吉認爲，我們必須突破一己的、個人的心靈框架，必須明白外在事物刻正劇烈變動。心靈已社會化了。凱吉說：「一旦我們改變認知，世界即隨之改變。」心靈本是人力促成的外在延伸，現在變成了我們的環境本身，在凱吉口中，此乃「集體意識」；若能搭建「全球性的公用事業網」，我們便能窺見集體意識。

此外，我受到建築設計師富勒（Buckminster Fuller）、未來學家麥克黑爾（John McHale）、文化人類學者霍爾（Edward T. Hall）等人啓發，開始猛讀資訊理論、控制論（Cybernetics）和系統理論。

這段期間，我成爲第一位「麥克魯翰派」的顧問暨製作，很快便生意熱絡；通用公司、哥倫比亞電影、史谷脫紙業，都是我的客戶。

我把這些看法綜合起來，寫了第一本書《作者爲已故的約翰·布洛曼》（*By the Late John Brockman*），把資訊理論——即傳播的數學理論——視爲討論人類所有經驗時的基本模式。其後多年，我一直延續一個中心思想：新科技等於新的認知。

> 新科技等於新的認知。所謂眞實乃是一個人造的過程。從某一方面來說，我們對世界與自身的理解，乃是從我們對科技的認知所產生的模式，而科技是我們當作產品來生產的東西。
>
> 人類造出工具，然後依工具的形象塑造自我。十七世紀鐘錶發明後，語言中便出現了有機械意涵的隱喻：「心臟如同幫浦。」二十世紀中葉，自控式工程裝置問世，控制論式的比

喻也出來了：「人腦如電腦。」這概念初提出時很難接受，現在卻已是過時的比喻。

有人根本無法接受這種認識論。這種認識論撕裂了習慣思維的構造，混淆了主體與客體，並促成個體的自我「反創造」(decreate)。正如英國人類學家貝特森 (Gregory Bateson) 所云，個體的心靈處在一個由模式、秩序、共鳴所構成的世界，是某個秩序的次序統。心靈固存於這個較大的秩序系統中之各路徑所攜帶的訊息中；心靈也固存於傳遞訊息的路徑上。

我們心靈這番劇烈的再啓動，關鍵正是「資訊」。在貝特森提出的解說中，「資訊」指的是規範與控制，而不是意義、想法或資料。他向我解釋：「資訊是一種能夠造成不同的不同。」落在你身後的雨點不含資訊；滴在你鼻尖的雨點則含資訊。資訊是一種「效果」的度量方式。控制系統一旦遇到變化，必須反應以維持運作時，便利用資訊。

我以上述觀點爲基礎，思考當前的傳播革命。依據牛頓物理學，局部（比整體）才是重要的；那麼，我們所處的宇宙便無窮盡地與它自身互動，而連結各個局部的模式才是舉足輕重的。但這樣會有麻煩：讓某個系統描述它自己，怎麼可能不產生呈螺旋狀上升的反射鏡？

答案何在？「沒有人知道，也找不到。」對語言的平面所作的描述，也就是承載了我們所作的描述的那個平面。語言轉成行爲，一場舞，一齣戲，一首歌。

有了網際網路和全球資訊網，我們爲自我創造出新的延伸；恰似一百八十年前出版的《科學怪人》書中，法蘭根斯坦博士 (Dr. Frankenstein) 把自己的創造物拼整出來。只不過我們的創造物不具人形，不藉著增生的軀體來占據空間，於時間中移動。我們所創造的，是一頭突然冒出的電子獸，體形奇大無邊，吾人竟只能揣度它的性質與體積。

那電子獸是我們自己嗎？

霍爾曾告訴我，人類重大的、有意義的發明，往往看起來不像什麼大發明，而似乎是自然生成的。他認爲，最重要的發明不是懂得用火，不是印刷術，不是電力出現，不是認識了DNA結構，而是……說話。

爲了說明他的論點，他講了一個故事：

一群史前穴居人正在交談。

第一個人說：「你知不知道，我們在說話呢。」

好一會兒沈默。其他人狐疑地望著他。

「什麼叫說話？」第二個人問。

「就是我們現在正做著的事。我們正在說話。」

第三個人接話：「你瘋啦？我沒聽說過這東西。」

第一個人又說：「我沒瘋，你才瘋了。我們是在說話。」

說話被認爲是天生而自然的事，一直到有那麼一個人喊出「我們在說話」，才使得「說話」變成看得見了；而這是一個演化的過程中，意義重大的時刻。

現在，有一個新發明出現了，它是集體意識的符碼。我稱它爲「分散式連線智慧」（DNI, distributed networked intelligence）。DNI是我們大家共同擁有的心靈，一個集體的向外延伸的心靈。

DNI是我們的集體意識與自己互動而生的永久振動；DNI使得生而爲人此事，更具有豐富飽滿的涵義。

我是網路。我是全球資訊網。我就是資訊。

我是內容（content）。

非關電腦，卻與人類傳播有關。

「我們正在說話。」

引 言

數位時代的內容

一九九五年一月，我邀請了某個大型合併（convergence）媒體出版部門的主事者共進午餐，商談出書計劃。他則提出另一個企劃。他母公司的董事會前不久知會各部門負責人，須把所有資產都數位化。我這位客人的任務相當駭人：他得把幾千本已出版的書全部數位化。他說：「我有辦法讓主體的工作在印度、菲律賓完成。但是，待文件都數位化了，我該拿那些內容怎麼辦？我說，約翰，你工作中來往的人很多是提供內容的，也許你有些看法，告訴我該如何讓這些紙上資產重新發揮用處。」

主體工作？重新發揮用處？提供內容的人？紙上資產？

十年前，一九八三年吧，我在我著作權代理公司的商標上，除了原用的書本符號之外，加了一個電腦磁片的圖樣，並且對外公布，我們轉型爲第一家「著作與軟體代理商」。由於我在個人電腦市場爆滿的時候立刻轉移陣地，故得以與開發軟體的公司、電腦書的作者和後製作人員合作，代理他們的產品，成績頗佳。

有了這個工作經驗，加上我對傳播相關課題的思考，所以心生警覺，大事即將發生。我可不打算坐在場邊，看著事情走過。

於是我展開一連串我叫做「未來英雄餐會」（digerati dinners）的約會，去舊金山，去聖．馬提歐（San Mateo），去洛杉磯，去鳳凰城，然後去西班牙巴塞隆納，去倫敦，回美國西雅圖、帕拉．奧托（Palo Alto），再飛歐洲，去坎城，回紐約，轉米蘭，加拿大蒙特利；巴黎、那帕谷（NaPa Valley），以及慕尼黑。

我好奇的問題，包括「數位時代的內容是什麼」、「新的語言和新的描述事物的方法，對於新的理解方式有多重要」，以及「一般人茫然不知的態度造成何種妨礙」。

史都華．布蘭德，「威爾」系統的創始人，曾在《GBN書的俱樂部通訊》（*GBN Book Club Newsletter*）上爲文指出：「位元就是位元，不是事物。當經濟型態改變，從傳送事物變成傳送位元，它就難以辨認了。價值的本質及其流動也隨著移轉。做生意的環境驟變不說，連生意本身的功能也產生形變。但這些改變究竟朝何方向而去呢？」

電腦業界重要通信刊物《發表*1.0*》（*Release 1.0*）的發行人，艾絲特．戴森，在一九九四年十二月發表的〈網路上的智慧財產權〉一文中，直陳：「未來的電子商業和電子內容世界，〔…〕不是大多數擁有智慧財產的人所期待的世界，他們簽下合約，並不是爲了要這樣一個世界，他們保護智慧財產，也不是爲了要留給這樣的世界。」倉庫裡上萬本「紙上資產」，在電子資訊經濟型態裡不算資產。內容並非放在倉庫裡，或擺在書架上的東西。

內容是事物的情況，事物前後狀況的關聯。（Content is context.）

「資訊是一樁活動。」約翰·巴洛如是說。巴洛在《連線》雜誌上登了文章〈創意經濟：數位時代版權與專利之重新思考——你所認識的智慧財產觀念全部錯了〉，文中謂：「資訊一詞是動詞，不是名詞。去除了資訊的包容物後，資訊顯然就不成其爲一個東西。事實上，資訊是心靈之間，或與物體之間，或與其他資訊之間互動時所產生的那個東西。」

巴洛也是「電子前鋒基金會」(The Electronic Frontier Foundation) 的創辦人之一。他使用中古時代的方式來描述當今新的數位形式：故事一代傳一代，沒有定版，無所謂正式授權。所以，「數位式的資訊既不受外在包裝的限制，故爲一持續的過程」。巴洛認爲，過去作法強調原作者的重要性，日後則將逐漸看淡。在此新環境中，巴洛說：「資訊是一種關係；意義具有價值，而且在每項關係裡是獨特的。」

「新媒體」的特質，乃是「可計費的互動」取代了文本（text）。巴洛說：「大家轉向網路，漸漸從生產資訊的地方直接取得資訊，而且是未經主流媒體篩選的資訊，接著他們便會嘗試自行發展同樣的互動能力以探索眞實。過去，眞實須憑著經驗才能得到。另外，現場立即與這些來自遠處的『耳目』接觸，要警戒也容易得多，不像存放在商店裡的『電子束』，所含資訊輕易就可以複製。」

戴森概括說明了隱含在這個新秩序之下的商業現況，據她預測，以內容爲基礎的價值，來自「服務（位元的**轉換**，而非位元本身）；來自經挑選的內容；來自其他人的同在；來自品質的保障——能提供有關位元之源頭及其未來流向的可靠資訊。簡言之，知識性的**過程**和**服**

務將看漲，而知識性的**資產**本身貶值」。

戴森提出一個急進的看法：「內容（含軟體）可當作廣告，介紹諸如內容組件的支援、擴充、過濾、組合、重整或訓練等等——或者內容可成爲已付費之關係的副產品。提供內容者的最佳對策，乃是善加利用這種情況，智慧財產免費奉送，轉賣服務和關係。內容提供者面臨的難題，在於分辨何者該收錢，何者可贈送，而如何決定，又需視其他提供內容的人怎麼做，消費者期待什麼。**這不是個道德上的決定，只是個商業策略。**」

在她的架構中，最下游的使用者也許能免費取用網路上的作品：「創作者收取的費用，可能不來自觀看者、讀者、聽者，而來自把創作者作品當作廣告來用的公司。廣告商面臨的挑戰不是別人付不付錢，而是要確定，所欲傳達的廣告訊息與內容密合。創意探子、顧問、創意包裝等代理商的智力活動，將會大有用途，而且收獲豐碩。」

價值就在活動中。人類全部知識的總和，不是數量驚人的資料，也不是塞滿了書的龐大圖書館。資訊即過程。數目、數量、說明，再也沒有價值。

價值在活動中。**內容**不再是名詞；**內容**是情境，是活動。**內容**是人際關係，是社區。構成互動元件中可任人取用的文字與圖像，不是內容；**內容**是互動性的品質。**內容**是動詞，是一個持續的過程。網際網路上的價值，將來自**服務**、經挑選的內容、其他人的同在，以及品質的保證。簡言之，知識性的**過程**和**服務**將看漲，知識性的**資產**本身貶值。**內容**就是資訊，而資訊價值就在活動中。

一年後，一九九六年二月，在紐約市傑維茲會議中心舉辦了一場網際網路研討會。主講的四位人士，據稱——雖有爭議——是塑造網際網路未來的靈魂人物：

微軟公司最高執行長比爾・蓋茲，他表示支持並計劃拓寬這項發展中的新科技，藉著統合微軟桌上應用軟體與「微軟探索者」（Microsoft Explorer，微軟專用的網路導覽器），讓微軟使用者能與資訊網互動。

網景公司董事長吉姆・克拉克（Jim Clark），描繪出一個由電話和通訊科技促成的新通訊紀元。

「美國線上」網路伺服公司最高執行長史蒂夫・凱斯，不同意過去的「內容至上」說法。他認爲戰場不只在內容上，情境和社區也是一較長短之處。

昇陽公司執行長史考特・麥尼利認爲，網際網路恰好說明了他向來的見解：網路即電腦，網路即商機。

艾迪・邱利博士（Dr. Eddie Currie，推動個人電腦革命的先輩之一）是這麼說的：「如果電腦革命、電腦科技、網際網路等眞有什麼不易的道理，乃是：沒有人知道它們將朝何方向發展，驅策它們的力量爲何，又將造成何局面。」

這段話的另一層涵義，也許表示我們已經抓到了一頭電子獸的尾巴，但是它太巨大了，我們竟無從想像它究竟多大，將會造成什麼影響。目前各種研究方向只不過各顯示巨獸的某一面；但所有研究一致認爲：它是下一樁大事。

然而下一樁大事的本質是什麼？我們需要哪種語彙來描述它？誰在驅策它？誰能讓它現身顯形？它如何改變我們的文化和我們自身？以上正是本書藉著與當今「電腦菁英」（cyber elite）面對面，欲探討的一部分問題。

本書所稱的「數位英雄」（digerati），指的是**某位**電腦菁英；我無意視書中諸位數位英雄，爲**電腦菁英的化身**，但我認爲，他們是現今電腦界衆多傑出人士的代表性人物。這群代表人物中，有的是行動派，有的是理論派，有的是寫手；彼此之間的關係可能他們自己也不喜歡，但他們都對新興的，以網際網路和全球資訊網爲中心的傳播革命有絕大影響力。書中諸位恰好全是美國人，但他們的行動足以造成全球性的衝擊。

史都華・布蘭德說：「菁英是創意與執行的工廠。菁英讓事情發生，推動文化與文明。菁英通常術業有專攻，與志同道合的人共同形成一個『能者階級』（meritocracy），相互激勵求精。他們追求地位，但不見得是在一般人約定俗成的範疇內，而是在他們從事的領域裡。他們接受新人，視新人的表現決定其可否加入。五年後，他們可能已經稱不上菁英了。」

未來英雄向別人「傳福音」，大力推動新科技，與人接觸，適應力強。他們喜歡與同業互通信息，以逼迫自己成爲同行裡的頂尖高手，也把自己最新的想法讓別人知道。他們允許別人優秀；惟有優秀的人，他們才願與之討論自己感興趣的東西，並聽取意見，以評估新點子可不可行。他們把自己問自己的問題，拿來互相詢問；這是此電腦菁英群有所作爲的部分原因。

這些人身上，常見到屬於個人的權威，一般並不來自他的職權。數位英雄們密切注意彼此動態，儘管並非個個都與其他每一個人聯繫，但以多種方式建立了關係，而和我保持私人情誼，經由我，與其他人有或深或淺的交情。

新的通訊科技改變了事物的形勢。大型企業發現，整個公司都變了。變化最劇烈的要數網際網路公司和軟體公司，而且成爲眞正值得重視的公司。凡是不理睬這些變化的人或企業，將可能被擠至不起眼的角落。

近年來，許多聰明過人的人才進入電腦業，從事硬體、軟體、網際網路、合併媒體方面的工作，而最前緣的任務，即是開發新的電腦通訊方法，例如全球資訊網。

電腦菁英對於人類的溝通方式提出新看法。通訊既是文明的基礎；故本書談的不是電腦，不是科技，不是數位產物，本書談的是我們的文化與我們自身。本書提供新的比喻來描述我們的心靈、我們自身和我們所處的世界，以及周遭所有我們曉得的事物。

推動這場電子革命的，正是本書介紹的諸位數位英雄（加上其他未列入書中的電腦傳播界傑出人士），以及他們的新看法和新譬喻。

今日世界中，科技的進程一日千里，其速度之快爲人類歷史迄今所僅見。由於「改變」

的本質急速變化，二十世紀遂竟以不確定（uncertainty）——我們都須承受——爲標誌。欲了解我們是誰，我們朝哪兒去等問題的人，本書提供的看法和資訊不可不讀。我們提出的模式和譬喻不斷在改變，我們的世界和我們所知的事物，刻正急遽變遷轉型中。這本書是關於一群改造文化和文明的人。

我向大家介紹未來英雄，他們自行介紹自己。他們並非**在**新領域，他們就**是**新領域。

約翰・布洛曼於紐約市

致讀者

一九九五年八月至一九九六年四月，我把自己和三十六位電腦菁英的談話過程用錄影帶拍攝下來，談話內容就收在本書裡。我有兩重目的：一，寫一本書；二，以這些談話爲基礎，在網路上建一個網路菁英網站。

本書不是概論式報告，也不是新聞學作品，而是文化的口述式呈現。本書展示了一個新群體的現況，介紹他們的想法給大衆，也讓他們互相了解彼此想法。

有三位菁英，慨然允諾與我談話，最後卻基於時勢的考慮，而沒有把他們列入本書。我在本書的訪問工作甫展開時就先與這三位談，但整理初稿的六個月裡，我們所談的東西發生戲劇性變化。他們三位做的事很重要，也值得認識。這三位分別是：葛雷格·克拉克（Greg Clark），新科技集團（New Technology Group）暨新聞企業（News Corporation）的總經理，別號「醫生」（Physicist）；史都華·麥布萊德（Stewart McBride），「聯合數位藝術工作者」（United Digital Artists）的董事長兼創意執行主管，別號「名家」（Maestro）；傑瑞·米開斯基（Jerry Michalski），《發表 1.0》的執行主編，別號「朝聖客」（Pilgrim）。

這份未來英雄的名單，出自我主觀的看法，也反映我個人的喜好，並非面面俱到。同樣的書名，極可能出現好幾種截然不同的名單。我知道，我漏了若干顯要人物；其實我邀過他們。

本書介紹的是「第一代」數位英雄，他們帶領我們到達現在的景況。卻未必是繼續推動發展，帶我們到達下一個高原的人。網路上孕育著一批新的厲害角色。

書中三分之一的人與我合作過：有些人的作品交由我的著作與軟體代理公司「布洛曼」(Brockman, Inc.) 代理，有些則是公司的客戶。其他三分之二是朋友。本書雖由 Hard Wired 公司出版，我個人卻與《連線》(*Wired*) 雜誌沒有關連（最多只不過訂了他們雜誌）。此外，本書並非爲所謂的「網路文化」(wired culture) 背書，亦非對之提出評論。

我因係本書編輯，故得把書中受訪者口述的內容轉成文字。每位受訪人皆看過我所做的記錄，有人甚且自己校改過，但本書各章並不代表受訪者本人的寫作——欲讀他們的著作，請逕行閱讀他們的文章或書。我想，讀者感興趣的應不是我的衍繹，而是他們的意見，所以書中避開了我自己的角色和問題。最後一點，各受訪者針對其他人所發表的意見，乃各人對該人物原持有的看法，而非就該人物在本書中所記錄的談話而發。

1

實用論者

史都華·艾索普 Stewart Alsop

他眞是個實用論者。

PC 這行裡這麼多人，他是唯一針對消費者的人。

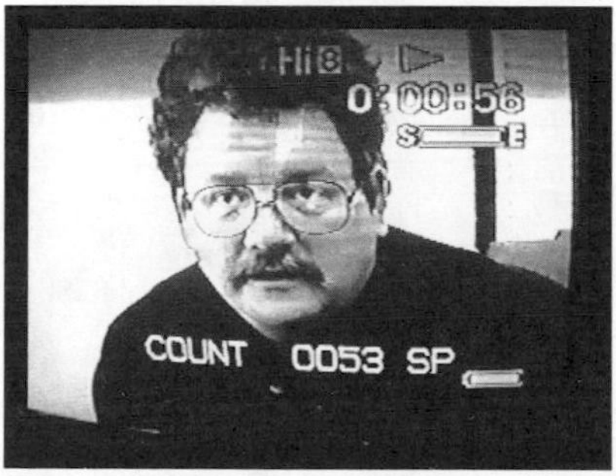

· 現爲「新企業公司」(New Enterprise Associates，一家創業投資公司)股東之一。他同時是 Agenda 電腦會議的執行人和創辦人。

· 在《財星》雜誌上擁有一個專欄「艾索普寓言」(Alsop's Fables)。

· 從事出版事業約20年，其中有15年是在電腦出版業。曾擔任「資訊世界出版公司」(InfoWorld Publishing Company) 的執行副總裁，主要工作是監督該公司的編輯部；當時，他也是《資訊世界》(*InfoWorld*) 雜誌的總編輯。另曾創辦《PC 通信》(*PC Letter*)。

· 在參與電腦出版業之前，他是一個商業記者，擔任《公司》(Inc.) 雜誌的執行主編。

介面一：實用論者自己說

編輯是一群有原創力的情報員。我們試圖了解顧客的生活，現在小有心得，已能符合他們的需求，也能敦促他們，提供他們一種身分，讓他們覺得自己是社區、人群的一分子。我習慣見到書報攤有上百種刊物，現在資訊網上有成千的產品，競爭堪稱激烈，所以你必須思考，哪些東西能吸引人的目光，能牽動神經。這不僅僅是因爲事物天天更新，所以必須求新求變。改變必須和讀者有關。你得有一個設定的對象群，也得曉得你的東西對哪個社區有效。

資訊網讓人頭腦不清。現在，出版業裡理智的人，閒來無事也數起人頭：「有六百萬人在使用網路。」或說：「有一千萬人呢。」最後我說：「且慢。只因爲有了網路科技，我們就要把出版業裡我們熟悉的東西全丟掉？光數著什麼上網人數？」編輯或提供內容的人，應該想辦法吸引一群特定讀者，營造一種團體氣氛。所以，網路上究竟有多少人口並不重要。如果你打算在網路上營造團體氣氛，你得先弄清楚，你是向哪個群體說話，你也得加入那項交易。商機還是在的。

基本的問題在於推力與吸力之辨（push versus pull）。網路上各網站屬於吸力，你必須走向它們。報紙是推力，它們是被送到你門口的。書則大部分是推力，但也有吸力：出版者必須先打動讀者，讓他們願意到某處找到書。屬於推力或吸力，改變你行動的性質。棒球賽是吸力：爲了看球賽，你必須搭車去球場。對顧客起作用的誘因繁多而複雜，你必須思考，欲使某個產品打動顧客，哪些誘因一定存在，哪些過程必然發生。

我討厭**內容**這個說法，因爲這一個統稱式的詞把創作的價值一般化了。作家「寫作」，製作人「拍電影」。說你是個「提供內容的人」（content guy），並沒有點明你究竟是何方神聖。現在大家提起內容時，彷彿它是個可以從地板上撿起來的東西，收攏在一塊兒，就可以打動人心。我儘管不喜歡這個詞，但它是唯一能跨越各個學科領域，而把以數位方式從事出版的人士之作爲描述出來的詞。這樣一個統稱性的名詞，卻必須具體地表達給受衆。你不能假設你的產品能送達某個特定受衆手上；你必須設法了解，驅使那位受衆願意購買某物的動機是什麼。

仔細思考大型媒體，即經由合併而成的「併購公司」，諸如迪士尼、維康（Viacom）影視，時代華納，新聞集團等的作法，必然會注意到一個基本原則：在任何一個創意行爲中，一定要有人懂得如何打動顧客。迪士尼的卡山博（Jeffrey Katzenberg）很棒，他能把觀衆從椅子上挖起來，吸引到電影院去。如果你是維康那位瑞史東（Summer Redstone），你手下就得有懂得做電視節目的人、拍電影的人，以及懂出版的人。追根結柢，仍然是老問題：如何以內容打動人心。

如果我有機會和經營大型媒體的人談起互動式內容，我會這麼說：「別擔心，那只是遠方地平線上的一個小點。它獲利的潛力不至於讓你感興趣或讓你動心，你大可完全不理睬。但是若你不想見到你的公司在科技上處於洪荒時代，那麼你就得親身參與，並且明白你公司爲什麼要發展網際網路。但是，你不能爲了董事會，爲了討好股東，或爲了賺錢而發展網際網路。你發展它是因爲你明白，這東西將來會左右你的業務。你以後會藉它賺錢，所以，爲了日後能賺錢，你要參與，了解，並且投入。」

網路的經濟價值與電視旗鼓相當；電視的商機高達幾百億美元，大家忙著接受它。至於資訊網上，行銷和娛樂的機會都有，也許不像過去習慣裡的行銷或娛樂方式，但是有一大群人覺得網路有趣。這些人會花錢去玩網路的。

介面二：大家說

●**寫手／約翰・馬克夫**：艾索普在我們這一行裡扮演居間調停者的角色。他是我以前在《資訊世界》的老闆。他出身於一個優秀的新聞人員家庭，進入這一行以後，試圖接手《資訊世界》，把它轉型成一份無趣的普及性刊物。我們有三個人辭職，不過我和他維持朋友關係。他有良好的洞察力，也蠻能引經據典。他的研討會辦得很棒。他有一種很奇特的幽默感。我們這一行剛剛冒出一些賺頭，所以他能撈到一點好處，這是他的一個問題。他其實不必這樣辛苦。

●**先知／大衛・邦諾**：艾索普是不折不扣的新聞工作者。他觀察入微，不輕信，有才氣，而且是非賣品。他的看法值得重視也引人深省，因爲他不會被周圍洶湧的勢力影響得面目全非。在一個已露疲態的產業中，他是一縷清新的空氣。

●**辨識模式高手／艾絲特・戴森**：艾索普是少數幾個走得比現在市場快一、兩年的人，而他確實抓得住大衆腦子裡想什麼。他恐怕是我所知道的最棒的「氣象預報員」。

●**理想派／狄尼絲・卡盧梭**：史都華・艾索普是我進這一行的啓蒙師父，我豈能加以置評？他眞是個實用論者。PC這行裡那麼多人，他是唯一針對消費者的人。至少他當編輯時如此。我希望他在成爲「兀鷹」（編註：vulture，兀鷹之意，拼字與"venture"接近，故爲語言遊戲）資本者之後，不會改變。

●**牛蠅／約翰・德弗亞克**：史都華最近變成一個投機的資本家，我有點失望。現在我得看看，他所寫的東西後面是不是隱藏什麼議題。我不相信他是爲了錢。

●**政治家／史蒂夫・凱斯**：史都華始終用平常人的眼光來看科技；他早期爲消費者導向的商業刊物寫東西時如此，現在爲一般性的產業刊物寫稿也沒變。各種聲明氾濫成海，哪家公司不說自己是最先進最棒的？他就是能潛入其中，找出哪些聲明爲眞，哪些不是。長久以來，他的確是講求實際。

●**市場專家／泰德・里昂西斯**：史都華・艾索普思緒敏銳，但打起高爾夫球其爛無比。他想要表現得很兇很嚴，而他本人不是這樣；和他喝杯啤酒鑾愉快的。有趣的是他清晰的思路。他通常是對的，很少做錯。這點你不容易在一個待電腦業十五年的人身上看見。

●**製作人／李察・佛爾曼**：史都華所辦的或所製作的專題討題會議，可能是最好的。他會把會議做得很有特色，除了一針見血的文章，還加上迎合電影業界闊佬的娛樂業手法。如果我要選兩個研討會參加，他的一定是其中之一。

●**賢明人士／保羅・沙弗**：艾索普在這一行扮演幾種不同的角色。儘管他自己專業素養相當豐富，他仍致力於讓理性的職場人士自問：「我到底懂不懂？」他家族的人個個能說能寫，並以平易的方式向一般大眾講述事物。

介面三：布洛曼說

艾索普很開心。「它改變了我的生活。我現在不看電視了，只看網路的東西。網路很有趣，我家裡有一條整合服務數位網路線（ISDN, integrated services digital network），所以上網非常快速。這很重要，網路是很基礎的東西，非常有力。」

艾索普在出版業待了二十年，他當過《資訊世界》周刊的總編輯，當過《PC通信》的發行人，也是「議題」研討會的製作人，籌辦這項每年有電腦業界各巨頭出席參加的會議。艾索普是一位實用論者。他喜歡做事，喜歡賺錢，喜歡製造別人願意花錢買的東西。

我一九八三年認識他。這些年來，我們經常在研討會、業界各活動，以及其他社交場合上見面，他看起來總是很親切。我很喜歡有他在身旁，他很好相處，我也很欣賞他獨特的專業觀點。

從他的觀念看出他的背景：一個在嚴肅、絕不胡說的新聞學理念中長大的人。他父親也叫史都華・艾索普（Stewart Alsop），叔叔是約瑟・艾索普（Joseph Alsop）。他能編能寫，勤讀書，常思考。

儘管他成長於美國東部，但他是典型的美國男孩，看電視，不愛做學校功課，常惹麻煩。長大後，他還是愛看電視，一天看兩、三個小時，而且覺得由電視中獲益良多。現在，他每天晚上在全球資訊網流連兩、三個小時，也覺得收穫頗豐，儘管他心知肚明：網路提供的內涵和電視差不多。

艾索普說，網路是開路先鋒，還沒有眞正改變我們的生活，但將來必定會。「如果你深入探究網際網路與資訊網的意義，你會發現，它們帶來的改變，將如同過去開了公路，有了汽車、火車、飛機之後，我們行爲上的改變。網際網路可用嶄新的方法結合社區，處理日常生活。實難論斷網際網路到底將如何改變人類生活——因爲我們看不到網際網路發展的終點。」

依艾索普的看法，還沒有人弄懂怎麼靠全球資訊網路賺錢。理由有三：一、沒有工具。二、沒有顧客。三、這項技術稱不上好用。但是，現在說沒辦法藉著資訊網賺錢，就像一九七八年時，判定PC軟體不是賺錢工具。他相信，日後網路實際改變了我們生活時，就會出現各種賺錢的方法，而有些便是現在使用中的營利方式。

「《資訊世界》屬於印刷出版業，我們日後會研擬在網路上招徠廣告戶的方案；（施行後所賺的利潤會和現在使用印刷技術不相上下，可能還多些。一如我們會想辦法利用網路，其他行業，電影也好書籍也好，也都會。竅門在於你要想出一種能在網路上賣東西給顧客，並從中獲利的方式。」

艾索普身兼數職，而且每一份職務都做得既順手又有個性。他擁有的影響力，遠非《資訊世界》三十一萬份的銷售量所能提供。原因何在?因爲他八年前就離開《資訊世界》，出版了一份通訊刊物;因爲他的「議題」研討會吸引了業界大人物。或許也因爲他是老手，而大家看著他一次又一次做對了。

2

北美土狼

約翰・巴洛 John Perry Barlow

巴洛是電腦圈的土狼，他負責往外跑，
越過營火範圍，進入黑暗，然後回來通報，
可以看見的地方發生了什麼事，
以及四面八方的變化。

- 「電子前鋒基金會」(Electronic Frontier Foundation，EFF) 的創辦人之一，目前爲該基金會副董事長。也是全地球電子連結 (The WELL，Whole Earth 'Lectronic Link) 的董事會成員，並擔任 CSC 先鋒團 (Vanguard Group of CSC) 和全球商業網路 (Global Business Network，GBN) 的顧問。
- 經常撰寫文章或發表演講，討論社會虛擬化的議題，是電腦安全、虛擬眞實、數位智慧財產權等主題的評論家。
- EFF 創立於1990年7月，爲非營利性質的民間組織，旨在爭取電子媒體上的言論自由，並探討隱私權及新媒體的責任等問題。

介面一：北美土狼自己說

對於資訊的態度最大的錯誤，乃是錯把容器當成內容。當我們開始把資訊轉變成後古登堡時代的產品，很容易以爲「書」就是該項產品；我們建構起一個巨大的工業設備來製造那些物品，把它們當作工廠生產的貨物。從發行的角度觀之，書籍或烤麵包機沒有什麼不同。我們仍認爲資訊是產品，是物件，是由原子組合而成的東西，而非由字元（bits）組合而成。我們仍然沒辦法認識一件事：資訊發生於兩個心靈空間之間，流動不歇，互有往來，而且惟有在此情形下資訊才存在。

在一般的產權概念下欲擁有資訊，是行不通的。所有物（property）乃是指可以從你這兒拿走的物件。假設我有一匹馬，你把馬偷走了，我無法再騎它，它的價值便從我這兒消失。但假如我有一個創意點子，你偷了去，不僅我仍擁有該點子，而由於現在有兩個人擁有同一個點子了，該點子本身遂更有價值。你偷了它，使它增加價值。一個資訊經濟體系的基礎，在於此體系能否解決資訊熵値（entropy）的問題，能否提高價值，向複雜化發展——待我們認識這一點了，才可能由資訊經濟體系獲利。

資料（data）和資訊不同。你可以用機器蒐得無限多的資料組，但若要把資料轉成資訊，你就必須用人的心靈來處理資料，從中產生意義。此乃資訊與其他產品的重大分野。物質世界的產品通常就是它們自身，不論外在情境爲何。烤麵包機就是烤麵包機。但在資訊世界裡，每一則資訊的價值，來自它與某個判定此資訊有無意義的心靈之間的關聯。這也是資訊經濟中很難理解的部分，因爲大家太習慣把所有東西都化約至一般的物質層次。

另一個問題是經驗。經驗也和資訊不一樣。經驗是感官神經元與其所能觸及的現象之間，即時的互動關係，可經由電子傳播取得，亦可因置身情況之中而得。身體裡每一個神經元都在評估周圍環境，與環境互動，試驗環境，隨時保持警覺。這就和資訊不同，資訊在大部分情況下是由經驗取得的，經過壓縮，成爲分割並疏離的格式。

資訊像是脫水的生活：乾枯，沒有太多溝通作用。藉著資訊可以喚回一大堆現象，而現象只製造了資料。經驗本與宇宙密不可分；網際網路及隨網路而生之種種現象的功用，在於製造出能提供共通經驗的情境，從而不需要化約資訊。現在，我們人不在某情況的現場，卻能提出問題。這和過去差別很大，因爲我們在腦中形成對於世界的認知時，泰半根據資訊，而資訊來自大型的，靠指令操作，未必追求精確或眞實的累算機器。

智慧財產是一種矛盾辭（oxymoron）。此概念中所謂的「智慧」（intellect），暗指一種關係：你萃取出一套有意義的經驗或其產物，你將那些經驗傳遞給我的方式，乃是與我建立某種關係，老式的傳播方式也如此。電視和廣播的傳播型態是非常不對稱的關係，造成不對稱關係的正是科技。事實上，當你以「理解」爲目的時，你會盡可能模擬眞實經驗，因爲理解來自經驗。你也會把自己放在一個可以向生產資訊的來源提問題的位置，而你會想辦法多問，並調整自己對於該來源的認識，以配合你接下來要問的問題。

在表演者和觀衆之間，總有一種沒有仔細描繪出來但異常生動的關係。以「死之華」樂團來說，他們的觀衆是表演時很主動的一環，就某種意義來說，是他們在表演。不待樂手開始演奏，觀衆就知道樂團接下來要表演那一首曲子，而且近乎心電感應似地，把這一點告訴了樂手。本質上是資訊的東西，應該視之爲愛情或友誼。你不會說自己擁有友誼，不會把朋友當作財產。理想的資訊交換關係，不是物質上的交換，倒更像是朋友關係。

有人認爲，基於實際的理由，不可放棄以物質形式爲基礎的智慧財產概念。持此種想法的人，需要再思考：如果有這麼一個環境，在此環境裡，一件商品與一場演講並無明顯的不同；若你仍要依財產的模式來擁有該商業物件，只要你堅持此模式，你就破壞了言論自由。著作權概念的主旨在於增進言論和行銷的自由，反觀我們現在的狀況，著作權概念卻抑壓了言論自由。

電子前鋒基金會捍衛電腦空間的疆域，使其不受地理世界各國之霸權式的侵犯。今日地理疆域中的強權國家，乃工業革命後的產物；「以民族爲基礎的國家」（nation-state）形式所以出現，乃爲了滿足工業的需求和目的。工業階段落幕後，那些原本相當穩固的權力關係變得輕易即可取得。感受到本身力量逐漸羸弱的體制，會不惜一切代價鞏固自己力量。凡不能藉共識獲得支持的，通常便用權勢強取。我們應該加速參與一場我認爲是「革命」的東西。

電腦空間本質上是反主權的。我們心理得有準備，以地理爲疆域的世界之各政府，極可能會損害此反主權的精神——他們正蠢蠢欲動。欲控制電腦空間的政府，所憑的理由全出於他們自己文化裡的妖怪。我們美國人被「性」這東西綑綁住了——媒體讓我們持續地勃起，而宗教和文化告訴我們，衝動勃起是不對的。可憐我們陷入雙重的束縛，一方面我們被影像轟炸，另一方面被文化道德勸誡，認知失調巨矣！

德國人意圖控制電腦空間，不讓十幾歲的男孩使用。伊朗設法禁止人們在網路空間裡談起異教的話題，兩性之間若有不妥當的接觸也不行。每一個文化將以自己文化裡主要的妖魔鬼怪爲藉口，干涉電腦空間的活動，進而欺凌之。

我們所見這些嘗試治理的舉動，出自全然無知的人，進入一片他們陌生的天地，手持根本不屬於他們的工具。一七八〇年左右，文人佩因（Tom Paine）在英國爲文鼓吹美洲殖民地獨立，並爲此晉見英王喬治三世。他見英王時的心情，八成和我進華府時差不多。根本沒去過的地方居然敢說自己有道德上的權力得以治理，簡直嚇死我了。

介面二：大家說

●**賢明人士／保羅・沙弗**：巴洛是電腦圈的土狼。他負責往外跑，越過營火範圍，進入黑暗，然後回來通報，可以看見的地方發生了什麼事，以及四面八方的變化。

●**防衛人士／麥克・高德文**：巴洛借用早期開拓美國西部的例子，讓我們把今日的網路世界想像成一個類似原始美國西部的地方——一個開墾中的地方。同時，他發現這地方的「原住民」正面臨威脅，前來拓殖的人不假思索地一步步入侵。在電腦空間裡，我們不能犯下幾百年前開疆闢土時所犯下的錯誤。

●**軟體發展師／比爾・蓋茲**：有些人名氣大是因爲他們本來就有名。例如巴洛。

●**政治家／史蒂夫・凱斯**：巴洛是電腦空間裡比較有意思的人。這裡很多人是蠻呆板的。與巴洛在一起，像是聽見起床號。和他聊天會讓你的腎上腺素急速分泌。

●**情人／戴夫・懷納**：我不知道巴洛在玩什麼把戲，到底想要什麼。不是錢吧？他說了些狂妄的話，不但不眞，而且危險。我讀過他的〈網路空間獨立宣言〉，很多人在網路上連上此文，也引用片段；彼時正逢〈通訊規範法案〉出爐，很多人嚇死了。巴洛多少認爲他們在電腦空間上抓不到你；那就錯了。很明顯地他們找得到你。大家可以拿他的話爲靠山，大冒其險，但到頭來不是入獄，就是受傷，或翹掉。

●**寫手／約翰・馬克夫**：八十年代起，很多人鑽進這一行來。巴洛鑽了進來，也不過就是個機會主義者，找到了自己藏身的窩。他喜歡與有權勢的人親近，這不怎麼好看。他喜歡坐在Air Force II飛。

●**製作人／李察・佛爾曼**：我對巴洛的第一印象——我猜很多人和我一樣，是他像個乏味的西部牛仔。但是，我們大錯特錯。儘管他那種比你強的模樣，稍微有點令人受不了，但他眞是聰明，頭腦清楚，人也熱情。而且，說也奇怪，大家竟選他爲「業界的良心」。

●**標準市民／霍華・萊恩戈德**：巴洛自己自成一個智識的生態系統，他的特殊來自他的訴求。他對於網路這新媒體的外在政治現實有敏銳的觀察，而他的觀察成爲一群相信言論自由者的關鍵依據，這群人後來形成一股驚人的草根政治力量。但是我常希望巴洛小心他的用字遣詞。他的修辭不行。

●**先知／大衛・邦諾**：巴洛遊走在邊緣。他的求生之道在於聰明、有個性、懂得招待客人。他是派對的靈魂。他的口才和機智簡直神乎其技。我希望關於網路檢查的問題讓他集中心力，專注下來，用他的才華做點有意義的事。他的百十公尺高欄跑得很好，但尚未跑完一場馬拉松。

●**牛繩／約翰・德弗亞克**：巴洛已然是一位傑出的聲音位元（sound-bite）人。他手上可能有幾個爵士樂的疊句（riff）。不過他也是填詞人，所以我猜那很合理。他是同輩裡的詩人。

●**聖人／凱文・凱利**：巴洛是電腦空間的「區域參議員」。他也許是第一位把電腦空間當政治來玩的。他基本上擁有非經選舉而得的席次：他在很多方面代表網際網路對外發言，儘管不是所有人都樂見他如此做。巴洛富有人道主義精神，並且帶若干神祕主義氣息，但他具備豐富的科技常識，非常能言善道。電腦空間參議員這項職務，他是絕佳人選。

介面三：布洛曼說

巴洛的文章傳遍網際網路每個角落，許多人從文中得知關於網路上的言論自由，以及網路所挑起的問題之諸多辯論。他是一四「北美土狼」。

巴洛發出的任何一封電子郵件，都是一樁電腦空間的事件。他的電子郵件告訴你：他是一個「認知上的異議分子」，是電子前鋒基金會（一個致力於護衛網路空間之公民自由的團體）的創始人，而他的首頁位於「WWW. eff. org/~barlow」。他的信把自己的行蹤記錄下來：今天在法國，住坎城的馬丁尼茲飯店；然後一陣風似地，阿姆斯特丹、溫斯頓—沙倫、舊金山、聖・荷西跑一圈，最後回到懷俄明的派恩戴爾（Pinedale）。

他也往白宮跑。他與無家可歸的人接近。他在瑞士的「戴佛士經濟研論會」（Davos Economic Conference）上，向世界級的商界領袖上課。他指導美國中央情報局（CIA）。他一面在網際網路上與一群不知名人士聊天，一邊舒服地坐在Air Force I機上（也許等著升級成爲Air Force II）。他認識許多值得認識的人——包括一群世界級智慧型美女。

有一位與他關係特別親密的女士，名字出現在他一封電子信件上，該信也提起巴洛一位已故好友，「死之華」樂團的傑利・賈西亞（Jerry Garcia）：「紀念辛西雅・霍納博士（Dr. Cynthia Horner）與傑利・賈西亞」。（一九九四年四月，辛西雅從洛杉磯飛往紐約途中，因心臟病去世——幾個小時前是巴洛送她到機場的。她是心理學家，人活潑且有趣。他們倆愛對方，計劃要共度人生。她去世時，差兩天滿三十歲。事發後巴洛整個人垮掉。）

我見過辛西雅兩次，一次是一九九三年，巴洛邀我參加他們基金會在紐約市（格林威治東村辦的餐會，一次是某個爲達賴喇嘛募款的晚會。巴洛那時看來變了個人似的，過去時有怨言，現在笑口常開。

早在那幾回碰面之前，巴洛曾到康乃狄格州看我兩次。頭一次，他應「眞實社」（Reality

Club）之邀，前來參加一個周末研習，擔任三位主講人之一。另兩位是哥倫比亞大學佛學學者索爾曼（Robert Thurman），以及麻省理工學院（MIT）懷海德研究中心（Whitehead Institute）的生物學家溫伯格（Steve Weinberg，因發現了致癌基因獲得諾貝爾物理獎）。

巴洛提出多項看法，探討他認爲是新通訊革命的現象，頗獲在座衆學界巨擘好評。（也許因爲他一身西部牛仔裝扮，所以未因引用了耶穌會士暨哲學家德日進（Teilhard de Chardin）的話而引來什麼問題。）巴洛寫過數不清的學術報告，包括〈創意經濟學〉和〈電腦空間獨立宣言〉，書卻一本也沒寫成。還好我不代理他的著作。

我的「極致巴洛時刻」發生在一次晚餐上。我讓巴洛坐在懷登菲德爵士（Lord George Weidenfeld）對面。懷登菲德爵士與英國首相、多國總統暨多位教宗友好，並且能向他們提出建言。在我們這位北美土狼眼中，懷登菲德的層次是世界級的。夜漸深，我看著並聽著兩位絕佳的說話高手互相較勁，逐漸陷入敬畏的狀態，特別是這兩位進入某個我稱爲「咒語式的點名」儀式時：賈姬・歐納西斯、前以色列總理魏茲曼（Chaim Weizmann）、傑利・賈西亞、前英國首相威爾遜（Harold Wilson）、黛安娜王妃、德日進、教宗保祿二世、小約翰甘迺迪、德國總理科爾、現任美國副總統高爾。跨世代、超越文化，一份親密情誼於焉形成。用完咖啡，爵士起身準備離去。巴洛站起，握住爵士的手，以崇敬並熱切的眼神望著他，然後問：「可是，喬治，你不覺得十六世紀比十七世紀更有諷刺意味嗎？」

3

偵察員

史都華・布蘭德 Stewart Brand

他是我這些年所認識的人中，
最有意思，也最有影響的思考者。
他是一位偵察員。

- EFF（電子前鋒基金會）榮譽董事，「全球商業網路」（GBN）、「生態信任」（Ecotrust，拯救保育阿拉斯加至洛杉磯雨林的組織）和麻省裡工學院媒體實驗室（MIT Media Lab）的顧問。
- 「全球目錄」（Whole Earth Catalog）創始人。「威爾」（The WELL, Whole Earth 'Lectronic Link）系統和 GBN 的創辦人之一。
- GBN 的「GBN 圖書俱樂部」爲多家跨國企業探索及發展未來策略。
- 1987年出版《媒體實驗室：在麻省理工學院創造未來》（*The Media Lab: Inventing the Future at MIT*）。1994年出版《建築物如何學習》（*How Buildings Learn: What Happens After They're Built*）。

介面一：偵察員自己說

電腦科技、生物科技的發展速度，與環境或文明需求的程度之間，有一大段距離銜接不上。

過去的人可以用好幾世代或好幾任的眼光來看事情。邱吉爾贊同君主專制制度裡重視傳承的作法；現在大家用民主方式選舉，眼光卻比較短淺。

希利斯（天才小子）和我正在組裝「時鐘圖書館」（Clock Library），想把文明的注意力時間再加長。外形上，它是一個走得很慢，很有氣質的大鐘，同時帶有「圖書館」的設計。圖書館這部分在未建好之前，可能認不出是一個實用的圖書館。時鐘圖書館的用意是要大家思考時間的縱深，往後看也往前看，而後把個人的人際關係置於時間的前後關係中思考。

這個企劃是六〇年代末，從「阿波羅太空梭」上拍攝地球之舉的翻版。那次攝得地球照片後，幾乎立刻激起生態保育活動。本企劃則希望能找到某個東西以了解時間，一如藉由攝影認識到地球是個美麗星球。籌畫人員包括艾絲特・戴森、沙弗、卡帕（Mitch Kapor）、埃諾（Brian Eno）、希利斯、卡斯頓、凱利、史瓦茲（Peter Schwartz），還有我。這些人飛得很快，也想有個地方降落。

我們想要做的鐘，是像希利斯說的，「一年動一格，一個世紀噹一聲，然後每一千年咕咕報時一次」。我們生活在科技的最前端，而科技環境不斷急速翻新，我們愈來愈發現，我們把未來弄得益發難以窺透。比方說，猜測全球資訊網十五年後會變什麼樣，著實無益——從現在起的十五年，全球資訊網這範疇內還會有大大小小的事發生。

網際網路這新東西很怪，要嘛速度加倍，否則就是穩定度減半。先是出現了摩爾法則（Moore's Law）：每十八個月，電腦微處理器上晶片的數目加倍，等於威力加倍。數十年來應驗不爽。然後又有麥特克福法則（Metcalfe's Law）：網路的價值等於上網人數的平方。也就是說，網路本身或任何形式的網絡，如大哥大，其價值會因越多人用它而越見升高。這是個暴漲現象，況且，驟然出現的工具，如全球資訊網，魔賽克（Mosaic）；「領航員」（Navigator）很快也會展現威力。網路是一樁社會大事；文化非變不可。

使用刻度的作法，表示一旦改變刻度，也就改變了質。這理論無法應用在網路上：網路是草根性的，從底基發展出來的，每個人與別人直接連結。網路屬於多面體球形結構（geodesic），每一個人與其他人直接相連，不經過分層負責的結構。在層級式的結構中，成長和刻度所帶來的問題，不會出現在網路這種多面體球形結構中。未來會發生不一樣的事，至於是什麼，現在欲斷定猶言之過早。

「威爾」成員達三、四百人時，有人開始問了：「再多一百人時怎麼辦？現在這麼棒的群體氣氛恐怕會不見。」幾年後，成員增加至上萬人，而大家還是會發出同樣的牢騷。事實證明，向上增加一、兩個等級並不會出現眾人所憂心的問題。大群體裡會產生小的群體。三、四十個人，或一百人，自己形成一個關係緊密的團體，情感濃厚，興趣相近；「威爾」規模還小時就是如此。一旦每一個小粒子不斷表現自己，則刻度作法易造成的問題便無所謂了。

「威爾」電傳會議系統本來是一個朋友送的禮物，他手上有多餘的軟體，小有些資金，另外有一部小型電腦Vax待售。一九八四年系統剛啓用時，「威爾」與《共進化季刊》相連，而該季刊本已有群體的味道，故使用該季刊的人便使用「威爾」來互相連絡。

不到兩年，「威爾」吸引了一群喜歡在網路上與人交談的族群，他們自稱「死頭腦」(Deadheads)。這已足堪稱爲電子社區的原型。群體成員之間相互吐露生活內容，結婚、出生、死亡、自殺等等事件，經過網上連結，彷彿透過稜鏡折射似地，清楚而有了生命。

群體得以形成，一來因爲本系統的始初設計爲地區性的，二來我們要求成員的身分必須透明，不准有匿名形式。聰明過人的、能言善道的電腦駭客族和記者，在本系統一開始就參與了。

除了「威爾」之外，還有別的進展。網際網路上的價值，大部分不來自商業；創造出網路價值的人，也不是著眼於名聲或金錢。創造網路的人，是些能製造新工具的人；他們當中有些接受過企業訓練，但大企業存在的目的，不是爲了讓他們自我訓練有關網路的東西，然後把網路弄出來。比如做出 Eudora 的人，他本來在伊利諾大學做研究，那時他研發 Eudora 純粹爲了自己和朋友。從品質來說，Eudora 顯然強過任何其他電子郵件系統。所以你不由得會疑惑，大公司怎麼了，爲什麼有人把絕佳的一個工具放在網路上免費供人使用，而大公司竟然沒有做正確的選擇？Eudora 如此，魔賽克如此，而 Mosaic 後來帶動了網景的「領航員」。

發明這些個工具的人，可不是躲在地下室的老怪物。他們大多是年輕人，自許對社會和文化有責任，希望改善一般人生活中所使用的東西。比起諸多光鮮亮麗的科學家來，他們的重要性並不稍遜，但是沒有獲得相近的尊敬和報酬，卻被視為理所當然。謂發明人的地位比理論科學家低，此言差矣。

網路上的人際溝通竟能頻繁而親近，有人深表詫異。其實不必。過去的知識分子藉信和書本往來，寫信和寫書所呈現出來的品質並不相同，而多半信比書好。信函表達親密之情，可以言盡其意，因為寫信時知道，收此信的人是你所敬重的，他的意見是你在乎的。不像寫書，對象是一大群你不認識的人。這種親密關係，造就出較佳的寫作和對話品質。可以說是「關係」造成差異。在這種關係上加把勁，你就看到電子網路會議。

介面二：大家說

●**防衛人士／麥克·高德文**：布蘭德把兩件很重要的事帶上檯面。第一，他知道人類是使用工具的動物。我們要用最好的工具，想了解我們所用的工具及其可造成的結果，這很重要。第二，布蘭德習慣運用傳統的智慧，然而自問，與之對立的觀點為何。他促使大家質疑自己關於科技和社會的假定，以及這兩者間的關係。

●**牛蠅／約翰·德弗亞克**：如果你回到「新世紀運動」（New Age movement）興起的地方，

看一看它的原因（我覺得是有負面影響的東西）你會見到布蘭德在那兒踢著老舊的汽車軸承蓋，想讓引擎發動。他過去曾帶動「新世紀運動」中追求感覺，訴諸情緒的作法；那些是廢物。他已經玩不動了，雖然我希望他能。他頗有見地，然而我認為他現在完全不懂狀況。

●**製作人／李察・佛爾曼**：布蘭德以前是我的偶像，他現在有一些比較溫和的作法，仍然讓我很有感覺。我是建築師，但一開始並不明白他調查建築物的用意。我做的企劃意圖淺顯而程度一般，所以在我心目中，他膽子很大。

●**寫手／約翰・馬克夫**：還只有一小群駭客族曉得個人電腦的重要性時，布蘭德也就知道了。他是第一位造訪這片（電腦）「應許之地」的記者，並且報導其現象與世人知曉。他時時自我更新；他發現新事物，不會原地打轉，不論置身建築業、新媒體、或個人電腦。同時，他有一種奇特的幽默感。

●**辨識模式高手／艾絲特・戴森**：在人生路途上，他向來敢於以開放的心接受改變。他是我所認識的人中，最有智慧、最聰明、最敏銳的人之一。他人變得很仁慈。

●**北美土狼／約翰・巴洛**：布蘭德是資訊業界的「股市銷售員」。他性格中有很多對立的特質，使得他很豐富。他也有非常保守的部分。他冷，帶著長老教會的氣質和軍人味道。但他也是第一位籌備「Acid Test」的人。每當我見到那些對立，就知道那是創造的潛力。差異愈多造成的差別愈大，也愈有動力。

● **理想派／狄尼絲．卡盧梭**：布蘭德聰明得嚇死人。我眞想在他腦子裡逛上一年，打開門，打開車後廂蓋，各個櫃子翻一翻。如果他能把對世界的評估裝進瓶子裡，我一定要搶第一，去喝它個一大杯。

● **電腦空間分析師／雪莉．特爾克**：布蘭德看著演變中的文化，辨識出那些是眞正的新東西。他不斷觀察、辨識，而始終用新的眼光看待世界。他是個大才子。

● **標準市民／霍華．萊恩戈德**：大家還沒有發現，史都華是個設計師。他所設計的「威爾」，不需要他本人指揮；他規劃的「全球觀察」和「全球目錄」，都能自行成長。我們需要多一些像他這樣敢於力排衆議的人。這世上，蹲在大企業裡工作，不質問既定行事方式的人太多，形成了單一文化，讓人受不了。

介面三：布洛曼說

關於網際網路的討論中，有很多彷彿都在質問：「網際網路是啥玩意？」對此史都華．布蘭德喜歡舉兩個理由：網際網路很新，而且不斷變化。他說：「它不斷變化，一部分原因是科技本身一直在向前進展，一方面因爲它是草根性很濃的現象，使用者不時翻新技術，尋找好玩的方法和有用的東西。每一次，你以爲自己知道網路是什麼了，它又變成別的樣子。電視或廣播不會這樣，它們二、三十年就定了下來，然後保持同一個模樣二十年，三十年，四十年。網路根本連十個月都定不下來。」

我初遇布蘭德是三十年前，在「我們公司」（Us Company, USCO）總部。「我們公司」集結了一群無甚名氣的創作者，作品結合聲音與影像元素，包括電影、幻燈片、錄像、燈光、音樂和各式聲效。USCO的精神口號是「我們一體」（We Are All One），我參與之後，爲了把我包含進去，於是改成：「我們一體……除了布洛曼。」（We Are All One......except Brockman）。一九六三年，這群人在葛納村（Garnervill）蓋了一座「迷幻崇拜所」（Psychedelic Tabernacle），離紐約曼哈頓約半小時車程。尋找生命意義的人或精神宗師，凡經過該地的，總要下來看一看。布蘭德在這兒（會所的尖頂上）住了一陣子。

「我們」這群藝術家令布蘭德心折：畫家德基（Steve Durkee）、詩人葛德・史坦、拍電影的雅爾庫特（Jud Yalkut），以及附近石地郡（Rockland County）的音樂家凱吉及其同伴。這些人終日讀書，並辯論麥克魯翰的傳播理論。有一陣子，「我們」陪麥克魯翰一同上路，並針對他的演說提出相反的看法。

顯然，有些關於網際網路的看法，源自六〇年代藝術家所形成的想法，而這些想法由熱忱的布蘭德中尉沿襲下來，不管手段高不高明。今日關乎形式與內容、文本、群體，甚至電腦駭客的倫理等討論，都可從那時候的活動和論辯中尋得蛛絲馬跡。

布蘭德不使用"intermedia"，而用"multimedia"「多媒體」這個詞。他在一九六四至六六年間演出《美國需要印第安人》；一九六七至七〇年演出《戰爭：上帝》。他籌畫了一九六六年一月的「旅行節」，同年三月設計了一個圓章，章上的文句是：「爲什麼還沒有一張可看見全地球的照片？」（Why Haven't We Seen a Photograph of the Whole Earth Yet?）在我們那一代的心中，他以《全球目錄》的編輯、發行人暨創辦人等頭銜馳名。我記得，一九六八年時我曾到加州的曼羅公園（Menlo Park）拜訪他，他正忙著做原版的目錄。他那時候的太太洛易絲（Lois）是印第安人，教數學。洛易絲一整天和做目錄的美術人員一起工作，而我和布蘭德翹腿坐著，一同讀數學家威納的《控制論》，邊讀邊在影印本上劃重點。我現在還有那份影片本。

幾個月後，尺寸超大的《目錄》寄達，捲成筒狀。讀——或許該說是狼吞虎嚥——那份目錄，成爲一項值得回憶的知性經驗。對我而言，《全球目錄》比任何書更能捕捉實況，反映時代的知識環境。接下來的一期是《最後的全球目錄》，一九七一年出版，登上暢銷書第一名寶座，布蘭德並且因而獲得「國家好書獎」。

七○年代，布蘭德常談論他叫做「個人電腦」（personal computer）的東西。很多人說布蘭德是第一個使用"personal computer"一詞的人，但他說，艾倫・凱（Alan Kay）才是命名的人。布蘭德說：「根據艾倫的說法，我七四年時在《兩塊控制論的前緣地帶》（*Two Cybernetic Frontiers*）書裡首先使用。我不記得還有誰把"personal computer"當專門用語。我其實也不是命名，只是在書的跋裡用這詞來描述全錄所生產的奧托（Alto）。七五年年底之前吧，我把這詞拿來當專欄的名稱，在《共進化季刊》（*CoEvolution Quarterly*）上寫文章。那時個人電腦尚未出現。

把布蘭德當朋友是一項挑戰。七〇年代我有一次到舊金山去，在機場打電話給他：「嗨，我來這兒幾天。」「噢。」「最近如何？」「忙。」「要不要見個面。」「不了。」

多可愛的人——對一個冷冷的、不露情感的人來說，布蘭德有股特殊的魅力。還有誰能一方面容許新一代的人穿涼鞋，擁抱樹木，住在野外，過著自足的（窮）日子，腰上佩把摺疊式小刀，一方面追求整個時代最前端的知識？

一九八三年，IBM展示他們的第一部個人電腦。布蘭德和他們《共進化季刊》的同事們接受我的建議，打算掌握機會，在電腦這新東西上發展。我把他們十頁長的企劃書〈全球軟體目錄〉拿給幾個出版商看。沒幾天，雙日（Doubleday）出版公司打電話來了，提出先下手為強式的價碼：一百萬美元。討價還價後提高為一百三十萬。對方要求十二小時內回覆，否則取消議價。

布蘭德認為價錢太高。「會把我們弄砸。」他說。又說他得和財務顧問談一談。紐約時間的午夜，他終於打電話來：「弄不懂他。我今晚熬夜卜個易經卦。明早打電話給你。」

易經？有人向他提了個預付天價買他一本平裝書，出版史上前所未見，而他居然要靠易經來抉擇？幸好，古老的中國智慧力量夠大，把布蘭德腦袋裡唐吉軻德般的聲音壓了下去。他答應成交。

一九八三年，他請「西岸行為科學研究中心」的法森（D. Farson）和艾卡那格（D. Iconogle）到紐約來找我，談一個叫做「洋蔥」的會議軟體。那時「洋蔥」正由「電子資訊交換系統」（EIES）用在BBS上：EIES負責人叫特夫（Murry Turoff）。我表示不答應後，布蘭德說，我如果不下場玩，就只好坐著，自外於十年內最大的發展。

坐著就坐著，我不後悔：只不過我開始在布蘭德的螢幕上處於灰色地帶。八〇年代裡我們倆典型的電話對話是這樣的：「嗨，還好嗎？」（嗒—嗒—嗒—打字聲）「忙。另外一條線有電話。」（嗒）

布蘭德對了，也錯了。那是九〇年代最大的發展，而非八〇年代。由於EIES的關係，布蘭德在一九八四年與人一同辦了「威爾」，一種針對舊金山灣區用戶開發的電傳會議系統，咸認爲此類產品的始祖。但「威爾」不合我用，它笨拙的介面我用不來。我對那種群體意識也不感興趣，那概念——很奇怪——似乎來自布蘭德的語言矯飾作風。

過去幾年裡，sbb（布蘭德的代號）花很多時間爲「全球商業網路」——他與人合資開設的顧問公司——的全球五百大（Global 500）客戶提供諮詢服務。GBN創立於一九八八年，另有合夥人兩位：未來學專家史渥茲（Peter Schwartz）和哲學家奧格威（Jay Ogilvy）。史都華現在口中不時冒出大型企業的名稱，流利得彷彿擲出一枚飛盤。一九九五年，他地位穩下來，十月十六日那期《財星》（*Fortune*）雜誌，以十二頁長的文章報導他，標題叫〈電子式管理顧問清涼劑〉（*The Electric Kool-Aid Management Consultant*）。

布蘭德演變成一個傳奇式的人物，甚至具歷史性。他是我這些年所認識的人中，最有意思，也最有影響力的思考者。他是「偵察員」。

4

先知

大衛・邦諾 David Bunnel

邦諾開了第一家電腦零售店。
辦了第一場電腦展，出了第一份電腦刊物。
他是先知，一開始便進場參賽。

- 《PC 雜誌》(*PC Magazine*)、《PC 世界》(*PC World*)、《麥克世界》(*MacWorld*)、《個人電腦》(*Personal Computing*)，以及《新媒體》(*New Media*) 等雜誌的創辦人。
- 目前是本書作者布洛曼參與創立的網路電子出版公司 Content. Com, Inc.的總裁兼最高執行長，以及《新媒體》的發行人。
- 1975年參與第一部個人電腦阿爾它 (Altair) 的研發工作。
- 1981年創辦《PC 雜誌》，是爲第一份專業的電腦刊物。《PC 雜誌》現屬於國際數據公司 (International Data Group) 旗下刊物。
- 1989年籌辦「麥克世界展」(MacWorld Exp)。

介面一：先知自己說

大型出版商——有些小的亦然——有一個錯誤概念，以爲自己出版雜誌，便擁有多棒的資產。十幾年來，他們的雜誌每周出刊，累積了許多內容，如果能將之數位化，他們就可把東西弄上網路，賣一大筆錢。書商擁有書的權利；電影公司擁有電影的權利，也有電影圖書館；所以他們所擁有的也是極佳的資產。對不起，事與願違。如果眞要討論起來，他們那些東西倒是新媒介時代的障礙。過去，猛然興起的媒體便告訴我們了，某特定媒體的內容必須重新製造，善加利用它新興媒體的長處和特質。如果認爲老媒體在新世界還有用，那就錯了。

認識新科技並且有上網路經驗的人，開始創造專適合該媒體的內容。但是就像一百年前電影工業甫興時代，早期還有電影使用單幅的照相畫面；今天網路初創，情形相去不遠。把一本雜誌或書放上網路，不能成爲什麼紮實的網路上經驗，甚或有用的東西。網路上的內容，須是持續的、有變化的、不斷進步的，是有反應的，是一次無法觸摸的經驗。它不是一件物體，倒比較像是一道資訊流，一項對資訊的反應，一個諸事物的混合體。凡是打算在網際網路世界裡有所作爲的人，都了解這一點，並且也能創造出全新的內容。

資訊不再是需要被運送的物品，所以，已經在根本的層面發生變動了。傳統形式的資訊運送方式，例如報紙、雜誌、書籍等，到了數位世界，它們所承載的資訊可以立即向外傳送。此變動之個中意涵其廣無比。我們需要一個新的不同的價值系統。報紙的重量、運輸成本的多寡，已不再是決定定價的因素。忽然間，成本是零。

依報紙的內容收費，而非依其製造成本收費，各位意下如何？如何創造出版、娛樂、傳播等工業的新型態？那會對政府、社會、文化造成什麼影響？勢必深深撼動社會，並將之改變，惟無人知道社會將被改成何種面貌。很可怕，也許美國國會就是基於這一點而決定控制網際網路；他們害怕，若不加控制，不知將發生什麼事。

如何在網際網路上賺錢？你需要多方開源，廣告、交易、訂購。你得願意出售網路出版的服務給廣告戶和網路外的客戶——若欲達此目標，請遵循「邦諾網際網路八重賺錢管道」：

一、請抵抗誘惑，勿僅僅只爲了把東西放在網路上而決定發展網路。若抵抗不了而栽進來，你可能會入不敷出，財力耗費盡淨。你不會開心的。

二、能吸引人再度光臨者方爲上品。做出一個網站，吸引上萬人前來看一眼，這不難。難的是做一個幾萬人願意不時進來的站。日後，擁有忠實支持者的「終點站式網站」（destination site）看好，而屬於中途站式的網址，例如Yahoo!，雖然能因許多人上站而獲得廣告，卻少有人願意在Yahhoo!久留。（Yahoo!正努力克服這項困難。他們計劃同時成爲終點站和中途站。）

三、爲最新的科技量身製作內容。從現在算起一年後，最有魅力的網站將有大量裝飾用的多媒體內容，而且互動性極高。大家在「美國線上」論壇站的時間，長過他們尋找資訊的時間。網際網路也不例外。

四、掌握常客的資料，據此吸引廣告。向常進站的人開口要求他們訂購東西，以便得到他們的個人資料和使用習慣。如果你的站又好玩又有實用的資訊，來站上的人不會拒絕塡一張表。某些情形裡，他們也不介意付一點訂購費。由於過去網路上「一向是免費的」，便認爲網路上所有東西都該免費，是錯誤的看法。因爲網路上人來人往，人口是流動的。現在事實上已出現「網路文化」，它仍在形成之中。

五、結合內容與可以賣的東西，最好是很多種五十美元以下的東西。相信我，小額交易將成爲網路上最大宗的生意。法國的「迷你特」(Minitel) 即是一例。能夠推銷書、唱片、戲票、T恤等的內容，將是大贏家。雖說小額交易的商機還要一段時間才能熱絡，終歸可成爲主流方式。在公元二〇〇〇年之前，這門生意可望成長至一千億美元。別放過大好機會。

六、公司內應發展優良科技，讓你在面對廣告商和其他客戶時不致心虛。在生意裡加上一項「服務」，是你在等廣告商上門，等交易轉熱絡時，增加收入的絕佳方法。我所認識的爲網際網路提供設計或製作服務的公司，個個有應接不暇的事。

七、運用「特別事件」在網際網路和新聞界宣傳，藉此吸引人潮前來。好的網站日日求變，永保新鮮;好的網站也會推出活動吸引新的客人。這類事件可以和名人有關:「今天下午三點，×××將回答您有關企業管理的疑問。」也可以和眞的事件結合，如微軟的「超級杯網站」。(與足球「超級杯」結合)。

八、最重要的一點，把你的網站當企業經營。任何企業，不管它再新再酷，再怎麼劃時代、樹立典範，都因基礎而生而死。問比爾・蓋茲，企業維生之道爲何，他會說是賺的比花的多。很多亮眼的網站到頭來失去蹤影，無非因爲資金用完，而新的投資者裹足不前。不管你招來多少資金，都得小心用。員工出差時坐經濟艙，挑最便宜的航線，住商務旅館，不必去五星級飯店。少讓員工用公款吃飯。在數位世界裡現金仍然至上。

切記，集腋成裘，聚沙成塔。

也請切記，還有比總收入和淨利更重要的課題。

其一爲貧富的差距日益擴大。個人電腦已進駐郊區，中上階層家庭和較富裕的學區擁有電腦。住在較窮地區的人，家中或學校皆無電腦，然則電腦對許多工作而言無比重要，於是他們處於雙重的劣勢：本身已窮，又因窮而無法享受新科技帶來的好處。

爲了國家著想，也爲了企業著想，我們務必重視這一點——讓大家有機會使用電腦，有能力勝任需要用電腦的工作，甚至參與民主政治的運作。眞正的民主社會中，人人受良好的教育，可以參與事務。一旦無緣使用電腦科技，你就被遺漏在外。

其二爲網路環境中兩性人口的問題。網際網路世界百分之八十爲男性，此現象久矣。一般人的觀念裡，女孩子數學不好，沒有科學頭腦，這方面男孩子強得多。不管原因爲何，科技彷彿是男性的世界。男人總是玩車，玩工具，修理東西，讓東西動起來，女人似乎不必懂這方面的事。兩性間這種現象需要時間來改善。

至於說到民主政治，我非常、非常不爽。我投票讓他入主白宮的那個沒用的科林頓，竟然簽署了〈電訊贈與案〉（Telecommunications Giveaway Bill），此案包含了一份所謂的〈通訊規範法〉，此乃對憲法第一修正案（保障言論自由）的破壞，幾乎是把網際網路當作另一個越南了。我不爽，是因爲看到總統——管他民主黨或共和黨——居然敢簽署一條如此不尊重第一修正案的法令。

這位總統所作的決定，是出於政治性的權衡，是爲了討好拿著槍的基督教右派笨蛋，是爲了把鈔票送進巨型媒體的口袋，讓他們忽略我們民主制度中的「第一」暨最重要原則。無言論自由即無民主。沒有。不待第一修正案被聯邦法庭推翻，無辜的人可能就先得坐牢。

我們要一個自由，不受鉗制的網際網路。你不必指望商業化的網路服務能尊重個人權利，那些服務太容易受商業考慮的影響，利潤受損時很可能便採取守勢。網際網路不會如此，而這一點應該維持下去。我們的民主制度有賴於此，因爲網際網路讓個人更有機會針對公共事務發言。（也許政府擔心的是這一點，而不是猥褻照片？）

投票通過電訊法案那一群天生低能的國會議員，心裡有數，〈通訊規範法〉根本是不合憲法的，而且恐怕是無法施行的。這一點著實令人費解。我有位朋友心目中最好玩的網站，播放的是阿姆斯特丹性俱樂部的現場錄影。我查過，阿姆斯特丹不受美國法令管轄。所以，通訊規範法令定下之後，如果你要在網路上向美國市場銷售猥褻照片，一點兒也不難，只需把伺服器在美國境外註冊即可。

這項法規最根本的謬誤，乃在於它把網際網路當成和電視一樣的媒體，殊不知其爲互動式，多方向，含有幾百萬個交點的媒體。儘管建造網際網路的是政府，現在政府卻已管不住它了。電腦駭客永遠知道如何鑽法律的漏洞，避開檢查。

政府若欲執行此法令，則需監視使用者電腦螢幕上所出現的一切——不可能的，永遠不可能的；幸好。政府唯一的方法是用史達林式的手段，叫鄰居來監看。你在桌前進入網路，畫面上出現了阿姆斯特丹的色情俱樂部，你的鄰居正拿著望遠鏡監視你。然後他可能就打電話給附近的警察局：「喂，我家隔壁有人在電腦上看色情照片。」

是啊，聚沙成塔，集腋成裘。

介面二：大家說

●**軟體發展師／比爾・蓋茲**：我和邦諾共事時，這一行才處於初創時期，還稱不上一個行業，也沒有人注意。他那時候就辦了電腦展，第一個電腦展，以MITS的阿爾它爲主角。也是他辦了第一份有看頭的（電腦）刊物，《PC雜誌》。然後他辦了《PC世界》，再接再厲，《麥克世界》。眞的，能有一個像他這樣的角色，眞的很棒，我認爲他貢獻良多。

●**賢明人士／保羅・沙弗**：邦諾在這一行裡最特殊的一點：他永遠打頭陣，從來不忘本，永遠忠於自己。有時候，他似乎是全矽谷裡唯一有社會責任感的人，很認眞地尋找機會爲沒有電腦的人做事。其他人荷包滿滿，在自宅的游泳池裡悠哉悠哉時，邦諾靜靜地做著他認爲重要的事。

●**標準市民／霍華・萊恩戈德**：邦諾用錢和時間來完成理想。他自己掏腰包，在舊金山創辦「電腦與你」，讓窮人接受電腦課程。矽谷裡的億萬富翁們，學學邦諾，回饋社會吧！

●**牛繩／約翰・德弗亞克**：邦諾的聰明，他自己都不清楚。他有一種奇特的理想色彩，讓他超前許多，以致有時失敗，因爲他實在跑太前面了。我佩服這傢伙。

●**寫手／約翰・馬克夫**：個人電腦問市時，邦諾恭逢其盛，並預見PC的前景。事實上，邦諾促成了個人電腦雜誌業的建立。

介面三：布洛曼說

你不會相信，個人電腦的發明和進入市場，是一九七四年在新墨西哥州的艾巴奎柯（Albuquerque），一家員工僅二十人的小公司，「微儀器與電測系統」（Micro Instrumentation and Telemetry Systems,MITS）的功勞。你會以爲，IBM或全錄公司的實驗部門開發了個人電腦，但事情並非如此。邦諾親身經歷了個人電腦的過程。他辭去在芝加哥一所公立小學教六年級數學的教職，而往他認爲將成爲重要新工業的領域尋找一席之地。

他回顧往事：「比較有趣的事裡有一樁是這樣的。兩位哈佛大學的學生，看到一九七五年一月號的《普及電子》（*Popular Electronics*）雜誌封面所登的阿爾它（Altair,MITS生產的小型組裝電腦）照片，非常興奮，想爲阿爾它這部個人電腦開發軟體。他們倆一個叫比爾・蓋茲，一個叫保羅・艾倫（Paul Allen）。兩人寫了一套基礎語言，然後打電話給我們：

『噯，想不想給阿爾它一套基礎語言啊？』公司經理艾德・羅勃茲（Ed Roberts）現在是很多人公認的個人電腦之父，他就回答：『好啊，只要它能用，我們就要。』

「艾倫跳上飛機就到艾巴奎柯來，當場操作表演，證明 Basic 能用，而艾倫和蓋茲都沒看過阿爾它。他們在哈佛大學的大型電腦上，用某個東西代替阿爾它用的英代爾 8080 晶片。整個個人電腦工業就這樣從MITS、阿爾它，以及艾倫、蓋茲兩人開始，飛快形成。」

邦諾遇此天時地利，並有能力抓住機會，也許不是碰巧。那個初創個人電腦的環境，也就一直是邦諾事業的一大特質。他的作風不像其他一般的技術人員：他既寫語言，也擔任編輯工作，向想使用個人電腦的人說明，個人電腦是什麼，功用爲何。此外他還賣電腦。這些不只是他過去在MITS時的工作，也是他在業界向來扮演的角色。在MITS時，邦諾與同事一起，開了第一家電腦零售店，辦了第一場電腦展，出了第一份電腦刊物。他是「先知」，一開始便進場參賽。

邦諾最爲同業所稱道的表現，不在於他推動個人電腦雜誌業的驚人成就，而在於他富有理想色彩和濃厚人文關懷的見解。（也許這只是說，他不像同行的競爭對手那樣貪心愛錢。）爲此胸懷，他投注了相當多精力和資源。他有一個企劃案自己也很喜歡，叫「電腦與你」，是在舊金山「葛來德紀念教堂」辦的活動，讓好幾百位無福享有電腦的孩子和失業後無家可歸的人，每天接受電腦訓練。

我一九八三年認識邦諾：我代表他的《PC世界》雜誌，把一整系列電腦書的權利賣給賽門與舒斯特（Simon & Schuster）出版公司，價格不菲，足以上報——我和他成爲《華爾街日報》頭條新聞。這項出版界的交易十足體現了一條金科玉律：在淘金潮中致富的人，每一枚雞蛋賣十美元。

一九九五年，我們在舊金山的多媒體展上偶遇。兩人在旅館裡喝了杯小酒之後，決定合作，共組一家數位出版公司，Content.Com, Inc。他身兼總裁暨最高執行長，在舊金山遙控指揮公司事務；我擔任董事長，在紐約花一半的時間照顧公司。後來一家投資媒體的銀行艾倫集團（Allen & Company）企業公司，成爲我們第三位合作夥伴。

我們邀集一群顧問，其中幾位本書也作了介紹，包括：巴洛、布蘭德、卡斯頓、德弗亞克、戴森、希利斯、強森、拉尼爾、萊恩戈德、沙弗、史托、特爾克。Content.Com 的創辦宣言提出了我們的標語：「爲網際網路上的聰明人所建的預設網站（default site）」。同時有以下的宣示：

「Content.Com 公司創立於一九九五年九月，爲一家電子數位出版公司，將設立一以虛擬社區爲遠景的網際網路位址，集合當代思想者、作家、藝術家、音樂人、電影工作者、科技人員、科學家等，呈現他們的創作結晶與生活面貌，同時提出他們正在思考的問題。」

在這場網際網路革命中，邦諾認爲，我們雖置身於一場觀念偏差而物化了的個人電腦革命中，未來仍然值得樂觀以待。這一年來我們每天都要談幾次話。他很耐用，眞材實料。

5

沈思者

道格・卡斯頓 Doug Carlston

他像羅丹的雕塑品，

你感覺得到他在思考。

- 「博德邦軟體」(Broderbund Software) 公司的創辦人之一，目前爲該公司的董事長兼最高執行長。
- 1960年代起接觸電腦遊戲，是他在哈佛大學的時候。自哈佛畢業後，他進入霍普金斯 (Johns Hopkins) 高級國際研究學院攻習經濟學，最後則是在哈佛法學院取得法學博士學位。擔任執業律師暇時，他仍好寫電腦遊戲程式。1980年，與弟弟合作創辦「博德邦」。
- 今天，「博德邦」的員工已逾450人。卡斯頓的管理方式，經營出一個容許所有階層員工發揮創意與個性的公司文化。「博德邦」較晚近的著名產品包括 *Myst* 和 *Living Books*。

介面一：沈思者自己說

像網路這種環境趨向於以有機方式成長。它的擴張並非依照某一個人的設計，卻是由於網路爲許多個體的集合，而每一個體都有所付出。網路的成長速度呈指數倍速，但若從網路的大小、性質等觀之，則未必有此速度。一旦呈現資訊的方式標準化了，一下子，幾百萬人就全用同一套工具。再過五年，網路將變得認不出它現在的模樣；它以後將會模擬現實世界，提供完全3D的環境，運用影片，所有上網路的人都使用化身（avatar）。

關於內容的看法當中，最大的誤解之一，乃是認爲內容可久存而且有價值，例如目錄、圖書館、影片、唱片或文獻。然而，正如戴森所言，網路上資訊的時間價值極短，事物貶值的速度非常快，因爲網路是全世界最大的影印系統。從戴森的話來看，恐怕無法向使用資訊的人收錢，原因不只是如布蘭德所說的，資訊本身希望免費，更因爲資訊以後會是免費的，不論你是否樂見。網路上具有價值的東西，乃是可以落實想像力，可以迅速創作新內容的創造能力。

進網路的人絕對是爲了找一個團體，爲了與其他人來往，而不會只爲了內容。「互動」此特性非常重要。有些事物帶來團體的感覺，有些不能。戴森曾說，純然商業性的交易無法培養團體感。你可以有一個商場，但你需要非經濟式的交易，她所謂的饋贈式交易（gift transactions），以鞏固團體。需讓大家自由交流意見，意見成爲共同的黏著劑，把大家結合在一起，由是產生價值。網路上的團體如「威爾」，是眞正的社區。長久下來，這些團體形成了定義性的特色：其一，它們都不大，內部的人可以與每一個人熟悉。其二，大家習於分享，而少見買賣。商場儘管有社會功用，卻可能無法提供你所期待的人際交情。

如果你想在網路上設一個首頁或組一個社區，我認爲你需要同時安排經濟性和非經濟性的活動。作家出現在「作者之夜」活動，目的不一定是要別人買他的書，卻是爲了讓別人看一看商品背後那個人，讓他們認識作者本人。見過面便建立了不一樣的關係；所認識的人寫的書，大家可能比較願意去買。此外，他們因而重視能遇上該作者的地方。書店明白這一點，所以爲作者辦活動。在網路上辦作者活動更有效。

用電子方式或直接在網路上提供書籍內容給大衆，恐怕不易奏效。寄送一本印刷成的書給一般讀者的成本極低。當然，方不方便還是一大因素——你可以帶一本書去海邊，口袋塞得下。你也可以帶一片裝了五百本書內容的光碟，但是我去哪兒旅行竟需讀五百本書？我不認爲光碟適合提供文字性質的內容。

大家把書本轉成數位形式，並不是爲了讓原書內容重新發揮作用，卻全是爲了印刷過程中的技術考慮。出版商漸漸發現，如果不用印刷稿，改生產電子稿，成本可大幅降低。電子式的出版可減少很多錯誤，若欲全盤修改簡單得多，也可以精確控制版面設計，甚且可以保存標準版型。出版的技術層面——而非驟然冒出的電子書市場潛力——將會驅使出版商把印刷品轉換成數位資料。

書籍出版公司大力爭取書的電子版權利，藉此重新自我定位，儘管取得的機會有限。但若爭取到後，所能獲得的利潤和總銷售額，將比印刷產品的利潤高出一截。一般說來，以消費者爲市場考慮的PC產品，銷售量比出版商的書高出許多。所以出版商將會變更銷售業務策略，讓業務人員懂得如何賣出價位比老產品高許多的東西——以前是四美元，現在跳成四十美元。零售書店與零售電腦軟體店之間的區分，過去是涇渭分明，現在已逐漸模糊。軟體商店兼賣書，而許多書店賣起軟體。

廣播電視業的問題：他們光急著推動現已由廣電機具所占領的網絡發展，向家庭電視機引進有線系統。廣電業者老是用電視機那個「鎖碼器」的角度思考問題，不求提高觀看電視的互動程度，卻只向家庭引進五百個頻道。但在電視之外，PC、電視、傳播方式等領域裡，有如火如荼的進展，我所說的「指數倍」式成長，在這些領域內出現，不拘頻寬多少。大家現在仍然使用兩千四百baud的（數據機）速度，而不受其影響。他們不太在意回應速度緩慢，因爲他們希望獲得對稱的關係和眞正的互動。大家不願意只是處在接受的一端，收下一大堆內容，他們寧可參與。此外，他們希望自己給別人的，能和所收到的一樣好。電話公司知道，自己進入傳播事業裡來了。

另一項大受網路衝擊的行業是郵購。由於郵購有郵資、印刷等開銷，以及其他把行銷宣傳品送到消費者手上的成本，所以至少要達到百分之二的回收率，才能平衡先前的支出。多寄給一個人，就得多花一份的印刷費和郵資。若在網路上，邊際支出很低，在郵購名單上加一個人根本不必多花一毛錢。如果名單庫夠大，只要0.0001%的回收率就賺錢了。這是商業世界的一大巨變。現在目錄業的主要大商，一旦能做到在一天裡把一份目錄呈現在五萬人面前，並吸引看到的人用滑鼠點選他們挑中的物品，他們就上道了。利用原有的基礎，獲益無窮。況且，（用了網路）可以針對特定對象，提出訴求，這決非網路出現之前做得到的。

真正的難題在於如何讓消費者上門，進你的網站首頁。假設一種情形：博德邦在每一項產品上放一個按鍵，「按此處即可獲得產品服務」。你一按，就連上了一個免費的網站，進了網站，四處是販售博德邦商品的店，產品針對博德邦的典型顧客：家中有學齡兒童的父母。比方我們去向另一家賣兒童商品的店提出條件，願意在我們的網上設他們的店：「你把你的目錄放這兒，然後我們在（螢幕上）每項目錄上的產品旁設計一個按鍵，讓人可以立即購買。你做你的事，我們利益對分，輕鬆得不得了。我們保證客人上門，你不必花錢，而你原來的還在，不懂科技沒關係。這是一筆大生意，而且立刻可以進行。只要顧客湧上來，事情就不難。」

在網站首頁上打廣告可以賺錢，儘管那不是運用視覺空間的有效方法。一般人注意事物的時間很有限，只看一頁螢幕多一點。他們進入你的網站時，只看你的首頁，但你希望他們多看幾頁。所以，你的主頁是非常值錢的不動產。你想讓大家願意停留在你的地方，能向他們舉起一面旗子嗎？就算可以，卻不保險，最好在首頁就直接與消費者建立關係，比方購買。我寧可（在首頁）擺三個按鍵，販賣各種服務、產品、商品或目錄，讓人沈迷於（購買）過程中。首頁式不動產太有價值了。

目前，大多數自許爲製造內容的公司遇上一大難題：似乎無甚進展。泰納（Turner）傳播集團眞正擁有的，是顧客，而他們能向一群顧客推銷的，是品牌的認同。比較有效的作法乃是自問：「我加入的這項事業，本質究竟是什麼？」泰納集團旗下有若干不錯的企業，最棒的當屬ESPN運動頻道，它是泰納集團的顧客心目中的一項品牌。很多人要看運動節目時，先找ESPN。這是很有力的說明。如果泰納集團所有資產重新定位，以品牌認同和堅強的顧客基礎爲目標，而不再是（大家心中）去年的足球賽、摔角賽那一類非泰納集團專有的內容，你大約能猜出該公司未來的方向。

觀察合併式企業時，必須從「多管齊下」這一點切入。控制電影和電視的核心因素，向來是發行。他們直接掌握戲院通路，獨立製片人士難以企及，而空中頻道又無緣分一杯羹。多年來，電影和電視公司大部分的利潤來自這種發行運作方式，而大部分的電視電影公司丟下機會給小型獨立製片廠，自己避開風險，挑選比較看好的案子。發行是網路上的全新遊戲，目前還看不出它能否被全面掌控。如果網路維持現在的無政府狀態（就取用方式而言），則欲藉發行管道掌握網路，恐怕不是好方法。較佳的途徑乃是控制製作能力。所以，將來能（在網路上）成功的人，是懂得投資新產品和新創意的人，是有商業頭腦的人。

網路改變了商業活動，還有一種可能性：可以銷售以特定族群爲對象的產品。過去，商業活動以城鄉爲區隔的單位，而每個城鄉以其特質反映美國文化的一部分。現在的網路世界分成各種志同道合的團體，比方三十歲以下的女同性戀者共聚一堂，年收入超過六萬美元，小孩年齡在九至十二歲間的父母，進入另一個地方。有了這種目標對象明顯的市場，便可以縮小訴求內容的範圍。可以針對更特定的消費群設計的軟體，而網路會爲你掌握這群人。內容的本質可能將爲之轉變，也許就會出現專爲擁有某種堅定信念的群體（如摩門教徒）所設計的產品，而這群人就算分散各地，仍有強烈的團體感。於是，即使是「大流散」（Diaspora，散居世界各地的猶太人）也沒關係，只要能連接上某個網站。假如我是大型合併公司，我會集中火力創造嶄新的內容，加強創造能力，不那麼掉以輕心，以爲維持向來有把握的行銷方式就夠了。我會把自己看成是新內容的財務引擎。

介面二：大家說

●**標準市民／霍華·萊恩戈德**：有些人一旦做起自己喜愛的事，連生活也被工作占滿了。卡斯頓就是這種人。十五年下來。博德邦成爲大公司。史都華·布蘭德和史蒂夫·賈伯斯屬於嬉皮式的知識革命分子，而卡斯頓與他倆截然不同，他不是在一個「改變世界」的理念中長大的人。卡斯頓是那種具有美國中西部氣息，正直敬天的中產階級美國企業家。他有高尚的價值觀，正派經營企業。現在市面上充斥著冠上「寓教於樂」（edutainment）美稱的廢物，博德邦依然理念不改，繼續爲孩子們設計有趣的學習工具。

●**催化劑／琳達·史東**：卡斯頓是業界出了名的穩健高手。從博德邦一開始他就走保守路線，可是他的公司懂得如何結合科技與內容。他不冒太大的風險，一步一步來，我覺得他比PC業界許多人都懂得消費者心態。他也非常了解消費者導向的軟體，努力做出不會過時的產品，做出能一次又一次提供有趣經驗的產品。

●**聖人／凱文．凱利**：卡斯頓關心下一代，關心初學者，關心他們的需求。他眼光敏銳，辨識得出那些東西會是大家五年內都想要的。我不知道他怎麼會曉得。

●**天才小子／丹尼爾．希利斯**：卡斯頓證明了一件事：好人也能闖出一片天。凡與他共事過、為他做過事或與他合夥過的人，提起他都是好話。我願意不簽合約和他做生意。企業界有人這樣子做事，眞好。他的公司提升了學童用軟體的水準，像活書（Living Book）那類的產品，開拓了全新的產品類別。

●**先知／大衛．邦諾**：頂尖的商界人士打起牌來小心翼翼，不漏風聲；卡斯頓正是個撲克高手。我覺得，卡斯頓的對手們全低估他了。

●**理想派／狄尼絲．卡盧梭**：卡斯頓做好事，而且做得很好，大家喜歡，而他不必裝得像個傻子，頗讓人稱奇。他像羅丹的雕塑品，你感覺得到他在思考。

介面三：布洛曼說

在卡斯頓眼中，網際網路是人際溝通的媒介。「它是收發電子郵件與留言的工具，可以把東西移來搬去，無政府，無中央。網路上不是一個『這邊』，一個『那邊』，而是千萬個不一樣的『那邊』。」

我們第一次見面是一九八三年，在舊金山「西岸電腦展」上博德邦的攤位。那時候個人電腦業是狂熱分子的天下，所以展出情況熱烈。我沒見到多少西裝畢挺的企業人士進出展場，當然沒幾個出現在熱鬧的博德邦的攤位旁。博德邦由道格和弟弟蓋瑞、妹妹（已故）凱蒂三人，當成家族事業一同經營。

吸引卡斯頓進入個人電腦業的，不是傳播理念。從六〇年代起，他唸哈佛大學法學院的五年，加上在芝加哥和緬因州當律師的五年，就已著手寫電腦程式，設計電腦遊戲。一九八〇年他與弟弟一同創立博德邦，一開始便有尊重「原作者」（authorship）的觀念。他知道，一個商業用的應用軟體，往往要一大隊人幾年時間共同完成；遊戲用軟體則需個人工作者或小組付出心力，所以很體貼作者，設身處地爲他們著想。他以此態度禮遇我：一九八四年，他向某軟體發展商協會衆人維護我的立場，辯明「代理人」所扮演的角色。

卡斯頓個性穩定，冷靜而深沈，做事不疾不徐，耐性十足。他是一位「沈思者」。我們有朋友情誼，也有若干事業上的往來。他確實是業界一等一的高手，熱愛自己的公司、員工和產品。

最近幾年，由於博德邦經營得有聲有色，於是他花很多時間扮起商業鉅子，研究合併事業方面的發展，照顧公司裡諸多需要他關照的企業經營層面的事。就他的事業來說，現階段他做這些嘗試本無可厚非，但我相信，他仍心繫於創作優良軟體產品。

卡斯頓認爲，進入網路的人不想乖乖當個觀衆，而想做一點什麼：「他們不要多花一分鐘讀東西，他們要做一點事，（用滑鼠）按一下，看看有沒有事發生。他們不要呆坐聽人長篇大論。」他認爲，必須讓用者參與互動的過程。「**內容**這字眼又一次出現。網路不是屬於『可傳送』之物的媒介，當然你可以用它把東西傳送出去——技術上不成問題。但人們上網路不是爲了去接收什麼東西，而是去找東西，找到了就走。」

博德邦今日能成爲一家大型的顧客導向的軟體生產公司，原因是卡斯頓知道如何做出成功的產品，他能以語言設計師的頭腦來思考，也能從消費者的角度來看問題。目前博德邦在網際網路上的發展只是第一階段，他說他們正在做「一塊街區，提供紮實而有豐富技術，由使用者參與的環境。」

6

理想派

狄尼絲・卡盧梭 Denise Caruso

她堅毅捍衛網路空間諸用戶的權益，
遇事直言不諱，而且能充分表達她所堅持的立場。

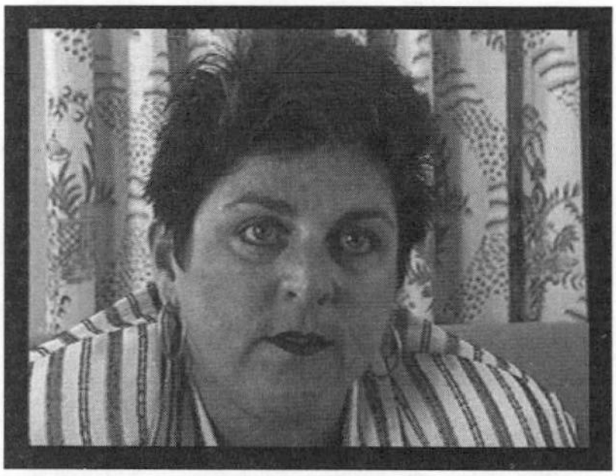

- 經營「聚光燈」(Spotlight)，是針對互動式媒體產業高階主管所舉辦的年度研討會。她也是 EFF (電子前鋒基金會) 的榮譽董事，並在《紐約時報》撰寫「數位商業」(Digital Commerce) 專欄。
- 「網際空間第一修正案」的提倡人之一，也是最先重視科技、商業與文化間關係的記者之一，經常在研討會和產業活動中發表演講。
- 1994年，成立資訊服務公司「科技與媒體」(Technology & Media Group)，屬「星期五控股公司」(Friday Holdings) 旗下成員。
- 曾任《數位媒體》(*Digital Media*) 雜誌的創刊編輯。之前曾爲多家報章雜誌寫稿。

介面一：理想派自己說

第一次與提摩西・雷利（Timothy Leary）見面，是我生命裡相當沮喪的回憶。那時一九八四年，我還在爲《資訊世界》寫稿，他一頭栽進數位天地裡。我們聊到社會問題，貧富差距現象。我說：「嗯，聽來很棒，是很強的工具。可是你如何把它送到眞正需要的人手上？」他答：「這就像演化過程，物競天擇，適者生存。有人能脫穎而出，有人不能。」著實令人驚訝，雷利平常那麼有見地的人，談起這個話題卻冷酷無比。

不幸，我隱隱覺得他是對的。我們這個社會沒有人停下脚步。不見任何人拉那些非白人男性的族裔一把，提供他們賺錢之道。這是天大的錯誤，笨蛋才認爲這不會帶來一場革命。我迫切希望美國和世界各國政府，均讓圖書館具備優良科技和自由開放的網際網路，成爲數位化的學習場所。我們必須協助大家學會使用科技，提供他們免費的學習環境和最新的學習工具。如果我們不伸出援手，後果不堪設想。

人際溝通是大家都願意參與的活動。大家都願意與其他人產生關聯，不在眼前亦無妨。如果網路能使我與別人的關係日漸密切，我指的是我愈來愈覺得他們「近在咫尺」，那麼網路將是一項商業契機。

我一直覺得，爲有線系統和電話公司設計的「殺手級應用軟體」（killer app），眞是又便宜又棒的手法。大家總會打電話給媽媽，讓媽媽看見他們身影，或讓祖母瞧一瞧，或向孩子炫耀一番。一旦我們爭取到較大的頻寬，讓通話雙方能夠藉電話或無線電看見更多影像，那將是大事一樁。

我們今日所以爲的**內容**，將只不過是我們溝通能力的加工產品。

內容是程式語言設計師的辭彙。互動式媒體的技術剛出現時，程式設計師眼中的**內容**，是螢幕上出現的東西，只不過能讓人與其他東西聯結罷了。何是，就像**多媒體**這個詞，**內容**其實不代表什麼。一份內容可以指互動式媒介，也可以單指從電腦上取得的資訊。如果那份資料是數位式的新聞或小說，閱讀時仍必須像讀書面的新聞和小說。如果是一段數位格式的電影，則它仍是一段電影片。我們應該根據資料本來是什麼，就稱它是什麼。

科技世界裡造成流行，帶動趨勢的東西，大部分是爲了解決問題而獲致的方法，以及尋找市場的新鮮玩意兒。CD—ROM是最典型的例子。CD—ROM的表現其實並不符期待：CD—ROM慢，易破裂，而CD—ROM產品簡直愚蠢無比。可是大家認定CD—ROM是下一波的大事，只因爲銷售數字龐大，因爲研究市場人士如此認定。但是研究市場的人沒有說，銷售數字中包含了電腦賣出時所附的CD—ROM。這不算銷售。銷售是指你從椅子上站起來，上車，進一家商店，然後說：「我要那個。」這才算買了東西。

有相當多的人轉向電腦尋找休閒娛樂。但若以爲大家在電腦上找好萊塢式的娛樂，那就錯了。好萊塢已經向電腦進軍，事實上，各媒體公司都往新媒體發展了。他們把舊經驗應用在網路上，而大多數舊經驗既蠢又無聊，缺乏想像力。一隻手五根指頭就數得出來，有幾個人認眞動腦筋思考關於新媒體的課題。說來遺憾，良機若此，居然大家不善加掌握，不肯嘗試新作法，實驗大膽的概念。

換個角度來看，我也樂見他們想像力枯竭。因爲，如此一來，電影製片公司、電話公司和有線電視公司等，轉而看好網際網路的前景及潛力，便會在傳播事業的基本架構上砸下大筆資金。結果他們將會損失慘重，而不少公司將撤資——一旦這樣，我們就有了全新的基本架構，而後藝術工作者會加以運用。我估計，還需十年才會發生。這一切重複絕對是必須的——失敗，又失敗，再失敗。這個過程無可避免。

網路上的廣告型態將要歷經一番體檢，因爲研究將會顯示出大家對網路的需求。然後，網路上的廣告漸漸能瞄準對象群，收到效果，不再被當成網路出版人的內設事務。從文化的角度來說，關鍵在於我們如何一方面保有隱私，同時又能滿足自己身爲消費者的需求。

女性在網路上相當活躍。我認識幾位女士在網路上發展事業；網路讓她們獲得權力和自由。日後，藉網路爭取權力的女性將愈來愈多。此外，隨著各種領域的人以網路爲從事商業的工具，網路的面貌勢必改變。

你如何觀看網路上的廣告？看電視時，你會爲了節目而看廣告。讀雜誌時，廣告就在內文旁邊，在視線範圍裡，想不看都不行。電視節目和電視廣告合作無間的關係，網路上見不到——每當我們在網路上用滑鼠點取了一則廣告，也就接觸了一次新經驗，或可說是一項新的編輯內容。這時候，我們不再惦記前一頁面。既然如此，我便想要知道，網路上的編輯工作和廣告將如何保持關係，又為何要保持關係。

廠商贊助（sponsorship）的模式在網路上有其意義，只不過你必須讓贊助商覺得，他們錢花得有價值。而網路上的贊助制一定得和廣播電視的贊助制有明顯區別，因為電視很有力的一點，乃在於可以提供消費者特定的資訊，從而培養個人關係。

那些說他們在網路上賺了錢的人，所賺的錢來自廣告主，而非消費者。他們所賺的數目將逐漸減少，一旦廣告主發現無甚收獲。這情況現在已出現。廣告金額短缺，所有媒體皆然。廣告主希望找機會與顧客建立新關係，而不只是再打一次自己品牌——除非只需花小錢，但在網路上作廣告很貴，現在。如果不能建立新的顧客關係，其實不值得花錢。對於以大眾市場為銷售對象的廠商來說，十年前花一百萬美元作廣告所能收到的效果，今日花同樣錢所得的效力已無法與昔日相比。以前對象是三家主要電視公司外加CNN；現在有五十到一百家地區性的頻道。資訊和娛樂的來源迅速增加，增加，再增加。大家都說，廣告業會為新媒體挹注資金，我看這也不過又是業界打的官腔。八〇年代，大家不都說，最早接受（電腦）的人，會買市面出現的任何一種新型消費產品？可是，最早接受的人和其他人一樣，錢只有那麼多，購買個人式數位用具。如電視遊樂器、住址籤條機（address-label printer）的預算有限。現行的（網路）廣告，型態實在太有限。

如果我有機會和媒體事業的鉅子們說話，我會勸他們別再往網路投資，而轉向能提昇他們原產品，滿足顧客的「運用技術的方法」上投資。我衷心相信，成功的互動式媒體，將會出自新一代藝術工作者的努力。媒體事業鉅子們如果以爲，只要把錢往互動式媒體產業裡丟就能賺錢，那麼容我不客氣地說一句，他們是白搭了。我會請他們自己問自己，究竟想達成什麼目的。網路科技最根本的作用，是它打破了現行的（傳播）基本結構；想想，任何一個人都可以在網路上設立網站，也可以立即向百萬人出版他的東西。網路這種傳送的環境不需要大型傳播媒體的結構。如果那些鉅子們對此掉以輕心，新科技可以擊垮他們。

由此衍生「虛擬實境社區」的概念。我對此頗有共鳴，只不過「虛擬實境社區」一詞被用得太浮濫了。我們每一個人都不知不覺地進出許多「虛擬實境社區」。若說進去是爲了獲得「更高層次的心靈境界」，我其實自己就可以體會，置身忘我境界爲何意識，毋須靠電子式傳播來達成。但是，當我在網路上得到那種意識，當我在某網站上讀到一首別人的詩，或是我看到某女士小時候的照片與今日模樣並排，我便平靜下來。這正是我認爲網路振奮人心的地方：這些網路空間的符號（cyberglyphs）——網路衆生留下的物件——向人訴說著：「嘿，看這裡，我是這樣一個人。你是誰？」

介面二：大家說

●**實用論者／史都華・艾索普**：《資訊世界》雜誌的「人物專欄」由卡盧梭執筆。她不喜歡寫，一直很氣我。她是一位理想派。

●**牛蠅／約翰・德弗亞克**：狄尼絲是好萊塢的記者，而她精力充沛。

●**先知／大衛・邦諾**：對於自己所相信的事物，她的確充滿熱情。這是她的優點也是缺點。當她動筆敘述她所相信的課題時，她的文字非常有說服力；但當偏見左右了她對科技的看法時，她就不那麼有說服力了。希望她不要花太多力氣在最基本的螺絲一般的技術事物上，多討論議題，因爲這才是她使得上力的地方。

●**標準市民／霍華・萊恩戈德**：狄尼絲有柔性的內心，強悍善戰的外在，以及不懷好意的幽默感，而三者成爲絕佳組合。她看來觸角廣泛。

●**寫手／約翰・馬克夫**：她初踏入電腦產業時，毫無背景知識。靠著讀書、研究、參加活動、結識業界人士，她逐漸有模有樣。這女人耳目靈通，人脈廣布，有辦法挖出小道消息，而且總是知道祕辛醜聞的發生經過。

●**法官大人／大衛・強森**：狄尼絲堅毅捍衛網路空間諸用戶的權益，遇事直言不諱，而且能充分表達她所堅持的立場。

●**製作人／李察・佛爾曼**：悍！她經過艱辛奮鬥後，才贏得今日業界全面性的尊敬。

●**辨識模式高手／艾絲特・戴森**：狄尼絲是我認識的頭腦最清晰的人之一，她對產業動態和人類心理動機都能清楚瞭解。但對於不若她一般高尚的人，她是很有話說的。

介面三：布洛曼說

「我覺得你不必讓他們（本書中訪問的人）挑選頭銜。德弗亞克不是『壞脾氣的人』才怪。里昂西斯不是『推銷員』才怪。戴森不是『博學之士』才怪。拜託！如果我要換我的頭銜，我會用『實用論者』，因爲實事求是才是長久之道。如果更多人從一開始就做對，現在我們數位世界裡大多數的麻煩就減少了。」

把「才怪」換成恰當的感歎詞，你剛才讀到的，大約便是理想派狄尼絲．卡盧梭典型的電子信函。

她認識每一個人，她可以靠電話找到任何她想找的人。如果你參加某項業界的研討會，看見她一襲「花俏的」黑色套裝，你就來對了。她在《紐約時報》的專欄「數位商業」，下筆毫不留情，問題決不拐彎抹角。她逼人誠實面對事物。有人說她很強悍，但理性的人知道，她很公平。爲什麼？她直指原因：她批評別人時大家都喜歡她嚴厲，講到他們時可就不見得開心了。

卡盧梭多年來評析並觀察電腦業界和新興互動式媒體業的發展，一九九五年三月起在《紐約時報》上闢專欄。她同時爲「資訊世界出版公司」出力，擔任該公司「聚光燈」研討會的執行製作。

一九九四年，前《華爾街日報》執行編輯，現任時代華納集團總編輯伯爾斯汀（Norman Pearlstine），聘請卡盧梭來著手推動新企劃「科技與媒體集團」。這是一家提供資訊服務的公司，隸屬於伯爾斯汀新的媒體公司「星期五控股公司」旗下。進入「科技與媒體」之前，她是《數位媒體》月刊創刊時代的編輯。《數位媒體》是一份流通於業界的刊物，在卡盧梭帶領之下，成爲公認的帶動新興新媒體工業發展的刊物。

再往前推五年，一九九〇年，《數位媒體》創刊前，卡盧梭爲《舊金山檢查報》的周日商業版寫專欄。當時她就以先見之明，倡議網路空間應受憲法第一修正法的保護。她也是第一批專門報導科技如何影響商業和文化的記者。

此外，她爲《華爾街日報》，以及《連線》、《*Utne Reader*》等刊物寫文章，討論與科技有關的事物。她並且接下若干市場性刊物的編務：包括《電子》、《資訊世界》等，她同時擔任這兩份刊物駐美西的特派員，採訪矽谷的動態。

現在，她經營「聚光燈」年度研討會。「聚光燈」是很意思的研討會，第一，它只談「互動式」媒體的——用她的話來說，那可怕的C開頭的字——**內容**，而不談科技、平台技術、PC或遊樂器。此研討會純談論藝術、商業，以及足以讓互動式媒體形成一個產業的軟體工具。雖然她親自挑選會場上展示用的硬體，關於硬體的討論卻不在討論場上出現，她認爲那些並非會議主旨。

「聚光燈」是第一個以高級主管爲對象，專門討論互動式媒體業的研討會。卡盧梭說她「想集結一群具有代表性，可能開創新局面的人，讓他們互相認識。把藝術家、創意工作者介紹給裁決企劃案和開立支票付錢的人」。研討會上，她讓與會者抽離磨人的日常工作，思考如何讓產業精進。「在一個這麼新的行業裡，絕對要深水才行得了大船。越多好手加入，參與製造符合市場需要的產品，產業就會越大越成功。」

以卡盧梭的標準而言，去年「聚光燈」首度登場的表現堪稱成功：一場高層次的會談，中場休息和用餐時間的討論聲量高得嚇人。她的要求：「眞實的，面對面的。買一杯飲料，展開有意義的談話。大家這樣便很開心，而這恰恰也是形成群體的方法。我辛辛苦苦想在業界組成一個團體，儘管互動式媒體業正處於風暴中心。其實這差不多就是我現在所看到的網路和互動式媒體：熱風頻起，而當風暴過去，事態底定，留下的殘骸恐怕不甚雅觀。」

「我不用**內容**這個詞。」她說：「這詞有侮辱的味道。藝術家創作藝術；作家寫下想法。然而這會繼續被大家使用，因爲媒體已經是一個巨型的商業化企業了。所有東西都會變成商品，藝術如此，創意點子亦如此。」

她希望她的專欄能讓大家明白，互動式媒體和科技業有太多的宣傳技倆。「許多手法只不過是有樣學樣，跟著微軟、TCI和大公司走罷了。必須有人提供足以讓大衆認淸事實的資訊；但是關於科技方面很難做到，因爲科技太不容易理解。」

她說她的職責是指出不合邏輯之處。一九九四年，當大家滿嘴掛著「互動式電視」時，《數位媒體》上登了篇文章：「抱歉，你**到底**曉不曉得，製造出你口中說的那些可以讓（互動電視）系統動起來的軟體，要多久？對不起！你指望**有線電視公司**接裝所有這些複雜的技術，然後**提供給訂戶使用**？那些不管顧客不滿意的程度多高，所提供的服務只是接上一條笨纜線，然後單向式地把節目弄進電視機的公司？我可不奢望。再說，如果我們談的（互動電視內容）是在家裡購物，以及互動式的〈幸運之輪〉（美國一個猜獎節目），誰理你？」

「提出這些問題又不必擁有太空科學的學位，全是經邏輯推理而得的。很可惜，許多人一聽說大媒體與有線電視公司簽了上億數字的約——天知道究竟有沒有簽約——就雞飛狗跳，也不仔細想一想，問一問。跑商業新聞的記者，只需要寫出他說，某人說那類的報導就能交差，所以不用腦子思考也不發問，到底這些合作案是眞是假。活動本身、技術、潛在客層等等，都是問題嘛。」

「這其實是業界內部一樁低級的祕密——矽谷裡任何一個人都知道，大家所讀到的報導全是屁話。眞正曉得實情的人每天花好多時間瞪大眼珠子叫，拜託，饒了我吧。所以，我猜，我很多時候只不過是指出我認爲顯而易見的事物。」

「我希望我能引起業界人士三思，以免重蹈前人覆轍。也希望能幫助他們向長遠看。但很難。這行的人以賺了多少而自誇，不管那些錢有何作用。」

商業活動在網路上漸形重要。「明顯地，網路上將出現與錢有關的交易，也將因而帶動產業。不過，除非我們也能對網路商業的社會和文化意義有所認識，對於如何讓一般人坦然面對文化轉型，接受一個以數位形式傳送資訊的文化，能提出看法，否則究竟能否（在網路上）賣出產品，仍屬未定之天。」

卡盧梭大學主修英美文學，一九八四年到《資訊世界》工作，開始撰寫有關數位世界的文章。她與人討論科技事務，直搗問題核心的功力有口皆碑。她總是提出該問的問題：「我們爲什麼要它？它眞的有用嗎？現在就派得上用場？將來它能做什麼？有人思考過嗎？」

7

政治家

史蒂夫・凱斯 Steve Case

凱斯堪稱爲一位政治家。
他在建立公司策略性的關係，
合資和合作等方面，表現卓越。

- 「美國線上」（America Online，縮寫作 AOL）創辦人，現任該公司董事長兼最高執行長，同時負責經營旗下的三個部門：AOL Networks、AOL Studios 及 ANS Communications。
- 「美國線上」於1985年成立，已成爲一個以市場和客戶爲導向的龐大企業，以產品研發及行銷手法的創意著稱。現有員工逾5,000名，訂戶超過600萬人，是目前最普及的網際網路線上服務企業之一。
- AOL 已與全球最大的傳媒公司之一「博特斯曼」（Bertelsmann, AG）合作，在西歐和東歐提供線上服務。AOL 與 IBM、蘋果公司、時代華納集團等公司的策略性結盟，都是在凱斯手下完成的。

介面一：政治家自己說

網際網路上的互動式伺服活動，即將躋身於主流之列。幾百萬人已經連上網路，而每年均見人數增加。有一天，網路會與電視或電話一樣重要，現在它還只是在發展初期，全美僅有百分之二的家庭訂用了網路伺服。目前面臨的問題便在於如何爭取大衆市場。「美國線上」努力的方向，例如使用容易，服務實用，好玩，價格負擔得起，製造迷人的經驗等，全爲了打進大衆市場。業界太重視技術發展，緊盯著頻寬問題和新開發的伺服器。其實，創造出奇妙的互動經驗才是要務，當然，這得藉科技之助。我相信人類的創造力一定能驅策我們前進。

「美國線上」一九九二年上市，有十八萬七千用戶，市場價值七千萬美元。四年後，用戶將近六百萬，市場價值接近七十億美元。市場價值在四年裡增值一百倍——新式媒體的力量和潛力可見一斑。「美國線上」的用戶數目，超過《紐約時報》、《今日美國》、《華爾街日報》、《華盛頓郵報》、《洛杉磯時報》等全美前五家報紙的總訂戶數。消費者選擇了互動式服務，而大部分消費者——我們很開心——選擇「美國線上」。

消費者作此選擇，理由可能很多，但追根結柢，我們公司的人員一向是對新媒體有信心的人，他們吃喝拉撒睡都念念不忘新媒體。他們不是在追求個人事業的某一階段，而是在打造一個產業。看看其他公司，就說網景吧，幾年裡從什麼都沒有到竄紅，爲什麼做得到？人的品質。吉姆·克拉克建立的信譽，安德森（Marc Andreessen）提出的前瞻技術，巴克戴爾（Jim Barksdale）的管理領導，讓網景從零開始，一夕之間成爲市場主力之一。那是人的力量造就的。在這樣一個重要的新產業，看到「人」成爲衡量成就的關鍵，眞是令人欣慰。縱然多數產業亦以人爲標準，但發生在極新又快速變化的產業裡，尤其讓人安慰。

「美國線上」向來以開放的態度看待與其他公司合夥的事。過去十年來我們比別人稍強的一點，乃是我們與許多不同產業的公司建立了合作關係。從幾樁網際網路上以資訊網爲中心的重大科技進展，我們有所領悟：我們是可以繼續單打獨鬥自己開發技術，但技術更新的步伐加快了，微軟、網景、昇陽等公司，都能提供重要資源。我們覺得，可以與他們之一或全部合夥，而不必與他們競爭或是照他們做的依樣畫葫蘆。後來我們與這三家都建立合作關係，因爲我們想取得全部的技術，也想在科技演化的過程中發揮若干影響力。我們與微軟合作，取得「美國線上」的內建瀏覽器；與網景合作，取得「全球商業網」的內建導覽器，然後讓消費者自行選擇。

與微軟的合作最讓大家嚇一跳。我們過去蠻公開地批評微軟的產業策略，現在我們卻與微軟合作，特別還採用了 Windows 95。剛開始我們仔細了解他們的技術策略，探詢他們願不願追求新的商業模式，肯不肯把 Windows 讓我們用。我們愈看愈覺得，與微軟合作，經由 Windows 95 進入「美國線上」，拓寬消費客層，是正確的決定。與其他公司在某一層面上競爭，同時又在另一層面上合作，逐漸成爲稀鬆平常的作法，惟需運用微妙而高明的手法。

與我們合作的微軟工作小組，負責網際網路方面的技術，我們則不必負擔微軟方面或內容上的任務。我們平常往來的微軟小組，視「美國線上」爲重要合作對象，小組成員竭力達成我們的要求，因爲他們深信，「美國線上」採納了微軟科技後，他們的「探索者」（Explorer）在市場上的動能將大幅增加。我們是另一位微軟的顧客。顯而易見，當一切底定，公司還是一個，比爾·蓋茨還是老闆，他要花一些心思擺平各派系和「選區」，爲全產業和股東的利益著想。微軟現在有一種實用派作風，過去不曾見過；微軟開始關心市場現況，關心網際網路。

有人拿網際網路對網路伺服、資訊網對「美國線上」爲題，大做愚蠢的論辯，彷彿它們之間有某種與生俱來的緊張關係。時間一久，大家終會了解，「美國線上」是居於領先地位的網際網路「通道」，提供完整的網際網路和其他服務，除了內容外也提供情境與社區團體。在這一個擁有無窮選擇，創造內容的管道毫無阻礙的世界裡，眞正較勁的地方將在於所提供的情境與群體，在於建立廣大閱聽群、商機、現金流和全面成長的能力。所謂「內容至上」的觀念很天眞。內容若欲爲王，必須先擁有閱聽衆；若要擁有閱聽衆，又需有傳送管道，也就是接上「美國線上」這類的伺服公司，你的品牌才能到達閱聽衆面前。現在有一種說法，認爲只要做一個網站，就有幾千萬人來敲門——因爲能夠上網路的人有幾千萬。但是，若以爲明天開始做生意，請電話公司接一條電話線，後天就有上千萬人打電話進來，想法未免幼稚。

待網路成爲主流媒體，好處和絕佳契機將伴隨而來。我們獲得資訊，與人溝通，買東西，學習新事物的方法，將爲之徹底改變並得以進步。同時，若干負面作用亦隨之出現；我們對於事物傾向於採取不假思索的反應。在尚未完全領會新產業暨新科技的細微之處以前，便出現機械式的反應，是很危險的。

關於〈通訊規範法〉的爭論是極佳的範例。一位立意良善的立法人員，將「通訊規範法」併入一九九六年的電信法案，出發點是爲了讓孩童遠離色情圖像，沒有管道可接觸色情圖像。如果你是一位典型政客，逢上選舉年，你特別容易支持以保護孩童爲立法本意的條款。事情便是如此。很多公司，包括「美國線上」，立即控告〈通訊規範法〉。該法本意固然良善，但該法面對課題的方式大有問題。

立法的國會議員們分不清楚網路與報紙、電視的區別。網路是互動的，參與度強的，好比坐在餐廳裡談話，而不是把東西從印刷成的報紙中往外亂撒。一來一往的對話及其流動性，使得網路生趣盎然。網路的靈魂在於人與人交談，若欲規範並檢查人與人的交談，造成各種問題不說，有鑑於網際網路的本質，竟欲規範並檢查之，態度本身可謂無知矣。美國社區標準局處的意見，也許不會和中國、新加坡的社區標準局處相同。

我們以相當強烈的態度反對網路用戶爲所欲爲，不希望用者認爲，網路是新的媒體，又有言論自由爲後盾，所以無事不可行，最後弄得像破舊的紐約市時代廣場，大家不敢踏進一步。正確的方法是以科技來解決問題，例如製造工具，讓父母能控管，而用戶能依個人需求尋找特定的服務，我們正在努力。形成全球性的發展後，我們的業務更複雜了，既要留意各國風俗和區域法律，同時又要達到身爲一個國際性媒體應有的表現。我推測，路上不免有路障，但一待事態底定——五年後吧——就會有合理的公共政策，平衡各造的衝突，認清網路的特質，同時也接納某些人對於負面影響的憂慮。只要該公共政策的方向是經過規劃的，經過深思熟慮的，平衡的，事情便ＯＫ。

網路服務一九九六年的市場滲透程度還不夠深，猶不足以造成社會層面的衝擊。也許幾年後，當政界人士知道了有多少人連結上網路伺服公司，知道這些人的影響力多大，了解資訊散播與討論的過程和民意調查的做法等等之後，政治人物會說，如果想連任，最好與網路交個朋友。公元二〇〇〇年總統大選的決勝關鍵，也許是在網路伺服上的某個活動，恰似一九六〇年總統選舉的關鍵，乃是甘迺迪與尼克森的電視辯論。從那時起，電視成爲社會利器。下屆總統大選將發生同類的事。

互動式網路活動另一個研討中的議題爲隱私問題。「美國線上」立下的「服務條件」，足以說明我們的遊戲規則。聯邦法規中立有章程，明令所有電子郵件得保有隱私權。但像垃圾郵件這類東西，著實比較讓人頭痛，它們其實不算隱私權的問題，卻是「叫這些人少來煩我」的問題。所以，垃圾郵件相當棘手。禁止某人寄電子郵件給別人，已屬檢查（censorship）之舉。然而，若訂用伺服公司的用戶，收到一大堆不當且未經許可的雜亂垃圾郵件，則是明顯的打擾了。然而我們知道，網路的本質之一即爲溝通，當別人想認識你，而你對外公開資料了，他們知道你之後，想來煩你並不難。

我們眞誠希望你不要利用這個溝通用的媒介做壞事，違反陸地上的法律。凡法院裁定「聯邦快遞」（Federal Express）和美國郵政局應合作的原則，且社會認其當遵循者，應該也適用於網路。

要求我們合作（檢查制）之前，你得翻越一座高牆。條件之一，你必須持有一張法院傳票，票上列明合理說明。因爲電子郵件既爲隱私，我們無從得知某人是否利用它來寄送不合法的資訊或圖片，除非我們看到郵件。如果有人收到郵件後，懷疑該件不合法，並主動亮給我們看，而我們看過後認爲它不合法，例如是孌童色情照片，我們便會報呈相關單位。一般來說，不正當的東西較不明顯。

「美國線上」過去幾年來急速成長，乃因我們與美國主流現象配合，提供大多數人想要的服務。例如「美國線上」在 14.4kbps 的數據機上操作良好。處理新進入區域的問題方面，我們的作法是下載圖象一次，把圖存放在你的硬碟裡。第一次進入時你也許覺得煩，但下一次你再進入時，圖象立即顯示。資訊網不用這方式，每次進入新區域，所有圖象重新傳輸，所以，使用 14.4kbps 數據機的人進資訊網的經驗並不愉快。但是，三分之二（使用數據機）的消費者用 14.4kbps 的機器。儘管愈來愈多人改用 28.8kbps 數據機，上資訊網也還只是差強人意，因爲資訊網本來的對象，是使用高速乙太網路的大學校園人士，直接連結而且不受頻寬限制。那是微軟的安德森一開始時設定的市場對象。但眞實世界裡吸引消費者的方法不是這樣。科技所能提供的能力與消費者眞正的需要之間，存有緊張關係。消費者視他們現有的電腦配備和所連結的網路，尋找中意的互動式經驗。所以有人據此認爲，「美國線上」和資訊網之間處於緊張狀態。不過，我們很快地調整，提供了一條輕鬆有用又好玩的管道進入資訊網，同時提供許多資訊網上所沒有的內容、情境與群體，每個月只收取十美元。放入一張磁片，滑鼠點幾下，上路了。

斷線？：產業中那些以爲市場上的消費者都和他們一樣的人，提出所謂斷線的假設。我們自己使用速度快的PC，大多數人也都用高速的連結網路。我們容忍各種差異，所以下載網景的 alpha 導覽器，裝入 Shockwave 和爪哇（Java）一類的語言，挺好玩的。但這些遠非大多數消費者的要求，他們對互動式服務的世界感到好奇，自己知道一些，或朋友正在使用，他們想試一試，不過有些緊張。他們想找個信得過的品牌，簡單實用有趣兼便宜的品牌。對幾百萬人來說，那個品牌叫做「美國線上」。過去如此，我們希望保持下去。

爲什麼有更多的人還不用網路伺服，原因很多，我們正努力克服，希望能一一突破。其中一項原因是使用方式太難。我們正在想辦法讓它簡單些。另一項原因是大家不覺得進入網路有充分的價值。我們致力於研發更吸引人的互動經驗，加入更有創意的內容，改善情境、流動，使之更有私密感，讓「美國線上」變成**你的**「美國線上」，而不是**我們**的「美國線上」。營造出群體氣氛後，可以讓使用者覺得自己是其中一員，有參與感。現階段產業各界，特別是我們「美國線上」，均能延請大企業共襄盛舉，加入研發內容的行列，以求更進階的突破。拿我們的「溫室」（Greenhouse）來說，我們資助了數十家企業，並且提供他們行銷通路，以建立品牌。

過去我們建的新品牌包括「彩衣弄臣」（Motley Fool），一個在「美國線上」上的興趣社團，專門探討個人投資理財。此社團由二十多歲的加德納兄弟（the Gardners）主持，大受歡迎，是「美國線上」上的熱鬧地點。建立新品牌時，我們把年輕企業家的創意，巧妙地與「美國線上」的客層結合。比方，我們和賽門與舒斯特公司接洽，談成了「彩衣弄臣」的出書計劃，書已出版，賣得不錯。接下來我們打算策劃電視節目和其他形式的產品。短短幾年內，新媒體的發展改寫了局面：過去，網路總居媒體合作鍊的最後一站，大家總說，好吧，現在調整一下我們的策略，把產品的權利轉售給「美國線上」一類的網路伺服公司，再賺個一筆。一轉眼，「新媒體」的概念已在網路上紮根。以「彩衣弄臣」來說，它先從網路出發，再衍生書籍、電影、電視節目等周邊產品。未來十年內，所有大型媒體都會在「美國線上」這類的伺服公司築巢，進一步向資訊網前進，再跨出互動世界，朝傳統形式的媒體和通路發展。

介面二：大家說

●**實用論者／史都華・艾索普**：「政治家」？我說他是街上打架的人。他好勝心強。比爾・蓋茲剛和他做了筆生意，他現在暈陶陶的。

●**市場專家／泰德・里昂西斯**：史蒂夫是歷史性的人物。我並非因爲他是我老闆才這樣說。後世會稱他爲這一行的佩利（William Paley）。佩利不是發明電視的人，沙諾夫（Sarnoff）才是；但佩利發展出電視的商業型態，讓電視走向大衆，並在電視的黃金時代保持了節目的品質。史蒂夫在這行裡扮演了佩利在電視業的角色，成爲這一行的發言人。他一心關注消費者的取向，重視人們如何從中獲得價值。

● **催化劑／琳達・史東**：「美國線上」的精神在很多方面反映出凱斯的性格。看他的公司像看他的人。希望我收到花的次數和收到「美國線上」磁片的次數一樣多。

● **競爭者／史考特・麥尼利**：「美國線上」所遇上的挑戰和我們一樣：處於變化之漩渦的正中心。而「美國線上」適應了新的各式競爭壓力和採取管制態度的環境，並且迎向帶動產業的科技革新。我們這一行的人不在公司內部策略上花時間，而把時間用來接觸外面世界，各地走動考察，了解實際情況。「美國線上」的技術層面進展得極其快速，比它的硬體、操作系統、產品等快太多。在一個瞬息萬變的產業環境中，凱斯始終不慌不忙。

介面三：布洛曼說

凱斯很早就入行了，他試過許多事，失敗過更多次。一九八五年我在我公司見到他，他的網路服務公司「量子」（Quantum）剛起步，想與我合作。那時他二十六歲，認眞、聰明、熱切，但是我不看好生意的前景。第一，我看不出我們的合作賺得了錢。第二，端坐電腦前與別人「溝通」？這點子引不起我興趣。我照實告訴他我的想法——也許太粗率了。十二年後，他的公司已改名叫「美國線上」（AOL），成爲全美最主要的網路伺服公司，訂用戶總數超過美國五大報紙的訂報人數總和。我有一個可愛的特質：老是錯。

觀念、技術與文化，匯集後一同驅動著網路媒體。微軟這類公司，以軟體爲中心來看問題；AT&T（美國電信電話公司）從電訊的角度出發；時代華納則屬媒體本位。凱斯有一個長處，他不是哪一個領域的專家，但對每一門都有充足的認識，夠他成爲危險人物。此外，他比別人更明白這些觀點會如何交會。他的目標：把AOL放置於該交會點的中心，並關注消費者的需求和使用習慣，至於軟體的表現和限制，電訊技術可不可能達到，或內容做不做得出來，他比較不關心。

史蒂夫・凱斯堪稱爲一位「政治家」。他在建立公司策略性的關係、合資和合作等方面，表現卓越。一九九六年二月的兩週內，他分別宣布與網景、微軟、昇陽、AT&T等公司合作，產業界爲之眩惑：這幾家公司原本被視爲「美國線上」的勁敵。那兩星期裡每一天發生的事都宛如戲劇，較諸我若干年來讀過的小說，其情節之撼人心弦，有過之而無不及。如果他把生平故事的電影版權利賣出，所得恐怕夠他退休養老了。

依他解釋，這種態度一百八十度轉變後的這些合作案，表示「我們這一行是消費者導向，以建立一個閱聽群衆爲主要工作。一旦有了幾百萬人使用你的伺服，你便得立建立信譽，獲得動力。這對許多不管是提供技術或內容的公司而言，都是大大有利的。他們都可能爭取最廣的閱聽群；『美國線上』正是那個閱聽群衆。很多公司選擇與我們合作，而不與我們競爭」。

凱斯理想中的互動式經驗，要能跨越娛樂、資訊、交易、溝通、教育等多種範疇，同時也要跨越不同技術，跨越通訊網路和取得內容的裝置。他說：「集多種技術於一，成爲基礎平台。然後藉各大企業之力，把各種互動式的經驗放在基礎平台上。現在很多人嚮往網路業，非常像我八〇年代初的感受，那時個人電腦軟體業剛起步，帶來創業契機，像磁鐵般吸引創意人才。現在，互動式媒體業也出現了相同現象。」

凱斯計劃把所有零件收齊，希望組裝出來後能夠引發全球上千萬人口的想像力。凡是用過去的觀念來解析這個產業，盼望他們的觀察和企業型態能勝利的人，凱斯很不欣賞。在凱斯的新世界裡，消費者的需求爲最終依歸。

8

牛蠅

約翰・德弗亞克 John C. Dvorak

每一個產業都需要一位唱反調的人，
德弗亞克反調唱得棒透了。

・有一個常用的中文名字：杜克強（Du, Ker-chiang）。

・1976年開始參與微電腦革命。1978年加入一家專門開發及販賣微電腦軟體的公司。1980年於「加州軟體」（California Software）工作。1982年開始編輯《資訊世界》（*InfoWorld*）；二年後轉爲自由作家。

・現爲多本雜誌與二家報紙的合約作者，同時是「德弗亞克開發公司」董事長，Content. Com 公司的顧問，及 Discontinuity 公司的合夥人。

・目前爲《PC 雜誌》、《溫哥華太陽報》、《個人電腦／計算》（*PC/Computing*）等撰寫專欄。作品也經常出現在《新聞週刊》、《時代雜誌》、《國際前鋒論壇報》、《洛杉磯時報》等報刊雜誌。

介面一：牛繩／約翰・德弗亞克說

凡包含資訊者，皆可稱為內容，是「資訊內容」（information content）的簡稱。內容可以是藝術，是照片，是錄影帶，是一篇文章，一份過期雜誌，也可以是一個在高速公路上方現場拍攝的電視片段，告訴你路段已暢通，你可以開車出門了。

閱聽群眾一定是由某一個形式的內容而產生。進入一個網站，你希望找到東西，可能是如何在賭城找妓女，可能是如何買到全世界最棒的咖啡。（結果，碰巧那是產自墨西哥某個偏僻農場的咖啡豆，一磅十五美元。）總之，內容的國度，屬於人物、作家、創作者等有能力創造內容的人。我認為大家要的是新內容而不要舊的。

我們見識到幾種不同的互動。第一種是網路上的互動，大家交談，聊各式話題，低頻寬，低速。這是團體活動，而它不必具名的特質是人們喜歡的。參與的人吐露心思，不必擔心有人笑他白痴。人都喜歡與別人來往，故不必具名的人際互動別有吸引力。不過這是娛樂工具，無甚實質內涵，好玩罷了。

另一種互動，是人與電視節目的互動。這東西實驗了幾十年，沒有人眞正感興趣。大衛・賴特曼有一次說，他看過一場由觀眾決定結局的電影，他開玩笑說，他是去「看」電影的，可不是去「編」電影的。不會有人要和每一件事互動，有時候只想輕鬆一下。我不要和我手上的書互動，我只想讀它！

社區的確是一個議題。社區是指小型網路俱樂部，讓俄亥俄州的人、賓州的人、佛羅里達州的人聚在一塊，聊養鳥的事？這種社區不是眞的社區，眞正的社區需要有親密的人與人的接觸，有一段長時間的相處，在一個固定範圍內。眞正的社區裡，人與人不是散居各地的。我看過太多例子，某網路社區看起來很堅固，彷彿一座小城，到頭來終究瓦解。原來，其中某成員是騙子，另一個被警察抓走了，又一個男人竟是女人扮的。太多虛假的東西如何成其爲一個社區？硬說它是社區，它其實只有表面的形式，不堪一擊；無法負荷眞社區所承受的考驗。這些（網路社區）是假的體制。

「威爾」倒是有趣的現象。「威爾」自稱是社區，卻愈來愈華而不實，而且即將中途喊停。有一個成員自殺，他自戕之前闖進「威爾」裡面，把所有足以證明他存在的證據全部消掉。說穿了，「威爾」也不過是假冒人頭，曇花一現，彷彿一則奇聞報導。

智慧財產的問題，讓律師等著賺錢。十年來，出版商竭力奪取作者的權利，以致作者很難保留自己作品的電子版權利。爲雜誌社寫稿的人，雜誌社通常與之簽訂「僱用合約」（work-for-hire contract），約上明言受僱者放棄作品權利。出版商把電子版版權和通路當成一座寶礦。無從保證他們能從礦中獲利，只證明了他們貪婪的心態。他們打算把全部有合作關係的作者的權利留在手上，作者必須抵抗。太多作者說：「如果我有東西出來，我就不收錢。」這些人滿腦子理想化的屁話，害死所有人。

資訊滿坑滿谷，總得有人判別好的資訊和壞的資訊。不幸，通常是由最下游的使用者決定。事實上最後是由票據交換所決定，而結果便和雜誌、報紙一樣。我認爲必須由編輯審視資訊，決定「這是好的資訊，你需要知道」。下個世紀，資訊可不可靠，將是熱門議題。

大家似乎都不用實際的角度來看電腦業；其實沒有大家以爲的那麼激烈。我們喜歡說自己處於變革的中央。社會正要天翻地覆時，這麼說讓我們覺得舒服。認爲DOS能千年不朽的人，頭殼壞去——也不過多久，我們已忘記了一堆操作系統。老式的康懋達機種棄置一旁，CP/M世界已然死去，沒有適合的軟體嘛。大多數東西無法維持十年。

我們現在講這些奇怪的話，討論電腦科技，原因之一，我們基本上是農業社會，隨便就被科技唬住。如果客觀一些來看，全球資訊網實在頗無聊。使用十六聲道杜比系統的電影，科技眞正了不得，看上去光鮮奪目；再看資訊網，慢吞吞，圖片七零八落。因網路和其他電腦科技而暈眩，眞可笑。

網路還得待諸事稍沈澱後，才可能成爲謀利工具，現在仍是草創時期，有得拼。大家不願意花了一筆錢進資訊網，卻得枯等一座網站出現。麻省理工學院教授尼葛洛龐蒂（Nicholas Negroponte）說得好，我們要靠小筆金額的交易，一毛五分地把大家的錢吸來。以後這些交易全部會採用電子現金（ecash）。最終，大家總會訂用某一個系統，當他們要使用某個服務時，得付一毛錢。「一毛錢？好啊」，欣然接受。

網路上開了不少資料館，若干資訊網網站上有一種「我比你強」的態度。某人說：「好，我打算把我們大學圖書館全部搬上網路。」這對一般人有什麼用？對我也許好用，我可能要找一本一百年前出版的書，找到後下載至我的電腦裡，然後搜尋某一段我想參考的文字，不必整本啃完。研究人員、作家、藝術工作者叫好，但計程車司機會向網路找這些東西嗎？也許他想學些什麼，想找另一份工作，但也許他就是喜歡開計程車。我不敢說網路放諸四海皆有價值。資訊網、網際網路和整個電腦工業，可能正以不盡正常的方式，讓社會形成階層。

個人隱私已死，無力可回天。我們身旁沒有（英國小說家赫胥黎《美麗新世界》書中專門監視個人行爲的）「大哥」（Big Brother），但是有「小哥」（Little Brother），隨時用他的手提式錄影機盯著我們的一舉一動。長此以往，個人隱私益發難以維護，隨便就被侵犯。我們不得不接受現實，任生活裸陳於公衆面前。所以，若干極端團體自閉於蒙大拿、愛達荷等地方，因爲他們發覺了這種現象，無法接受。

通訊方式改變，若干體制將陷入劣勢。一個是報紙。（有了網路後）如果我想看新聞，我可以上網路，一天裡的新聞盡收眼底。我可以讀深度報導；我可以進《洛杉磯時報》、《紐約時報》的網站。它們都有網路服務。報紙業眼看將遇上難題，從銷售數字就看得出來，而且情況會更糟。又不只新聞如此，假如我想買一部相機，我可以進「芝加哥先鋒報」、「聖・荷西信使報」和其他許多網站，一口氣同時尋找多家報紙的分類廣告。印刷形式的報紙該如何生存下去，我不知道，特別是紙價不斷上漲。雜誌比較可能存活，因爲雜誌的頻寬較高：它用高解析度的色彩。不過，雜誌也可能消失，一旦專業和小衆出版在網路上盛行。

報紙受到人權法案的保護，其他媒體所受的保護則不足——以我的標準來說。還有更糟的事：我擔心通用電子（GE）買下國家廣播公司（NBC），西屋公司（Westinghouse）買下哥倫比亞廣播公司（CBS），狄士尼買下美國廣播公司（ABC）的後續發展。通用和西屋曾在五〇年代鬧出固定價格風波，現在他們擁有三大全國廣播網之二。政府居然眼睜睜任這種事發生，我簡直不敢相信。你不得不質疑，這兩個廣播網如何追蹤報導西屋或通用事件，有人敢報導經營者的壞事嗎？報紙言論自由更可能失去控制，這是我最不願見到的事。

介面二：大家說

●**實用論者／史都華・艾索普**：德弗亞克是PC工業界的大衛・賴特曼。他曾告訴我，讓三分之一的人快樂，同時讓另外三分之一的人不高興。我經常運用這作法。

●**出版人／珍・麥特卡福**：奉上一則關於德弗亞克的故事：Comdex會議上，我們公司某位投資者向德弗亞克介紹我：「這位是《連線》雜誌的創辦人。很多有意思的東西都要發生，你不妨認識一下這些人，學學他們。」德弗亞克根本不和我說話。第二天，我在機場遇見他；我穿的是很合身的衣服，略事修飾。他走向前說：「嗨！我是約翰・德弗亞克。」我心裡想：「喲，我就是昨天你不肯搭理的那個人哪。」

●**理想派／狄尼絲・卡盧梭**：每一個產業都需要一位唱反調的人，德弗亞克反調唱得棒透了。

●**標準市民／霍華・萊恩戈德**：略具知識，特多意見，加上良善組織，德弗亞克便是靠這些吃飯。

●**偵察員／史都華・布蘭德**：他的確博學多聞，但大家都敬重他嗎？

●**軟體發展師／比爾・蓋茲**：他本人比他的文字更好玩。他非常滑稽。

●**寫手／約翰・馬克夫**：德弗亞克不折不扣是業界的牛蠅，不過他自己也造成自己牛蠅的形象。他每一件事都經過仔細計算。和他聊得多以後，會發現他想事情的方式逆市場運作而行，奇特無比。但他眞的是個人電腦業界最好玩的人，極度嘻笑怒罵，然而受不了一丁點廢話扯淡，我最喜歡他這一點。他不相信「願景」一類的屁話。科技界裡大家陷入錯亂時刻，他是一劑有效的解藥。

介面三：布洛曼說

「我們所面臨的稱不上是內容革命，」德弗亞克說：「事實上，電腦革命根本沒有取代工業革命。現在電腦爲我們做我們過去用人腦所無法完成的事，只能說是人的延伸。」很好，我心中說。麥克魯翰藉德弗亞克的嘴開口！德弗亞克不但逐字逐句抄下來，連說話的節奏都一樣。我一九六七年在福德翰大學所認識的麥克魯翰，現在可能在天上某個角落開心，見到《認識媒體》一書出版了三十三年之後，自己的話在這位德弗亞克頭顱內部迴響。

「眞的革命性在於它增進了溝通能力，」他解釋：「而早在工業革命前就已開始，現在只是延續了這個過程。迅速傳送資訊有多麼重要，也老早就有人明白，中國元朝皇帝成吉思汗便是其一。他每二十英里設置一個驛站，信差一見馬露出疲態，立刻換一匹，這匹又累了再換一匹。如此可在一天內趕二百英里，這種速度在公元一二○○年是值得大書特書的。現在，我們做什麼都只在瞬間即傳遍全世界。多可怕！」

德弗亞克是一隻「牛蠅」。十五年來他一直是業界一位主力專欄作家。最早他為《資訊世界》寫專欄「內部軌跡」，一九八六年轉《PC》雜誌效力。現在，他自己就是一個專欄工廠，又上廣播又上電視。別人讀他文章裡尖銳的機鋒，他的內幕消息，以及他的幽默感——在不以笑話著稱的行業裡，他的幽默無人可及。如果我要向好萊塢投稿，描寫他的生平，我會形容他是「伊木思（Don Imus）加大衛・賴特曼（David Letterman）的組合」。

八○年代早期，我在拉斯維加斯的Comdex會上認識德弗亞克。他那時似乎已掌握成功的竅門，也已嘗到成功的滋味。首先，他每天走那一段路，一大群人跟著動，穿過長長的展示區。途中，媒體記者、各行各業的靈通人士，以及我，尾隨其後。他總是有發表不完的意見和俏皮話。其次，他有一份「德弗亞克非正式派對名單」，嚴格管制單上人選，如果你運氣好，那名單能提供你必要的消息，讓你闖入康懋達（Commodore）、奧斯本（Osborne）、「視訊」（Visicorp）、「數位研究」（Digital Research）等業界要角的大型活動。第三，他不必花錢就能躺著過日子的能力，眞是不可思議。大家迫不及待地獻上美食好酒，香檳、電腦、軟體一樣不缺地送過來，請你走一趟他們（各種展覽場上）的攤位，還讓你當面或寫成文字羞辱。這種時候，誰還需要信用卡？現金？

事隔十五年，現在我本人確認，德弗亞克仍精於此道。

9

辨識模式高手

艾絲特・戴森 Esther Dyson

她以敏銳而嚴謹的態度尋找模式，
再隱微的模式也逃不過她眼睛。

- 網路電子與紙製通訊《發表1.0》（*Release 1.0*）發行人兼主編。也是 EFF（電子前鋒基金會）不支薪的董事長。致力於爭取網際網路的言論自由。「愛德創投控股公司」（EDventure Holdings）總裁。
- 「愛德創投控股公司」對中、東歐進行投資，如華沙的「波蘭線上」（Poland Online），一家對前東歐共黨集團提供線上服務的公司。
- 曾被《聖荷西水星報週日雜誌》譽爲「矽谷100個最具影響力的人」之一。在「上層菁英100」中名列12。
- 她的俄語流利，曾多次在莫斯科爲研討會作主講人，曾被「俄羅斯電腦市場名人錄」列爲俄羅斯電腦產業最具影響力的10個人之一。

介面一：辨識模式高手／艾絲特・戴森說

網路逐漸不是一樁事物，而愈來愈是一個環境。它將占滿全部空間，大家在它裡面做各種事，而不是把它放在箱子裡像個應用軟體。想像一下，在我們有飲用水的世界裡，水忽然冒出——以前我們有河流、海洋、游泳池等等——忽然水從杯子裡或瓶子裡那一丁點玩意兒，變成布滿全世界，你能在水上旅行，飛翔，捕魚，養東西。

思考網際網路的一大重點：網際網路改變了經濟規模，對小人物有利。過去，只有大人物能寄東西，登廣告，訂報紙。忽然間，每一個人都能找到他想找的閱聽衆，也許能不花錢。他們不一定擁有廣大的群衆，因爲他們不見得夠好，不見得値得聽一聽，但每一個人都能迅速傳播他們的資訊，任他們想往哪兒傳送，幾乎不花錢。

不過大家別樂過了頭，現在講的還不是心電感應：我們說的是人與人之間的界限。我們仍然得把想法化成語言：我可以給你看照片，但我與其他人仍然有別。話雖如此，我們之間的通道卻也已改變，變得更有效率，更寬闊，更便宜。眼前現象也與「互動」的概念有關。你寄東西變得和你收到東西一樣輕鬆，此事大有影響。

假如你是電話公司老闆，或是有線電視公司、大型娛樂企業集團的老闆，錢沒有賺上十億美元，那麼你在網際網路上做生意不會有搞頭。但是假如你們有五個人，你可以賺到養十個人的錢；如果你有二十個人，你可以賺錢養四十個人。網路的經濟規模對大人物無甚好處，它垂青於小人物。有努力即有報償，投資可不見得能回收。所以網路朝分散的方向發展，鼓勵小型企業。個體戶得利，大企業主鎩羽，網路是很道德的文化。

電視業不再能坐收巨利，他們已面臨強大競爭壓力。他們的環境仍舊是買下或發展內容，內容務求吸引觀衆。電視內容仍然會氾濫，有些爛透了，有些尙可。可是，現在要吸引觀衆注意比昔日困難很多。而電視的行銷機制過去吃香，全因頻道獨占。現在冒出各種頻道，像電話線一樣多。

另一方面，對於品質大家既挑剔也挖苦。既然垃圾內容還是會滿天飛，所以品牌依舊是保證，例如《紐約時報》，只要保持下去就能保有信譽。大家並不會要求每一件事物都爲自己量身訂做，反倒會看別人也在看的節目，大家想成爲團體的一員。

集團式的公司嘗試進行水平整合，認爲應該參與每一個環節。我認爲此舉不盡合理。理由：好的內容必會四處流傳，既然每一個頻道都極力爭取，自不必死守一個通路。同理，任何一種媒介，任何一個通路系統，都希望能免費取得所有內容，最好的內容，不希望只有一個來源。消費者也不願只接收一種內容。如果我的電話只能打法國，或只能通德國、俄羅斯，我立刻不要它。

我在別人心目中，是個狂熱、偏激的反著作財產權怪胎。其實，我的意思是這無關法律，無關道德。著作財產權的概念完全正確，我生產的東西我有權掌控。日後將會出現浩大的運動，呼籲大家重視並維護個人作品的完整性和正確歸屬。內容將到處都是，因爲在網路上製造內容太簡單了，況且沒花幾毛錢就能傳送給其他人。內容的價格——未必見得是其價值——會下降。生產內容的人需要思考賺錢的新模式。也許讓人看一場表演，做一次諮商顧問，或請史蒂芬・金（Stephan King）朗讀他的書，都可以收費。賺錢的方式形形色色，而大家必須明白，光把內容放進盒子裡然後四處兜售，恐怕是最無效益的方式。

電子商業型態令人興奮，但關於它的應用大家未免過於激動。數位式現金確實能使世界運作得更有效率，但網路對於社會和人際關係的作用，以及權力的平衡，猶比它的商業用途更加重要。眞正奇妙的用途，乃在於網路如何影響人和人際關係。

即將產生的是一種新型式的社區，而非新文化。文化與社區有所不同，文化是單向的，藉著閱讀或觀看而吸收；但在一個社區裡必須有回饋式的行爲。缺乏這種回饋就不算社區。以後人們會注重互相分享內容，互相留話，花時間相處。就某種角度來說，這些才算建立社區的方式。

蘇聯解體後，大家高談民主式的政府制應擴展至東歐。這問題的本質不是民主與專制集權的對立，而是個人選擇與外力——政府或大衆媒體——強加的控制兩者之辨。很簡單，民主制度是多數對少數所施的暴政。從生活中愈來愈多層面觀察，從早餐食物到孩子所進的學校，從你看的書到你螢幕上顯現的內容，我們的世界逐漸以個人選擇爲基礎。這不是選擇民主專制，這是脫離中央化（decentralization）。愈來愈多東西出自個人選擇，而這是小單位的首要之務。現在，小單位和大單位的效率相同。

大家以為有錢便有權。賣出一百萬份視窗軟體，賺了很多錢，但你無從控制大家用視窗看什麼。此為根本上的差異。大公司多得是，也會賺錢，但沒法子像過去那樣掌控消費者的生活。消費者大可換一家公司買東西。大公司僱主與個別員工之間的權力結構也逐漸會改變，員工的存在更看得見，他們將更有能力變動，對自身權益更有自覺。

網路的眞正課題，將在於使用者運用它的能力，以及使用者的教育和識字程度。我們的世界偏愛受過教育的人。如果你要，你可以取得土地，重新分配給佃農。如果你願意，你可以把錢和資本重新分配給全世界的工人，像俄國人的例子，儘管不甚成功。但是你無法把知識分給別人，他們必須自己去取得知識，去學習。我們的社會逐漸變成不付出便沒有收獲，這項不平衡難以矯正。每一個人都必須學會一件事：我必須奉獻。

有人不了解這些新觀念，不曉得網際網路，不知道通訊革命，我不覺得奇怪。四百年前的波蘭天文學家哥白尼，說地球不是宇宙的中心，被身邊的人當成怪物。大多數新觀念要經過一個循環。人們第一次聽說某個新觀念，別說表示不同意，恐怕沒花多少心思去注意。觀念溜過去。第二次，他們說：「它好笨。如果它是眞的，我們應該早就知道。」第三次，多少有點認識了，他們說：「嗯，你知道嗎……」第四次，他們說：「噢，那個啊，大家都曉得了。無聊。」

介面二：大家說

●**寫手／約翰·馬克夫**：艾絲特是網路空間的第一夫人。她其實也夠格被稱爲個人電腦的第一夫人，或是半導體產業的第一夫人。她身上有一種無家可歸的特質，我沒法子清楚描繪。她沒有眞正找到自己安身立命之處。她能站在局外。她一直是標準的脫軌分子，但卓有遠見。

●**聖人／凱文·凱利**：我敬畏她。她聰明得幾乎讓人害怕，吸收非常細微且複雜的科技資訊，然後切中要害，那種本事讓人羨慕。我靠她來分辨什麼是眞，什麼是假。她是最棒的過濾器，因爲她眞的懂。她的確了解事態，大部分人不懂。

●**政治家／史蒂夫·凱斯**：洞察力極強。過去幾年來，她大力探討科技如何在國與國距離漸縮短的地球村裡發展，那些主題超過我的理解。她跨越領域和文化的能力令人嘆服。某一天她在波蘭，設計網路服務並主持研討會；隔天她在美國拉斯維加斯開會。可能是基因的關係吧，看她全家都帶有追求知識的好奇心。

●**沈思者／道格·卡斯頓**：艾絲特是電腦業最聰明的人物，她對科技的觀察也最令人折服。她寫的文章看來太遙遠太未來，許多人無法完全理解其文價值何在。試一試，把她寫的東西擱兩、三年再讀，看是不是恰好切合眼前狀況。

●**理想派／狄尼絲·卡盧梭**：艾絲特鍥而不捨地探索新領域的事物，求知的精神令我驚異。

至少百分之五十的機會裡我不同意她的說法，但沒有關係。許多我不同意的人，我不會說那沒關係。

● **情人／戴夫・懷納**：艾絲特愛游泳；艾絲特愛作夢。她酷斃了。很多方面她是膚淺的。我不確定，她自己所寫的內容她都精通。但整體而言，很高興見到她一直這麼有影響力。最近在《紐約時報》上讀到法蘭寇（Max Frankel）報導艾絲特的文章。想和法蘭寇聊一聊，並告訴他，別害怕。

● **市場專家／泰德・里昂西斯**：艾絲特・戴森是奇女子。在TED研討會上，我以爲看到了全新的艾絲特——她轉變成一位十足理性的人類。她談愛情，談男人與女人的關係，談生活品質。此君以自己的方式看待產業和生活。和我一樣有機會與她一同出門，與她相處過的人，多半都會敬佩她。她永遠有目的，現在是隱私權和東歐。她的精神境界是非常深邃的。

● **法官大人／大衛・強生**：艾絲特代表了吾人構築溝通網路的最佳典範。她本人架起了東方與西方的橋樑，連結了數位文化與商業文化。她始終用強有力的聲音呼籲大家，制定策略時要設身處地，進入該策略施行時的情境中，三思而行，並且疾呼，做決策時務必發揮縝思和創意，不忘基本權益。

● **軟體發展師／比爾・蓋茲**：艾絲特向來是我們這一行裡，一位高IQ的知性觀察家。她寫了很多好文章。

●**電腦空間分析師／雪莉・特爾克**：艾絲特・戴森治事不僅活力充沛，熱情十足，而且嚴謹、毅力驚人，這是她最強的優點。她藉著完全參與而求自我學習——她的知識紮實可靠。

●**製作人／李察・佛爾曼**：稍微欠缺一點即席的幽默感，永遠讓人畏懼。聽她演講，我從來不會想：「爲什麼我沒有這樣說？」因爲我不可能想到要這樣說。基因優良，頭腦頂尖。我想和她換血，或者換腦，這樣更棒。

●**天才小子／丹尼爾・希利斯**：艾絲特是全面發展的人。她有一點很棒：她在電腦產業裡不是只爲了工作，她關心周遭共事的人。她素來是業界的催化劑，建立大家的連結，讓應該互相認識的人見面。她做得很好，因爲她深入了解情勢。

●**北美土狼／約翰・巴洛**：艾絲特是我心目中最聰明的女人。她喜歡我說成「最聰明的五位人類之一」，也可以啦。但我仍然要稱她爲我心目中最聰明的女人，因爲她結合了聰慧與女性氣質，爲電腦界所罕見。她的見解帶有一種非陽性的特色，並且威力驚人。

介面三：布洛曼說

艾絲特・戴森認爲，有了網際網路，大家從事的活動和從前一樣，只有若干重大區別。一、溝通的結構改變：今日我們用電話一對一交談，或被動地看電視聽廣播。明天，在網際網路上，我們的運作方式比較像廣播站，向全世界傳播，人們會回應，傾聽得也多些——比較像談話性的廣播節目，而非報紙或雜誌。二、我們將用新的能力規劃時間：有了電子郵件，我們可以把相同的內容傳給更多人知道，我們的手指將更向外伸展，更能掌控傳播與溝通。艾絲特語帶警示，不贊成依賴販賣知識財產以維商機，認爲必須創造知識財產而後尋找具有新意的方式運用之，把它當服務，當表演，當過程。凡著重於處理過程之才幹的方式，才是她喜歡的。網際網路的未來，屬於那些視網際網路爲表演空間，同時能上台表演的人。

戴森從一九八二年起出版《發表 1.0》，一份電腦業界最知識性的通訊刊物，探討資訊產業與通訊業的未來。她和該刊物執行主編米高思基兩人，致力於先人一步發現並介紹業界的新公司、新技術和新商業型態等，凡足以改變產業方向者。他們勤於閱讀，以求精進產業知識；他們敏於分析，每能及早辨識出新型態，發現人們如何使用科技，公司如何從中獲利。她有自己的投資公司，還擔任「電子前鋒基金會」的董事長，三不五時爲其他報章雜誌寫文章。

此外，她經營「PC論壇」(PC Forum)，一項業界舉足輕重的研討會。藉由以上各種活動和她與業界大人物的交情，她得以看見許多稍具雛型的商業企劃案和產品展示，也因此，她對於數位科技的進展有通盤認識。她並且具有社會責任感，願承擔後果，是帶領正面發展的重大動力。然而她本人輕鬆易相處，詼諧有趣。

戴森的童年與電子數位電腦的萌生期，有幾年是一同渡過的。那是一九五〇年代，在紐澤西州普林斯頓的高等研究院 (Institute for Advanced Study)，她父母一九四八年在這兒相識。彼時，數學家諾伊曼 (John Von Neumann) 和畢杰珞 (Julian Bigelow) 兩人，窩在研究院外樹林中一間小木屋裡，號稱在製造一種四十位元的平行式算術處理器（parallel-arithmetic processor），有一千個字的高速記憶。電腦工業從這些開端發軔，此後一日千里。艾絲特的父親，福里曼·戴森（Freeman Dyson）是數學物理家，也是重要的量子電能動力學理論家；母親菲莉娜·胡伯-戴森(Verena Huber-Dyson)是數理邏輯學家。她父母恰好分別代表了把電腦革命帶入生活的兩大理論領域。那時候，艾絲特父母正在鑽研集體理論（group theory）——探討數學物理、數字理論或社會體制中的變換、關係和常數——這些正是艾絲特高人一等的範疇。她以敏銳而嚴謹的態度尋找模式，再隱微的模式也逃不過她眼睛。艾絲特·戴森乃是「辨識模式高手」。

一九九〇年某個晚上，我邀福里曼·戴森共進晚餐，他另一位住緬因州的女兒，當護士的米亞（Mia）作陪，還有他兒子喬治。喬治長年住在英屬哥倫比亞雨林，以一間離地三十公尺高的樹屋爲居所，他並以阿留申群島島民使用的單人獨木舟爲基礎，重新設計製造獨木舟。喬治應邀，當晚將在大都會俱樂部向眞實社演講，所以我們先行慶賀。福里曼與喬治父子間的關係，布勞爾（Kenneth Brower）一九七八年曾著書描述，書名叫《星艦與獨木舟》（*The Starship and the Canoe*）。那晚奇妙無比！對話與觀念在空氣中穿梭激盪，彷彿無形的電子迴路瞬間串聯三枚燈泡。

艾絲特那時人在何方？外地。喬治說，他們家人從一九六五年起未曾一同正式吃過晚餐，其間偶爾在艾絲特的研討會上或某大型社交場合見面。「有意思的是，」他說：「儘管我們幾乎未就私人生活或知性追求等事物彼此關心，但不曉得什麼緣故，我們的路線仍然一樣。」

近來我見到艾絲特的次數，不若以往頻繁，而這並非我所願。過去五、六年裡，她多半待在東歐和俄羅斯。她俄文流利，向來是Comtek、國際電腦論壇、視窗大展、布加勒斯特的CERF等研討會的主講人。一九九〇年她籌辦了「東西高科技論壇」，此乃一界定暨發展中歐與東歐商業電腦市場的活動，以「PC論壇」的形式爲基礎，致力於推動長程的商業關係。「東西高科技論壇」不只是另一個討論市場的研討會；它本身就是市場，會議曾在多處舉行：布達佩斯、布拉格、華沙、斯洛伐克的布拉提斯拉凡（Bratislav）、斯洛溫尼亞的布雷德(Bled)。

這些在俄羅斯暨東歐辦的活動，對她別有一番意義。她曾告訴我：「如果我是女傭，我會選一個亂糟糟的房間而不要整齊的房間。東歐一團亂，俄羅斯尤其亂。」喬治解釋：「她相信，當個人電腦不再中央化，當傳播方式改以電腦爲媒介時，一個七十年來追求中央集權的經濟制度所造成的傷害，可以因而撫平一部分。」

性格獨特的戴森，家裡不裝電話，拒絕開車，大半時間奔波於機場過境室、飛機上、旅館中、游泳池裡，帶著一只女用大提袋四處走。八〇年代我參加幾場研討會，會期間每天日出前可看見她在游泳池裡，游過來游過去，游過來游過去，幾小時不歇，保持她的養生之道。有時我起得早，坐看她游泳，心中自問：她在想什麼？朝什麼方向而去？還是逃離什麼？

10

軟體發展師

比爾・蓋茲 Bill Gates

大家都以爲他是世界上最聰明的軟體人，
其實他眞正的身分應該是
世界上最好的行銷人。

・「微軟」（Microsoft Corporation）董事長兼最高執行長，所著《擁抱未來》（*The Road Ahead*）一書出版於1995年（中文版由遠流出版），次年大幅修訂，以平裝本發行。

・才13歲，就讀於西雅圖湖濱中學（Lakeside School）學習程式設計時，就展開了在微電腦軟體領域的生涯。1975年，還在哈佛大學就讀時，與中學同學艾倫（Paul Allen）爲第一部微電腦，MITS 公司開發的阿爾它（Altair），研發出 BASIC 語言。同年稍後，「微軟」成立。

・對生物科技極感興趣，是「達爾文分子委員會」（Darwin Molecular）成員及 Icos Corporation 董事。嗜讀，喜打高爾夫球和橋牌。

介面一：軟體發展師自己說

推動微軟的力量，是這樣的一個景象：每家人家都有一台電腦，每張桌子上都放著一台電腦。但這理想何時會出現，端視通訊的價格能夠降至多低。我們一直都認爲總有一天決定性多數人口會擁有電腦，大家能夠以電腦相連，這時候，我們便可以電子形式出版很多的資訊了。

我們不知道什麼時候這個決定性多數人口會出現，也不知道會因而出現什麼樣的規則或標準。我們不確定什麼時候雷會打下來，不過可以看到的是，越來越多的公司都在建立更多的連結性，通訊的應用軟體將成爲個人電腦的殺手，而多媒體則將是連結的經驗中重要的一部分。

我們透過研究和產品開發，對所有這些方面都進行了投資。我們討論CD—ROM如何成爲過渡科技，而高頻寬網路將如何取代磁片。CD—ROM將可成爲非常好的啓動程式，因爲它已展示出我們如何做到把大英百科全書、各種不同的學習經驗，和不同類別的資訊都存放在同一個電子媒體的形式中。CD—ROM對整體有很正面的效果，給我們帶來好生意，也讓很多人可以有更好的工具進來。

就硬體方面而言，到底個人電腦還是電視會成爲主流，一直是大家的疑問。很多電話和有線公司都認爲互動電視將成爲最重要的應用設備。而大部分人則認爲一個更進化的過程將從個人電腦開始，不過會逐漸朝著類似電視機的方向邁進。從某個角度來看，我們可以把未來會出現的應用設備，看成個人電腦的進化體，因爲個人電腦會越做越好，包容更多的形式在內。而不論未來設備爲何——個人電腦也好，資訊用具也好——都會與高頻寬線路相連，變得強而有力。因此，網際網路會越來越豐富，是可以預見的。

一九九三年時，我們便看到各個大學的工程或電腦系所使用網際網路的情形，已蔚爲風氣。康乃爾等大學還開始創造企業內部網路（Intranet），並將課程表等有用的資訊放進網路中。大學生開始使用電子郵件。那是一件非常好的事，因爲我們一直大力宣揚電子郵件及資訊分享在增進生產力方面的效用。一九九四年，有人透過全球資訊網路協定（Web protocols）做超文字（hypertext）。另外並出現許多商業行爲，不只是把全球資訊網用在FTP或Telnet或電子郵件上。也就在這時，我們推出我們第一套網際網路上的產品。

到一九九五年初，我們看到網路上已經有足夠的人口，情形就好比當年IBM個人電腦雖然有很多弱點和不合理的地方，卻啓動了個人電腦革命一樣。個人電腦一旦成爲趨勢後，IBM電腦的弱點反而成爲個人電腦革命的優點——這些缺點，才讓很多新公司有機會因應而生，改良IBM的缺點。

網際網路也一樣，尙有很多弱點。例如，全球資訊網路沒有保全措施是否不好？當然不好，可是就因如此，才會有微軟、網景和許多其他公司想要設法解決這個問題。想在全球資訊網上找東西是否很困難？當然難，可是就因爲如此，才有了許多以搜尋爲業的公司出來，爲大家解決問題。

網際網路引發一種像當年淘金一般的熱潮︰所有行業中的所有公司都在想網際網路的事。這種現象已經成爲電腦世界的中心引力。現在的問題是︰我們如何將企業內部資訊，將一般企業，將教育，以及在頻寬加大以後，將娛樂與它連結在一起？

目前全球資訊網上大部分的內容，都是由產品銷售者，如汽車公司、保險公司、飲料公司等，所生產出來的。這些企業想要透過網路建立起顧客關係。我們看到媒體對網路也有極大的興趣。《紐約時報》、《華爾街日報》等報紙都在朝網際網路發展，嘗試賦予這個新媒體新價值，並藉此鞏固它們原有的讀者群。

還有一些人花下大筆投資，將獨特的材料放上全球資訊網路。他們認爲網路使用者會大量增加，因此未來廣告和訂戶收入都會大幅成長。微軟對這一點也很樂觀。除了微軟以外，還有成千上萬家公司也都有類似的想法。時代華納公司的「開拓者」(Pathfinder)就是很好的一個例子。「開拓者」不但放進其他媒體的資料，並嘗試以各種方法大幅增加資訊的價值。

在未來二、三年中，我們還會看見更多網際網路上的投資。不過到了一個地步後，這些公司便會自問︰「如果不會有收入的話，放這麼多錢，用這麼多人，划得來嗎？」

以後總有一天，我們回顧現在時，會把很多人對網際網路熱過了頭的情形當作笑話。但是在這很多人中，必定會有一些人各種條件具足，投資在對的地方，並建立起有持久價值的產品。正因爲有這個期待，所以現在才會有這麼多人熱衷於此道，這些人不但是樂觀主義者，而且不喜歡被甩在時代潮流之後。也因爲如此，現在正是一個有趣的時代。

但是說到全球資訊網，現在則有一點孤單。不過網際網路進化得很快，不久大部分的網路位址都將成爲三度空間（畫面），而網友將可如同探索物理世界一般地探索電腦環境。我們會以嶄新的方法與人交談，交換經驗，這世界會很活絡，有動畫，有聲音，有影像。網頁不再是平面的兩度空間，也不會像現在很多網頁那麼呆板了。

另外，我們還會看到很多人開始利用網際網路尋求利基，根據自己特殊興趣與所在地點尋求資訊。例如，一個在家中使用麥金塔電腦工作的人，和一個有一千名員工的大老闆，在和微軟連結上以後，所收到的會是不同的資訊。其實，現在已經有地方新聞、天氣預報，和一些非常特定的資訊，可以自動傳送給網友了。

有關網際網路內容的議題正待釐淸之際，電腦工業還有更多更大的改變在進行著。例如，在競爭非常激烈的硬體業中，一些公司如康栢（Compaq）已建立起很好的品牌和技術品質。這是一件好事。另外，使用者已可以用非常低的價格分享微處理器的奇蹟。微處理器的速度越來越快，可以承擔更多的應用軟體，以後可能再難的軟體也不怕。電腦業中有一部分人，到現在爲止還沒有受到個人電腦快速發展和低價戰爭的影響，未來他們將受到很大的威脅。IBM，DEC，昇陽，甚至UNIX都將在受威脅之列。

同樣地，軟體世界也將有很大的變化。如果有人能做出很受歡迎的瀏覽器，我們也會作出有相同功能的瀏覽器。如果我們的 Explorer 瀏覽器功能不錯的話，網景等公司也會做出類似的東西。這情形就和試算表、文字處理及網路操作系統一樣。

基本上，網景想要把瀏覽器變成一個操作系統。微軟則想要在操作系統上放進足夠的網際網路能力，讓使用者能夠繼續認爲視窗是最佳的使用網際網路的方法，我們的顧客也希望我們做到。除非我們能做出一個更好的操作系統，並把價格壓低，否則別人便會進來這個市場。往前看二年，沒有人能夠確定未來的情勢。每個公司都以最快的速度往前發展，而市場將評斷哪個公司的發展方向是對的。這種競爭對使用者最有利，因爲所有公司都以最低的價格推出產品，而免費的軟體幾乎到處都是。

網際網路已改變一般人的世界觀，它代表的是一場可與印刷、電話、電視等發明比擬的傳播革命。網際網路與其他機制不同的地方，在於它的互動潛力更大，因爲它可以讓使用者以自己想要的方向進行，並在網路上面找到其他有共同興趣的同志。透過網路，我們可以與和自己關心相同事務的人連結、溝通。

在這個新傳播革命下，我們不必再自囿於自己所在的地理環境，也不一定要被城市的居住環境局限。目前，我們還沒有走到所有知識都已電子化，而所有商業都可以在電子媒體上進行的時代，不過大約再過十年，一般人便會非常習慣於網際網路，最後每日生活都將受它影響。

大部分革命都至少需要四、五十年時間才能夠完成，但是新傳播革命的速度會很快。現在要與網際網路連結還很難——價格高，使用界面還不夠好——但是網際網路已經成爲大家聚會，資訊出現，商機萌芽的地方，和兩、三年前相比，已經不可同日而語了。

最好的一個例子便是電子郵件了。把電子郵件系統視爲日常作業的人將越來越多。我相信，我和我的醫生、律師，和工作上往來的人員，都將以電子郵件互相問答問題，組織會議，等等等。不少像我這樣對新科技熱心的人，會吸引更多的人進入。我已經把我親戚們都拉進電子郵件圈裡了。感覺很好。

企業內部網路也日漸重要。它最棒之處在於你不必再買新的硬體，只要裝備一些你會操作的簡單軟體，便可以隨時取用、發布企業資訊了。在微軟，你可以撥號進入內部網路，找到公司內所有活動，認識部門的公告和福利，讀到最新的內部通信，或加入公司內部的社交圈。

目前，網際網路的活動仍以美國爲中心。實在令人訝異。五、六年前，我們還覺得自己落後日本呢。仔細審視這場新革命，發現不論在哪個層次，對網際網路有興趣的大都爲美國公司，這一點頗值得玩味。不過，最近也有歐洲整個城市一下子全部由網際網路連結起來，而在未來兩年中，網際網路現象會在已開發和開發中國家同時爆發性成長，就像幾年前的美國一樣。

介面二一：大家說

●**競爭者／史考特·麥尼利**：比爾·蓋茲和他的公司，讓我們昇陽人有得玩了。這世界不能獨尊一家，需要競爭。我相信有選擇才有進步，而我不相信光是一個微軟環境能提供多少選擇。這世界需要開放、多元販賣管道、競爭、廉價、有創意的產品。昇陽的機會來了，而我認爲比爾和微軟是昇陽旗鼓相當的對手。

●**神童／傑倫．拉尼爾**：我並不討厭比爾．蓋茲這個人，但是他扮演的歷史性角色需要嚴加分析。比爾在他有生之年將——無意間——掌握到他沒有刻意追求，過去也沒有人得到的龐大權力。中世紀的教皇最支持精英知識分子，但自許爲所有思想和溝通管道的中介者。在今天這史無前例的革命中，教皇的角色模式最足以描繪蓋茲將扮演的角色。在二十，甚或五十年後，人類事務不論大小親疏，都將透過電腦操作系統執行。微軟可能成爲全世界思維的守門者。到目前爲止，微軟在揮灑編輯權時，並沒有表現出惡形惡狀。不過絕對的權力令人腐化，而微軟最後可能會掌握一種新的絕對權力。

●**市場專家／泰德．里昂西斯**：這個人絕對聰明。大家都以爲他是世界上最聰明的軟體人，其實他眞正的身分應該是世界上最好的行銷人。視窗九五的發表簡直令人難以置信。又不是什麼愛滋病的解方，只不過是軟體的升級，卻吸引了全國注意。他的威力結合了生意思考家、行銷大師和軟體思考家的能力。比爾．蓋茲知道他是一個媒體人。

●**情人／戴夫．懷納**：比爾．蓋茲顯然風評不好。我不知道他爲什麼會引得別人這麼討厭他。他成功有部分原因是因爲他非常有自信，也因爲別人完全無能。

●**實用論者／史都華．艾索普**：電腦界的亨利．福特。要做比爾．蓋茲的朋友，就得忍受他對你出言不遜。比爾不知妥協爲何物。不管你是誰，他基本上要求每個身邊的人都完美無缺。如果你做不到，就得自嘗苦果。

●**政治家／史蒂夫・凱斯**：我對比爾做的事和他做事的方法不盡同意。我覺得微軟有的時候過度以比爾爲中心，不免受到傷害。但他還是有兩把刷子。網際網路上的戰爭重新燃起他的鬥志，他已站在備戰位置了。光僅觀察，就夠精采了。

●**保守派／大衛・加倫特**：我有個感覺，比爾並不以他之爲自己而滿足。讀他的《擁抱未來》，令我聯想到瑪麗蓮・夢露，以及她前後與好幾個知識分子的婚姻。她覺得她需要轉換身分，才能獲得她應得的尊重。到頭來還是沒有。我本期望蓋茲寫的是一本有關企業的書，而不是關於科技未來的書。如果寫企業相關的東西，我們大家都可以從他那兒學到很多東西。蓋茲是個了不起的生意人，很有創意。這有什麼不好？我覺得那是非常了不起的大事。可是要談科技遠景，我沒什麼可以向他學的。

●**牛蠅／約翰・德弗洛克**：二十世紀最被低估的企業總裁。比爾隨時打開或關閉他迷人的風采，收放自如像開關水龍頭一般。

●**催化劑／琳達・史東**：比爾是最努力不懈，最聰明好奇的人。我非常肯定他是我們二十世紀最偉大的企業領袖之一。能在他的政策下爲微軟工作，擁抱網際網路，好比經歷季節突然變化，令人心生敬畏。大家也許不知道，他很幽默。

●**理想派／狄尼絲・卡盧梭**：比爾可能是我在這行業認識的人中，最努力不懈的人了。桌上型個人電腦的八五%到九〇%大概他一個人包辦了，對不對？如果我說的不錯的話，微軟應該穩霸操作系統市場了。在一次採訪中，有人提到這事，他打斷那傢伙的話，「你是說穩霸了嗎？」他以充滿譏諷的口氣說：「是不是表示我應該去休個假了？」對，比爾。我們覺得你應該去了。

●**天才小子／丹尼爾‧希利斯**：比爾‧蓋茲淋漓盡致地顯示出，一個聰明人專心於他想要的東西上所能發揮的力量。他達到他的目標，而我們大家還在一邊鬼混。觀察比爾操作讓我了解，不論好壞，我做事多麼沒有重心。

●**聖人／凱文‧凱利**：比爾蓋茲的銳利程度驚人。他腦子裡藏的數字和東西簡直太多太棒了，簡直像腦子裡面藏了個絕佳的記憶體。那是他與生俱來的。不過我很訝異，自己雖然非常討厭DOS，竟然蠻喜歡他這個人。雖然他極度狡黠，總是故意說些什麼，或故意不說些什麼，來掩護他自己參與的很多剛剛有點眉目的生意，不過他也同時很機智、隨和。他很有好奇心，喜歡從大處和廣處思考，總是從長期、全球、跨學門的角度看事情。跟他在一起是不可能無聊的。最重要的是他「抓得住」東西，很能掌握現實狀況。我發現他對周邊事務有像剃刀一般的直覺。有時候，他故意表達得很模糊，那是因爲他代表那麼大的一個公司。你可以察覺，他其實對表層下眞正發生的，甚至在文化層面上發生的事都一清二楚。不過我眞正佩服他的是，他嚴格規定自己，每學期一定離開工作崗位二、三星期，讀書並思考。在這麼一個快速變化的世界中，我不曉得有什麼事情比這個更重要的。

介面三：布洛曼說

「吉姆·克拉克和馬克·安德森最好小心點。比爾已經逼近他們，而且總有追過他們的一天。你等著瞧吧。」大衛·邦諾操著他那口內布拉斯加口音，以一副凶多吉少的口吻，預言著網景和它兩位創始者的命運。他開車沿著二八〇號州際公路，送我從矽谷到舊金山機場。「見鬼。看看他把蓮花和波蘭（Borland）整得多慘就知道了。」他說。「微軟八〇年代中期，才剛剛進入應用軟體界。現在桌上已經全是它的天下了。」大衛說的是他的朋友比爾·蓋茲，成功地以微軟 Excel 進入試算表情市場，把蓮花的 Lotus 1-2-3 從第一位寶座上趕下來，並且把另外一個勢力強大的競爭者，波蘭的 Quattro Pro 打得落花流水。蓮花和波蘭現在都無法獨立生存。

邦諾喜歡說古。而他一旦沉緬於懷古情緒後，最喜歡說的就是比爾·蓋茲。我必須承認，我聽到太多有關蓋茲的事，我不想也不需要聽那麼多。可是我現在不得不聽邦諾說，因爲我們倆有合夥事業。我爲什麼要聽邱利博士說蓋茲，說他如何在一九七五年，個人電腦革命發軔之際，和邦諾、蓋茲，以及微軟另外一個創始人保羅·艾倫等一群人，一起在新墨西哥州的艾巴奎柯爲ＭＩＴＳ奮鬥的事？我不知道。

你想聽哪一段？比爾和保羅孩提時代如何在西雅圖結識？比爾的個性如何受到他父母的正面影響？我猜，你們一定不知道比爾如何贏得他第一次，也是最重要的一次戰役：與ＭＩ

TS談判，而贏得 Basics 版權那一段？唉，我知道。

「可是，」我問自己：「我爲什麼要知道這些呢？我爲什麼要把自己的頭腦用來充當邦諾和艾迪對比爾・蓋茲孩提印象的資料庫呢？他們爲什麼要這樣對待我？已經太多了！」

湯姆・沃爾夫（Tom Wolfe），你在哪裡？這幾個傢伙二十年前展開的，正是本世紀最大革命的開端。湯姆・沃爾夫爲太空人寫下一本《正確材料》（*The Right Stuff*），將來誰會爲比爾・蓋茲和他的朋友寫傳？史蒂芬・史匹柏、其芬（Geffen）、卡曾柏（Katzenberg），你們哪兒去了？這正是美國人等待已久的大史詩電影，最適合全家觀賞的。沒有暴力，沒有性，甚至沒有外星人入侵（嗯，大致上沒有吧），只是一群年輕人如何改變世界的故事。

談論比爾・蓋茲，邦諾的功力還不及艾迪・邱利博士。邱利現在經營一家 C⁺⁺ 工具公司。我們前一次見到面，是在他冒著冰雹開車進曼哈頓參加一個晚宴的車上。沿途的一個鐘頭車程裡，邱利試圖說服我十五歲的兒子麥斯（Max），捐出他全新的麥金塔 7500Power PC 給舊金山的格來德紀念教會，並改使用可以跑視窗九五的 Pentium 機器。我等著聽他引經據典，大談什麼高科技題目來說服我兒子時，沒想到他竟然唱起愛國高調：凡是對微軟和視窗好的，就對美國有益。邱利說：「不要問微軟可以爲你做什麼，問你可以爲微軟做什麼。」「可是我不想要 Pentium 機器，」麥斯回答。「我喜歡我的麥金塔。」

「青少年不可自私，麥斯。我們需要標準化，」邱利宣布。「我們的汽車，有多少不同的操作系統？各種汽車的功用完全一樣，我們不必知道引擎蓋下面有什麼東西。車鑰匙一插都能上路。標準化可以強化我們的國家。那是比爾可以爲我們國家做的事，更別說他在我們貿易收支上貢獻多少了。」說完這句話後，邱利下車，回頭望著麥斯，說：「每個人都因爲微軟和比爾排第一所以討厭他們。但當有人執筆寫二十世紀歷史時，亨利・福特和比爾・蓋茲一定會先上榜，然後才輪到別人。記住這點。」說完，他便衝入暴風，留下我們繼續與堵塞的交通奮鬥。

「邦諾是笨蛋，不過邱利博士如果以爲我會放棄我的麥金塔而就視窗，他就是瘋子了，」麥克斯說。「嗯，」我回答：「也許有人在艾巴奎柯的水裡下了蠱。可是你還記得去年德弗亞克告訴你的嗎？『你未來必將用到視窗的機器。先習慣這種想法吧！』不論如何，爲什麼你對微軟有偏見？比爾・蓋茲對你不起過嗎？你知道他有兩個朋友，老喜歡談他。這又怎麼樣？別讓他們影響了你的判斷。」

隔了一個月的一九九六年二月，邦諾打電話給我說，他要來紐約的傑克伯・賈維茲中心（Jacob K. Javitz Center）開一個網際網路的會議，並問我願不願意第二天一早碰個面，並一起聽蓋茲的演講。第二天早上八點，我便準時到達，和另外二千名熱心觀眾一起聆聽蓋茲宣布微軟和網際網路的未來。

比爾非常技巧地呈現出微軟計劃如何擁抱未來科技，並延伸新開放科技，以允許客戶與全球資訊網互動。整合了新版微軟桌上用軟體與微軟專用的網路瀏覽器，微軟探險家（Microsoft Explorer）後，使用者將有更新鮮、生動的方式與網路互動。他的演說流暢，很有說服力。「令人印象深刻，」我輕聲對坐在旁邊的邦諾說。「你現在能夠爲你的ＩＢＭ ThinkPad做同樣的表演嗎？」「你跟我開玩笑？」他回答。「這是完全比爾表演秀。你沒有聽過ＦＵＤ現象嗎？ＦＵＤ代表的是恐懼、懷疑、不確定（fear, uncertainty, doubt）。你看看這二千名觀衆。有很大一部分是在大公司中負責採購軟硬體的主管，他們可不願意全部投入網景和昇陽然後過了沒幾個月，便發現自己完全被封閉在蓋茲的未來藍圖之外。比爾本身對市場的衝擊力太大。這說明了他爲什麼是天才。

燈光閃了一閃，大廳突然全亮。比爾・蓋茲已走的不知去向。我闔上雙眼，腦中突然閃過七〇年代初，和艾比・霍夫曼（Ebbie Hoffman）一起到麥迪遜廣場花園（Madison Square Garden）的一幕。燈光雪亮的空曠舞台上，主持人宣布：「貓王（Elvis）已經離開。國王（The King）已經離開這建築物了。」我睜開眼睛，沒有艾比。沒有貓王。沒有比爾。國王已經離開這建築物。但是邦諾還在我身旁。「約翰，」他說：「你剛才已經見證了個人電腦革命開端的結束。比爾已經是數位英雄（Digerati）了。你一定要把他放在你的書裡。」

比爾・蓋茲是「軟體發展師」。

11

保守派

大衛・加倫特 David Gelernter

加倫特是保守派。
他爲若干報章雜誌寫稿，
不時以保守主義人士與
科技代言人的身分出現。

- 耶魯大學的電腦科學家，著有《鏡子世界》（*Mirror Worlds*,1991）、《機械中的繆思》（*The Muse in the Machine*, 1994）及《1939年：博覽會的失落世界》（*1939: The Lost World of the Fair*, 1995）。即將出版一本有關思考如何運作的書。
- 1972年自耶魯大學畢業，1982年獲紐約州立大學博士學位。自1982年起任教於耶魯大學，研究重點爲平行處理程式設計（parallel programming）及人工智慧（artificial intelligence）。他與友人同開發的協調語言稱爲 Linda，爲平行處理程式設計領域中的佼佼者。與人合作，著有兩本有關程式語言及平行處理方法的教科書。

介面一：保守派自己說

網際網路是一種時尚。全球資訊網是一種時尚，一種有趣的時尚。網際網路原來有十到十五年是一種嚴肅的通訊媒體。我們現在看到的是它的史前時代；眞正的網際網路還沒來臨呢。一旦有人能提出眞正有用、跟我們現在看到的完全不一樣的應用時，現在這追求玩樂和遊戲的時期就會過去。喬治．歐威爾的小說《往碼頭的路上》（*The Road to Wagon Pier*）說得很清楚，三〇年代比今天更是科技密集的時期。在那時期，科技徹底改革了日常生活，改變的方式又正是人們需要的。眞正重要的科技，能使日常生活不那麼痛苦，使之更愉悅，隨時節省力氣，而不是現在充斥的無聊享樂和遊戲。等到網際網路能對美國文化和社會做出眞正貢獻時，人們將認不出它的樣子，而那將藉由與今日我們所見完全不同的軟體之助。

網際網路開始對人們眞正有意義的時候，是它能爲人解除日常生活中必須要處理垃圾資訊流量的負擔時。網際網路眞正有意義，是當我能完全依賴它儲存我現在儲存於磁碟片的資料時，是電腦變成一個完全透明的物體時。我把電腦插上插頭，透過它看見對我有意義的各種東西，於是我的整個資訊生活都在線上，按時間順序排列，任何資訊可以一索即得。對我有重要性的所有文件和資料點滴都由網際網路維護，且有足夠的可靠性，即使把電腦插頭拔掉，用鐵錘把它擊碎，文件與資料也不會有任何影響。我可以隨時走到任何電腦前面，用它處理我的生活和我的資訊。到那時候，隨身攜帶桌上型電腦的人，開始被認爲是怪人。

網際網路開始對人們有意義的時候，是當我所有跟外界的資訊傳遞轉移都是經過它時。我購買一個物品，可以在網際網路上找到使用說明，我所有的賬單和信件也都經過它。我可以把照片和錄影儲存在它上面，它也是我的行事曆和電子日記本。這時候的網際網路會很耀眼，但不會是虛擬現實，也不會是鋪張的圖像。它會是某種透明的東西，你很容易就忘記它的存在，而同時又無法想像生活裡要是沒有它會怎麼樣，像是家裡的熱水器。

網際網路上最重要的生財之道，是擬似電力公司或有線電視台的收費方式，提供用戶每月付費的服務。我要租用一具伺服器來管理我所有的文件，我要把我所有的檔案櫃和書桌都丟掉，我完全不管用的是哪種類型的電腦，我很高興每月付十二塊半美元買到一種絕對可靠的服務。這家公司儲存我所有文件，能夠用各種神奇的方式搜索資訊，能把文件傳送到任何地方。然而，我們現在卻不是往這方向走。必須要發生一次大轉移才行：人們需要克制現在這種幼稚的興奮心情，停止玩遊戲，開始嚴肅起來。

關於電子報已經進行過大量的努力，失敗的原因是它們跟印刷報紙比起來，並沒能為公衆提供任何值錢的東西。開發者沒能理解，爲什麼老式報紙是一種偉大的科技。電子報上很可能有我願意花錢買的東西，但首先，設計它的人必須要理解爲什麼紙張報紙是一種偉大的科技：它便宜，可攜帶，可以放在皮包裡。我可以把它攤開在桌上，一面喝咖啡吃點心一面看。我可以翻看瀏覽。如果我有一張電子報，就得放棄這些好處。任何一家公司想用電子報賺錢，就必須拿出不同的貨色來。一個看來像是《紐約時報》的頁面是不行的。

我想看到的電子報是有多個透明層次的，每個層次以不同的速率展開。最上面的一層是最新的消息，而我可以一層層往下走，要走多深都可以，走得越深，資料越詳盡。它有特色。我可以幾天或幾星期不看它，然後可以倒捲或快速向前搜尋這段時間。希望它能讓我閉起眼睛閱讀它。如果我這一天工作很辛苦，就可以躺在沙發上，閉上眼睛，用耳機來閱讀電子報。或許這些功能現在不能爲一家新公司賺到億萬美元，但如果有人開發出能賺錢的電子報，一定是想到了跟現在不同的產品概念。

電腦和資訊界最常討論的問題，就是如何以新方式組織資訊。在一向以歷史爲研究重心的耶魯大學，我們正在研究一種不同的介面，稱作模糊時空介面（fuzzy space-time interface）。這種介面運作的方式是，你在電腦上看見一份世界地圖，你指定一個你有興趣的區域。如果我對十四世紀的巴斯克人剪羊毛技術有興趣，我就把巴斯克人居住的地區圈起來，拿一隻搖桿把時間往前推移到十四世紀。然後我用鍵盤輸入想查詢之事物的關鍵字。這介面有一個類似自行發掘關聯（heuristic）的資料庫，而根據我所專注的時空和關鍵字，它就會爲我顯示一些點，每個點代表一個文件，並利用顏色來表示，這文件相對於我的描述是接近主旨或是離題的。有意思的是，我不但可以利用這介面來組織文件，也能藉以組織人。假如在東京有個巴斯克牧羊業的專家，他就也會出現在上面，而我能找到他的名片，發送一封電子郵件給他。這模糊時空介面會不會賺到億萬美元？有可能。它這是新的、不一樣的東西，它後面有個理念。

今天我們在網際網路上看見許多圖像資料庫，圖像的品質通常很差。爲什麼人們會對線上美術館和博物館有這麼大興趣？爲什麼微軟還有其他許多公司投下這麼巨大的投資？我沒法理解，爲什麼這些廠商會把藝術作品放到光碟片上，因爲圖像的品質實在是低劣得可憐。你只要花兩美元，就可以買到一盒兒童蠟筆，它畫出來的彩色細膩程度，勝過任何五千美元的顯像器。在網際網路上我們現在看到一些老的理念，並不盡適用於新科技。這裡有一片理念眞空：太多人，在太興奮的狀況下，花費太多的時間玩耍，太少時間思考。

使用網際網路和全球資訊網的是什麼樣的人？這是什麼樣的族群，他們對於國家、世界、文化的一般活動是如何？說女人不喜歡電腦似乎是很褊狹的講法，但事實上她們就是不喜歡，而這議題正是無比重要的。事實就是沒有多少女學生專修電腦科學，在這一行業中女性的數目也很少，即使有許多人用盡方法了，也沒能讓更多女性進入這領域。十五年前《時代》周刊上有一篇報導說到，觀察那時方興未艾的電動遊戲店面，可以看見只有男孩子在玩，沒有女孩子。這篇報導用一種嚴肅、自以爲神聖的口氣說，專家們正在研究，如何能讓女孩子們也去玩電動遊戲。我的反應是：她們憑什麼要去？她們沒有受這世界吸引，至少絕對沒有到男性受吸引的程度，而這也是電腦世界爲什麼是這樣一個精神荒漠的原因之一。大部分稍有素養的男人，在有女人的環境裡覺得比較快樂。電腦社會的問題之一，就是它不但幾乎是一個完全的男性社會，而且還是一個小男孩社會，是過去半世紀以來持續進行的社會兒童化過程的一部分。

從我的角度來看，電腦値得令人擔憂之處，是它如何放大了我們最惡劣的傾向。電腦讓我們更容易做不良的事，一些很不幸是我們本來就有傾向去做的壞事。看看教育吧。二十年來，中小學一塌糊塗，教師無心教導學生不想學習的東西，於是基本技能受害。有了電腦，你就可以說：「別管那些基本的東西了，你看拼字檢查軟體可以檢查拼字，文法檢查器可以檢查文法，一個繪圖軟體可以讓你的圖畫像樣，而智慧型的資料庫可以替你作研究。」結果我們造就出沒受教育的白痴。

在電腦族群裡，我們爲自己辯解，相信百分之八十的人都笨，都沒法正確使用軟體，我們那些沒跟上最新軟體發展的友人和同僚，簡直愚蠢，或缺乏技術或科學智能。一個絕佳的例子就是微軟發行的一個爛軟體，稱作 Bob，教導人們如何使用一個早期的 Windows 版本。它利用卡通人物，而它所傳達的訊息是：如果你不會用 Windows 3.1，那麼你就是笨人，活該被當作小孩子對待。

社會中總有天性保守的人存在。他們不喜歡機器，將來也永遠不會喜歡。他們可能是非常聰明的人，對於他們來說，電腦的世界可能永遠也不會是一個能令他們完全滿足的世界。除了這百分之三十五的人以外，還另有百分之三十五的人，把電腦用得爛熟，但也認識到電腦軟體都很爛，硬體和軟體設計都不良。他們認識到，整個電腦世界建立在一個很原始的基礎上：他們不應該爲相容性傷腦筋，不應該爲他們的磁碟備份或我的磁碟格式傷腦筋。消費者如果認眞起來，是不會容忍任何一件這樣的事情的。

有些人把全球資訊網當族群空間使用，在全球資訊網尋求友誼、伙伴和臨時陪伴，這些人原本在跟別人面對面打交道的能力上就有問題，因此才轉向這樣遙遙與人相處的辦法，遙控式的。一個族群不是由一些無血無肉的語言陳述所組合起來的，畢竟我們的溝通行爲中最重要的乃是情感交流，而人類常常不用文本作爲溝通情緒的工具，卻是用情景基礎（subtext）。在人類群體中，肉身通常無關緊要，對於人類思維最關鍵的，乃是人類情感溝通的情景基礎。這可不是什麼隨文註解一類附上去的東西。可惜太多電腦科技從業人員不瞭解這一點。他們把認知當作這邊一個盒子裡的東西，而情緒是那邊盒子裡的東西。事實上，沒有情緒就不會有思想，沒有情緒也就沒有眞正的溝通——讓我們能認出其他人類、理解溝通內容精微之處的那些微妙情緒。這些，線上沒有。

介面二：大家說

- **寫手／約翰・馬克夫**：加倫特曾經預言全球資訊網的興起，在它發生的五年前。
- **天才小子／丹尼爾・希利斯**：加倫特是拓荒者，把許多個電腦連接起來協力解決一個問題，這也是電腦計算的未來。
- **神童／傑倫・拉尼爾**：大衛・加倫特在資訊科技社區裡，是一位獨特而且重要的人物。他是全程的預言家，能夠把遙遠而神奇的想法展現給任何人看（參見《鏡中世界》）。但同時他也紮實地立身於人類生活的簡單基礎、家庭制度，以及愛與更新的價值上。顯然，他也是我們這行業中少數必須面對眞正危險的人之一，他卻一向能以勇氣面對，而不淪入怨尤。我敬他是一個清晰的思想家，能夠在科技和道德議題上以同樣的優異能力追根究底。

●**防衛人士／麥克・高德文**：加倫特要求所有人類，拒絕讓科技或外在環境來定義自己和社會，反之，應該以價值爲目標來作選擇，並定義我們自己。即使我並不同意他的意見——事實上常常如此——我仍然相信，在關於我們越來越依賴的科技，以及我們根據這些科技所發展出的未經思考的對未來的態度等爭論上，他是很有價值的貢獻者。

●**製作人／李察・佛爾曼**：在這本書裡，作者把加倫特稱作「保守派」。我認爲我要把他跟希利斯放到一起，把加倫特稱作「天才小子二世」，其實，因爲他年紀比較大，該把希利斯稱作「天才小子二世」。他的書《一九三九：失落世界》值得專程上街買一本回來看。

●**懷疑論者／克利夫・史托**：聰明的電腦科學家很多；大衛・加倫特是少數幾個有智慧的。他瞭解跟人打交道比跟電腦打交道重要，他瞭解電腦科學的極限。他面對科技人員成分的問題——爲什麼在線上的女性這麼少。他探索嚴肅問題——爲什麼網際網路上有用的東西這麼少？他認識到，整體和內容並不僅是這裡一點資訊再加上那裡一點超文件連結。他是歷史學家、社會評論者、聖人、嘲諷者。在《鏡子世界》一書裡，加倫特預測了電腦的力量。他另一本描述一九三九年世界博覽會的書引人入勝，說明我們如何贏得了未來但迷失了方向。雖然（或應該說因爲）他有電腦科學方面的豐富經驗，他質疑我們在學校和社會中瘋狂採用電腦和超文件是否適當。

介面三：布洛曼說

大衛・加倫特是研究第三代人工智能的卓越科學家，因他的平行程式語言 Linda 而廣受敬重。Linda 能讓你把一個電腦程式分散給許多個處理器，因而把問題分解爲許多個小部分，可以比較快求得解答。

我遇見他那一天，他走進我辦公室，開始滔滔不絕地教導我目前各種意識理論的毛病。

「關於意識的討論主要來自兩種對立的立場，」一面他說，一面開始在我辦公桌前踱步。「一方面是你的朋友丹奈（Dennett），在《意識的解釋》（*Conciousness Explained*）一書中所提出的還原主義作法。另一方面是數理物理學家潘洛斯（Roger Penrose）在《國王的新腦》（*The Emperor's New Mind*）一書中所提出的全觀性理念。」他停頓，轉身，面對我。他正視著我，用愼重而直率的語氣說：「兩者都是狗屎！」

我高興極了。新一代出現了，帶來新的理念，雖然還不能回答那些老問題，但把它們涵攝於一個新典範裡。加倫特在提出一種新的意識理論，容納了認知的整個光譜，從「高焦點」的邏輯思考，到我們日常典型思考模式、似夢似幻的「低焦點」思維。他相信，把情緒、身體反應和美感經驗帶入關於心靈的討論，能使他直抵我們時代的智識核心。

加倫特是「保守派」。他不時以保守主義人士與科技代言人的身分，在報章雜誌上出現。

12

防衛人士

麥克・高德文 Mike Godwin

高德文想要保護你在網際網路下
發行任何內容的權利，
只要這內容在報紙或書本形式上亦爲合法的。

- 律師，EFF（電子前鋒基金會）法律顧問，對電腦領域公共政策的制定與推動相當熱心。著有《網路權利：數位時代的言論自由》（*Cyber Rights: Free Speech in the Digital Age*）一書，即將出版。
- 德州大學法學碩士。學生時代學業表現極爲優異，曾入選爲 Phi Beta Kappa（美國一全國性的組織，入選成員必須在學業上有絕佳成績）。求學時即參與校園刊物的編輯。
- 畢業後曾先後擔任記者及從事電腦諮詢工作。

介面一：防衛人士／麥克・高德文說

作爲一個人權律師，我有興趣的是網際網路如何在社會和法律層面上作用。它似乎是我們國家歷史上最盛開的一朵言論自由之花。即使以全世界的情況而論也是如此，雖然以全球的法律結構而論，別處並沒有言論自由的憲法保障條款，並且全世界到處都是渴望得到言論自由保障的人們，希望跟與他們有共同興趣的人談論，而不必經過中間仲裁——無論是私人仲裁如報章編輯，或是政府這樣的公衆仲裁。

當前我們所面對的困難之一，乃是多元現象，而這也激出反動作法，以與對媒體的恐懼心情相抗。我們得以不必理睬諸般意見與想法——管他有啓發的呢，還是討人厭的；但美國就是有各式各樣的看法，那是因爲主流的大衆媒體早已過濾，篩選，剔除了。如果你上網路去，你會發現人人想多讀些東西，個個有話要說，有關政治的景象多彩多姿，超乎你的想像。這兒人的政治論點，截然不同於習用的民主黨／共和黨的兩端區分法。

在大衆傳播史上第一遭，你不必是有大資金的個人，就能傳播給廣大的閱聽群。以前，大衆傳播可以經由社會學者米爾（C. Wright Mill）關於權力菁英的討論來理解：人有權力，是因爲他們能經過權力機制運作。你要不是自己有錢，就是認識有錢人。現在，在美國只要用最少的資金投資，就可以參與偉大群衆關於生命、文化、藝術、政治、科學的討論。這是革命性的改變。

有一句話，開始的時候是極樂觀的宣傳口號，現在已變成了大量恐懼和謹愼應付的對象，那句話是：網際網路把所有人都變成了出版發行人。我覺得這現象令人振奮。美國憲法的制定者在設立言論自由的保障時，並不是只爲了殖民地美洲的印刷廠和發行人而已。憲法言論自由保障的本意，現在正由網際網路的現實表達出來。問題是，我們要如何處理它。

在過去，美國的法律和社會制度對新媒體的反應總是負面的。電影等了很長的時間才被納入言論自由的保障下。廣播和電視到現在還仍未能被理解爲可享有與印刷品同樣的言論自由保護。美國公衆或對或錯地相信，電視和收音機有特殊之處，需要特殊的規定。現在，人們很樂意接受聯邦通訊委員會對電視內容的控制。他們接受媒體的受節制——即使他們都很舒服地看著電視，完全確定他們不會受到任何形式的洗腦。我們已經錯誤地建立了一種社會共識，認爲電視和無線電廣播有不尋常的威脅性。我們最不願意看到的是，這樣類型的共識在網際網路的周邊建構起來。我們需要一種共識，認定網際網路是言論自由保障的對象，享有憲法上一切的保障，認定它有資格承受與報紙雜誌同樣的法律和憲法的保護。

對於網際網路和線上通訊的一些反動反應，跟主流媒體建構議題的方式有關。一個事件牽涉電腦層面，就似乎足以引發全國性的報紙或廣播頭條報導。這種現象的原因之一是新聞記者尋找刺激的題材，另外則是美國公衆生活中的諸般力量，試圖塑造一種特定的美國文化生活使然。尤其是來自文化右翼，或是宗教右翼的影響力，它們試圖建立一種新的共識，要把這種新媒體認定爲屬於比印刷品更應加以限制的領域中。

對於我們許多人，尤其是人權自由分子，最高法院對於淫穢的定義是很令我們不安的。問題就是它沒有完全的定義，它隨社區的標準而改變，而除非你被起訴，否則很難事先知道你的社區標準為何。這就使得人們必須證明其言論具有嚴肅的文學、藝術、或社會的價值，以免受到淫穢罪行之起訴。人權自由分子認為這太具限制性了。右翼分子則認定這太自由太鬆散。右翼的人不希望看到任何跟嚴肅的文學、藝術、社會價值有關的脫罪條款。他們想要提出的是，有些東西是在公眾場所不能說出的，即使它有文學、藝術、社會的價值。右翼在利用我們的恐懼，以完成他們的目標。

跟宗教上的右翼有來往的許多組織，宣揚了一種神話，說網際網路上充斥著淫穢的內容；說它不但到處都是，也已經失控，而且還在不斷惡化中；說你只要上線，這些材料就會泛濫進你的顯像器；說戀童癖者能經過你的顯像器把你的小孩抓走。這些說法對於不熟悉這新媒體的人，是很靈的操縱把戲。事實上，不錯，在網際網路是有淫穢的內容存在，但關於其普及程度的幾乎所有說法，都不是眞的。沒有刻意去找，是很難遇到淫穢材料的。在關於兒童的公衆辯論中，有些人會提出可能是編造的世界末日式的故事，說一個孩子才在線上二到三分鐘，就有某些淫穢的圖像或猥褻的詞句突然在網際網路上泛濫，衝擊到這孩子身上。你就指出，這是我們所知的一切科技中，最能以程式控制的一種，要從開始就把這些材料過濾掉，絕對不讓孩子作為被動的接收者，是很容易的事。接下來的反應就是，小孩子都很會搞電腦，很容易發現一條繞過這阻礙的途徑。於是這辯論就突然轉移性質了，從孩子是否是一個被動的受害者，變成了擔憂孩子的好奇心是否太強，在教養上根本是兩個基本不同的問題。

我的簡單答案是，如果你擔憂你的孩子會是不適當材料的被動受害者，有很容易做到的辦法來防止，並且從家庭做起，效果比用聯邦法律或以聯邦通訊委員會所設立的標準來控制爲佳。如果你耽心你的孩子有惡念，或是隨不良內容有好奇心，則根本沒有任何軟體工具或法律，能防止你的孩子衝動行事。你該做的事，是教導你的孩子正確價值。如果你不想要自己孩子看淫穢材料，那麼就該教導他說，淫穢材料是不良的。這樣才比較有效，比較有預防性，遠勝於聯邦政府所能設立的任何東西，尤其聯邦政府的效率之差已是如此聲名狼藉。

好笑的是，在一個對政府角色有著廣泛懷疑的時代裡，人們遇到了網際網路時，居然情願讓政府決定什麼才是適當，並給予政府比管理書報攤更大的權力。我對於政府管理網路與書報攤有相同的權力並不反對，但我認爲政府對網路有更大的權力是不對的。我們容許人民對廣大的閱聽衆說話，有些人會用不良的語言，說出令我反感的話。但我會容忍這些話，因爲我決心歸屬於一個自由社會，這個人說出令我反感的話的權利，與我說出令他反感的話的權利一樣。我們相信我們所居住的世界，能容忍在每個媒體中各種互相衝突的理念得以完全且熱烈地表達，即使其中有些意見對很多人來說是很令人反感的，例如所謂的挑撥言詞、納粹宣傳。在美國，你可以說任何你想說的話，但你不准用言詞犯罪——例如詐欺或勒索或威脅總統。

我們一旦把議題縮減到討論作家和編輯能說什麼，就值得指出，我們傳統的接觸閱聽衆的方式，是需要許多中介的。這對有創造力的人來說，可能是一種負擔。在網際網路上，一切都改變了。在網際網路上，比起傳統的印刷通路，你更有機會吸引幾百人或幾千人的閱聽衆，來欣賞你的詩句，因爲詩的大衆市場幾乎完全不存在。一首詩可以無限期存在於網際網路上，被一再閱讀。它可以放在你自己的檔案系統裡，人們可以下載。你可以用來接觸閱聽衆的無數種方法，給了你無比的力量。這就把我們從傳統的過程中解放了出來，不再需要這原來——不論是對或錯——在我們和我們想要接觸的閱聽衆之間發生過濾作用的制度。

網際網路另一個令人振奮的層面是，它正導向文字文化的重生。不是職業作家的人現在也開始社交性地參與虛擬族群和公衆辯論，在這些地方，你說的言詞的力量並不依據你是誰，或你出現的是哪種報紙，而僅僅依據你的文字品質，或你的理念品質。這是無比的民主，無比的自由。

如果我們容許自由市場作用，我們就會有一大群上線服務廠商，包括一些對內容來源實行極少編輯控制的，以及其他以類似狄士尼頻道上線服務的方式來行銷自己的。如果我們信任言論自由和自由市場的原則，以讓上線服務廠商自行決定他們各自要提供什麼樣的服務，則我們就會有最大的能力來保護我們自己以及我們的孩子們，不受到我們不想看到、認定爲不良材料的侵害，因爲每個廠商都會提供不同的服務。我們不需要聯邦通訊委員會來制定標準，否則便以在開放社會中無法接受的方式扭曲了市場，扭曲了言論自由。

介面二：大家說

●**標準市民／霍華·萊恩戈德**：有人曾經說過：「絕對不要想在惡劣程度上超過麥克·高德文。他是我遇到過的最激烈，最頑固的辯論者。」我把他稱作拳師狗，但他糾正我：他把自己看作一隻獵犬。我很高興我們在網路空間的人權一邊上有這麼一隻獵犬。如果你要跟麥克辯論，請先準備好。

●**偵察員／史都華·布蘭德**：一個思想清晰的法律頭腦。麥克在公衆電腦政策的制定上，發生了巨大的作用，無論是在草根層次，還是在普遍層次上。他有一些很有意思的洞見，例如他證明線上通訊比面對面接觸「更」親密。但千萬不要跟他辯論。他是死纏不休的。

●**理想派／狄尼絲·卡盧梭**：麥克·高德文很可以去華盛頓或矽谷的大牌法律事務所裡工作，每年賺個二十五萬美元。但他卻絕對堅定地留下爲公衆服務。我從來也沒見過任何人如此能幹且有系統地把對手消滅掉，即時，而且幾乎在任何情況下。

●**法官大人／大衛·強森**：麥克是憲法保障言論自由的頑固捍衛者，他對憲法中相關議題的瞭解也比幾乎任何其他人都強。他在線上的討論風格，使得任何人在跟他交手以前都會先謹愼從事。他對別人所寫下的每個句子的每個層面都予以仔細考慮，再詳盡反駁。

介面三：布洛曼說

任何一種新的通訊科技都會帶來統治階級的恐懼和厭惡。不可避免的，他們的計劃是取得控制權。以網際網路的情況而論，他們會說，我們需要新法律，以保護我們的兒童不受色情材料販子之害。胡說。我們一向都有關於書籍的法律，可以做到這一點。真正的目標總是權力和控制。

麥克・高德文瞭解這一點。「許多人不清楚，要維持憲法賦予的言論自由權，是需要我們很大力氣的。許多人以爲這種權力是像華納公司或CBS電視臺這樣的媒體大企業專門用來逃避法律責任的東西。他們也不知道，這種憲法上的保障，是承諾給予每個公民的，並且你現在有機會兌現這承諾了。在我有幸參與的美國人權組織對雷諾市案件的判例中，我們終於看見了這在二個世紀前所立下的承諾得以兌現。」

麥克・高德文是「防衛人士」。他想要保護你在網際網路上發行任何內容的權利，只要這內容在報紙或書本形式上亦爲合法的。

高德文一直是電子前鋒基金會的法律代表，這是一個維護利益、公民權利的組織，由約翰・巴洛與米奇・卡普於一九九〇年十月間創立。高德文是電子前鋒基金會最先雇用的人，他們的注意力集中在A、就任何關於網路空間的任何法律問題或糾紛，給予個人協助與資訊，B、對政策制定者、法律執行人員，以及社會大衆，就這些議題予以教育，以及C、以任何適當的方式，試圖影響公衆政策的制定。這基金會的角色是，在新通訊科技成型時，確保其受到憲法與人權宣言中所涵括的各項原則的保護。高德文說：「我開始時是A以及B那一類的人，但近來我做了很多C的事了。」

我在舊金山訪問高德文時，他在我整理行李要離開的時候走進我的旅館套房，說：「不必停下你手上的事，只要把錄影機打開就好。」接下來是會讓任何精神正常的人很快樂的六十分鐘獨白。高德文正蓄勢待發，要爲我們對抗一個只要我們用了數據機，就要限制我們自由表達權利的政府。

13

天才小子

丹尼爾・希利斯 W. Daniel Hillis

希利斯有點像一個沒有放棄孩童特質，
卻已經長大的成人。
很多天才行為舉止像孩童一般。

- 「迪士尼公司」負責研發的副總經理。
- 曾與人合作創辦「思考機器公司」（Thinking Machines Corporation，TMC），提供「知識發現」軟體與服務，協助使用者從資料庫擷取有用的資訊，以便預測未來，解決企業經營的難題。

介面一：天才小子自己說

大部分人眼光都很短淺，而不喜從十年、二十年去看事情。然而就長期而言，我們有可能徹底改變人性。也有人想到這點，但是卻不喜歡深入思考，因爲那改變太深遠了。今天，網際網路上最主要的活動便是全球資訊網。有人錯以爲網際網路就是全球資訊網，其實網際網路是一個嶄新的、肥沃的新天地，上面可以培育出許多新東西，而全球資訊網只是第一個在上面長出來的，不過形式還相當原始，在新媒體的外衣下，骨子裡仍是老媒體。它一方面爲網際網路加了一點料，一方面也拿走了一些東西。

全球資訊網提供一大群人一種新的管道。全球資訊網上，口與耳的比率比一般大衆媒體要平均，因此比較公平。事實上，網際網路和一般大衆媒體不同的便是，網路上的嘴巴可能比耳朵要多。這事時常發生。會發生這種現象，最主要便在於網路降低了出版發行的門檻，讓資訊很容易便可出門。一般人不相信大型組織。他們不喜歡自己的意見被大型組織限制。這種能夠收回自己的發言權，並放上網際網路的感覺，與這個什麼事都自己來的時代脈動很合。全球資訊網的能源不是來自於渴求資訊的人，而來自於有資訊要發表，以及有能力提供別人發表資訊機制的人身上。

在老觀念上，所謂資訊就是對接收者有意義的訊息。但是一般人上線時，並不追求這一類的資訊。如果我們仔細分析全球資訊網的推動力，會發現通訊行爲本身，對發文者的意義，與對接受者的意義至少是一樣大的。在全球資訊網上玩得最開心的，是那些在網上從事出版的，而不是那些從網上抓資訊、讀資料的。目前網際網路上眞正的商機，便是在網上提供大衆一個發表意見的園地，和讓他們發表意見的方法。例如 Industry.Net 公司，提供客戶把產品放上全球通訊網以供搜尋的服務，並據此收費，但對上服務頁搜尋產品的人，該公司並不另收費。也就是說，想說話的，想要被搜尋者找到的人，才需要付費。

（資訊網）也有部分推動力來自於「全球資訊網是一個新疆域」的概念，因爲新疆域代表拓荒，越早到的人，越可能找到金礦、挖到寶、並留名萬世。就好像早年的淘金熱一樣，雖然大家爲了黃金而一窩蜂往大西部去拓荒，但最後的結果不在於少數人賺了大錢，而在於它爲文化及社會造成的莫大衝擊。全球資訊網也一樣，它改變了社區概念，創造了一個新的區域，讓新的居民進入，建立嶄新的人際關係。我們可以預期，全球資訊網上以後將有很多無人的鬼城。

當我們看內容與個人，或電腦與個人之間的互動時，首先看到的便是網際網路提供的新互動模式。凡是自覺有話要說，而且說了以後對別人會有用的人，不必再經過傳統模式，先說服龐大的官僚與權利組織，自己的資訊有用，然後才能與客戶連結上。現在一切都在全球資訊網上，隨便在一間地下室裝起一台電腦，加上一個很棒的點子，馬上就可成爲跨國公司的老闆。

通訊簡化，對大衆而言，是好消息也是壞消息。好消息就是，那些我們時常聽到的「一夜致富」、「從地下室的一台電腦起家而成巨富」的故事，越來越多。而壞消息：或許這一類的淘金故事太多，因此有太多在地下室裝起一台電腦的人，會設法聯絡你我，使得溝通管道中的雜音越來越多。網際網路對人類溝通的衝擊，基本上有可能導致人類的互動，接觸面越來越廣，但內容卻越來越粗淺。「專注」在網際網路是稀少商品，因爲每個人都只有有限的專注時間長度。在未來，管理注意力的機制，將會越來越重要。

這種現象所造成的結果之一，便是品牌在網際網路將日形重要。品牌認同的概念這一陣子在一些產品上已經被稀釋得差不多了，因爲品牌之間相去太遠，使得它們失去了意義。但迪士尼卻是少數，也可能唯一的製片廠商標，對消費者有意義的。在未來，消費者如果和產品沒有特殊形而下的關係，例如消費者本身即爲專門運送某種貨品的卡車司機，或專門爲某產品上架的送貨員，而可以自由地與產品供應者建立關係時，知道產品本身便日形重要，因此品牌的重要性也就水漲船高。

銷售資訊上很可笑的一環是，銷售者除了將產品交給消費者手上之外，無法展示自己的產品。消費者花錢購買資訊時，買到的是最後得手的資訊，而非尚未到手的資訊。也就是說，這個交易行爲中唯一有價值的，是消費者與上一次提供資訊的銷售者之間的關係，也就是我們期待在管道中得到的價值。如果這資訊是通過網際網路得到的，那麼唯一有價值的就成爲品牌，因爲在網路上，品牌就是管道的名稱。從這個角度來看，一個人也可以是一個品牌名稱，例如作者名字就是最好的品牌代表。

迪士尼可稱爲一個品牌，因爲如果我們看到一個盒子上寫有迪士尼字樣時，對盒子的內容會有所期待。MCA／環球只是一個電影公司的名字。或許環球本身有足夠的經濟規模，可以和工會談判，可以做很多事，但是消費者看到「環球」字樣時，並不會對它的產品有任何期待。哥倫比亞廣播網的董事長佩利曾經和我說起過去，在廣播當道的時代，哥倫比亞廣播對聽衆是有獨特意義的，和國家廣播所引起聽衆的聯想斷然不同。今天，哥倫比亞也好，國家廣播也好，對接受視訊的人毫無差別了，因爲在一台上可以看到的，另外一台也可以看到。

再以大英百科全書（Encyclopaedia Britanica）公司來說，該公司過去最大的資產在於其龐大的銷售人員組織。但是在今天的世界中，銷售人員組織龐大反而成爲負債。可是大英百科全書的品牌卻是一個了不起的品牌，如果該公司能夠想出一個方法將品牌用到全球資訊網，與百科全書的書本身完全分離的話，這品牌的價值還會再增加。

關於互動的觀念，還有很多混淆不清的地方。與其和一堆角色互動，不如被動地聽別人說故事。與其拿一整套汽車零件或一堆布料在手上，自行設計汽車或衣服，不如由別人交一部汽車或一件衣服到我們手上。沒有人想上館子去煮自己要吃的飯。同理可推，即使我們有能力將所有全球資訊網的東西組合成一張報紙或一份雜誌，但我們寧願有人把報紙或雜誌編好，交到我們手上。

展望未來，網際網路承諾的新世界不僅讓人與人互動，它將讓電腦與電腦大規模地互動。

現在很流行把電腦當成多媒體引擎，因爲一般人都覺得它是一個可以吸收聲音、照片等所有其他形式媒體，並操縱、玩弄，讓它們在螢幕上起舞的引擎。在這一方面，電腦的確造成許多新的人類互動形式，居功厥偉，可是我們忽略了電腦眞正改變人類的，不在於操縱、把玩人類賦予它的思考與想法，而在於它自我操作思考的能力。

從這裡，我們回到「全球資訊網爲網際網路上生長出來的第一個生命形式」的概念上。它其實是個蠻爛的網路形式，我不想貶抑它，不過仍不得不說它眞的很原始。電腦把全球資訊網頁傳來傳去時，並不知道裡面在說什麼，只負責傳送位元，至於位元的內容，對電腦並不具有任何意義。這時候，電腦和電話系統在功能上根本沒有兩樣。如果電腦能夠懂得資訊的內容，事情就會有趣得多。爪哇是網路上第一個開始往這方面走的，爪哇代表的是一個電腦對另外一個電腦說出對雙方都有意義的東西。不過爪哇或許不是一個好例子，因爲我這裡所謂的意義，可能指的只是一個在螢幕上畫一條線的指令。意義或許微不足道，但是基本上它卻饒有深義，因爲它代表了電腦開始互相懂得對方了。

長遠而言，網際網路的基層架構將越來越豐富，並可獨立於人腦以外自發構成概念。正如我在我的平行電腦上所跑的模擬未來情況，我們可以想像在今後演化的過程中，網際網路將會出現很多令人興奮的發展。我可以想像網際網路上出現相當規模的組織形式，並出現複雜到人腦無法裝下的超複雜思考。

在《月娘是個嚴苛的情婦》（*The Moon is a Harsh Mistress*）這一本書中，作者海連

(Robert A. Heinlein) 把電腦網路描繪成一個有直覺的個體。這或許是個極端的例子，但是我們的確已經發現一些非經設計的組織出現。這種現象在生物中屢見不鮮。我們觀察，然後發現一些組織型態，我們甚至還可以解釋它的運作，但這並不表示這組織是我們設計製造出來的。在網際網路越來越複雜，而電腦也開始互動──不僅傳送人類的訊息，並且將其意義傳送給其他電腦──的今天，我們將會像欣賞寶貴生物的功能一般，嘗試發覺、理解電腦新組織形式。我們不必了解所有的細節，就好像我們對生物世界的運作也不完全理解一樣。就長遠而言，這是極端重要的。一些人類永遠不可能理解的組織新形式，將從此演化出來。就眼前而言，人類組織的形式已透過電腦形式執行出來。

介面二：大家說

●**先知／大衛・邦諾**：希利斯有點像一個沒有放棄孩童特質，卻已經長大的成人。有很多天才，行為舉止都像孩子一般。但希利斯並不是這樣的一個人。他一舉一動中規中矩，只是像一個知道怎麼樣玩遊戲的大人而已。

●**電腦空間分析師／雪莉・特爾克**：希利斯能將複雜的東西，翻譯成簡單、直接而生動的解釋。他有多重天分，其中之一，便是老師。

●**搜索者／布魯斯特・加爾**：希利斯是少數集合科技洞察力與隨和個性於一身的人。我，和其他很多人，都視他為我們的導師。在科技理解方面，儘管資訊有限，希利斯總能夠看出趨勢，並提出正確的答案。當大家都在談CPU的時候，希利斯就在談網路了——我更驚異地發現，在網際網路的全球規模下，每個人現在都在談大量使用平行運算的電腦。

●**寫手／約翰・馬克夫**：希利斯非常認眞地思考，如何建造會思考的機器。這問題他已經想了十年，今後他仍然會專注於這個領域中。他被其他東西吸引了一陣子，現在他又回到原來軌道了。

●**製作人／李察・佛爾曼**：就算他今後只爬在地上玩彈珠，也將以傳奇人物的身分留名青史。他摸過的東西，都値得珍藏。

●**催化劑／琳達・史東**：智慧是常識、幽默和觀點的混合體。希利斯三者兼備，能夠有他在，是非常美妙的事。他和所有的人都不同，一方面好像親和接近，一方面又好像從不知何處冒出來的。

●**沈思者／道格・卡斯頓**：丹尼爾是電腦界一個偉大的精神標桿。他是那種任何電腦界的人都願意爲他忠誠效力的人。雖然他上一個公司沒能存活下來，但我還是會把我的賭注放在他身上。

介面三：布洛曼說

丹尼爾・希利斯會爲迪士尼工作，是極其自然的。他創辦了思考機器公司，並非常具有創意地設計出大規模運用平行計算原理的「連結機器」（connection machine），他開過救火車上班，並爲米頓・布來德利（Milton Bradley）設計過玩具。在大學念書的時候，他突然愛上把所有東西都作成電腦，有一次，還和幾個朋友把一萬個破銅爛鐵的零碎部件拼湊起來，作成一部會玩圈圈叉叉遊戲的電腦。

希利斯有一部分魅力來自於他一直保有童稚般的好奇與行爲舉止。我還記得一九八八年一個星期天的早晨，我們第一次在電話上交談。當時他在麻省康橋的家中。兩人越談越深入，最後進入了物理之於運算的關係。「這實在太有趣了，」他說。「我想到紐約，當面和你繼續談。」三小時之後，我的電鈴聲響，打開門，外面站了一個服裝整齊的嬉皮，長頭髮，普通的白襯衫和牛仔褲，手上什麼東西也沒拿。我們談了好幾小時。

隔了一陣子，輪到我回拜時，看到科學家兼當時全美最熱門的公司「思考機器」創始人的另外一面。他和家人住在布拉托街（Brattle Street）附近一間老房子裡。走進去，見到一大堆娃娃。兩對娃娃（一對金髮的來自法國，一對褐髮的來自阿根廷）、一隻狗和高朋滿座的客人，圍繞在希利斯和他美麗妻子貝蒂（Patty）身邊。我在客廳中安頓下來，聽希利斯和進化生物學家傑・古德談論大規模運用平行計算原理的電腦，用在演化理論上的效應。而希利斯的師傅敏斯基（Marvin Minsky），則在隔壁房間的大鋼琴上彈奏著莫札特奏鳴曲。

希利斯將精力集中於讓處理器同時工作，以讓正在互相溝通的處理器能夠同時進行演算，就像網際網路上一樣。希利斯認爲網際網路有潛力成爲能夠互相溝通的智慧體。對這一點，他尤其興奮。「從某個角度來看，」他說：「網際網路可以變得比網路上任何人或任何站都要聰明。平行處理可以讓網際網路變聰明。我們現在看到的網際網路，還只是未來可發展之智慧的千萬分之一呢。」

希利斯眼中今天的網際網路，只不過將龐大數量的文件，儲存於各個地方，而在重任召喚下，立刻能夠現形而已，不過文件基本上和過去的文件沒有兩樣。理論上，網際網路也可以在紙上操作，只是在電腦上作業比較方便而已。「我有興趣的是從這裡更進一步，」他說，「讓文件不只是被動的文件，而能發揮主動計算功能。這樣使用者便能夠利用網際網路思考他們作爲一個個人所無法思考的事，而網際網路也會想出個人在網際網路上無法想出的新事務來。」

他提出很多問題，如：電腦在功能上有沒有什麼限制？電腦會思考嗎？有學習功能嗎？他智力範圍之廣，令人驚異，而且不像其他從事電腦業的工作者，希利斯不將自己局限於任何一個同儕團體中，而在不同的領域中都有好朋友，其中不乏這地球上最聰明的人。敏斯基說過：「丹尼爾・希利斯是我見過最有發明頭腦，也最深邃的人。」」哲學家丹奈則說：「希利斯創造的如果不是第一個，也是最早一批實用、而且眞正使用到大量平行運算的電腦，而突然開始了一波淘金熱。」物理學諾貝爾獎得主蓋曼（Murray Gell-Mann）觀察到，「希利斯不但膽子很大，而且思考深邃，並且還很有效率」。希利斯是個「天才小子」。

14

法官大人

大衛・強生 David R. Johnson

他知道如何理清虛擬世界中
特異的法律情況，並明白指出
將現有法律套用在虛擬世界所發生的謬誤。

・法律專業線上會議「法律顧問連線」（Counsel Connect）董事長、「網際空間法律協會」（Cyberspace Law Institute）主任，也是 EFF（電子前鋒基金會）榮譽董事。

介面一：法官大人自己說

大約五年前，我發表過一次演說，力陳爲法界成立一個我所謂的電子法界同業工會堂(Electronic Guild Hall for the Legal Profession)的必要性。主管美國律師媒體(American Lawyer Media)及其相關事業電視法庭(Court TV)的布理爾(Steven Brill)，立刻了解線上律師社區的潛力，而啓動了一個諮詢連結的服務。現在這個爲法律界服務的組織已經有三萬五千個會員。

早期在「法律顧問連線」時，有幾件事經常會引得大衆辯論，如會員是否應擁有線上發言的版權？當線上對話的雙方發展成爲律師與客戶，或衍生任何衝突關係時，他們在線上的發言是否可以成爲針鋒相對的不利證據？不過我們發現越多人來到線上參與討論，越多人能夠輕鬆愉快地討論問題，並且了解到這個新媒體與傳統媒體，不論在環境或條件上，都非常地不同。但是法律一直還沿用舊的概念，將線上服務與平面印刷或電視廣播相提並論，而不了解網際網路是一個嶄新的互動媒體。

今後越來越多人新上網路，發現這個新媒體的特殊性格以後，還會挖掘出更多的難處。我們現在還沒有很多暗示，告訴在網路上的人，哪裡到哪裡爲公衆場合，從哪裡開始爲私人地盤，所以上網的人在網上送出訊息時，還無法安心。未來我們大家都一起要經歷一個文化適應過程。在有版權材料的使用上，還有很多界定不清的地方，所以大家都不知道過去在有形實體的世界中創造出實質資料內容的人，應該如何在網路上創造貢獻，並獲得對等的報酬。要如何解開這個難題呢？或許我們不應該將傳統版權法觀念套用於現在的情勢，而應嘗試建立一套網路社區專用的基本規則。

「顧問連線」成立後，我們首先決定建立一套不同的版權概念。我們無法讓在公共場合中發表評論的人保有發言的版權，也無法預防讀到評論的人拷貝他們在螢幕上看到的資料，與朋友分享，或爲客戶謀利。所以我們要求所有進入這個空間的人，無條件地允許他人拷貝他們在網路上發表的言論，以打開網路上源源不斷的討論與發言。從這個例子已可看出，使用於實體的、市場導向的傳統版權法，無法適用於電子世界。我們可以看出傳統版權概念適用於書本、電影之類的物件，卻不見得適用於線上社區，因爲線上社區中，創造新作品的誘因來自於想參與社區，而由此創造出的價值並不表示可以不讓別人拷貝他們的發言。

科林頓政府發表白皮書，提議修改現有的版權法，在「顧問連線」上曾引起非常廣泛的討論。現有的版權法中的確有過度之處，也有很多不足的地方。例如，新法案認定，凡是在網路上傳送有版權的材料，都算侵犯版權的行爲。但問題是，在網路上閱讀和瀏覽的行爲本身，就已構成拷貝。網際網路是一個全球性的大拷貝機。在實體世界中，我們很容易了解什麼時候是在做拷貝，因此要求一個人在拷貝前先獲得許可，將舉證的負擔放在做拷貝的人身上，是合理的。可是在網路上，任何行動都牽扯到拷貝。因此可能會有人主張——至少可保護出自網路的原創作——訂定嚴苛的規則，允許用者在未經許可的情況下，參與正常過程的網路傳播行爲。

換句話說，在網路世界，我們應該將舉證的義務，放在想要限制他人使用資訊的人身上。以全球資訊網的暫存（caching）爲例。我們可以假設，有人把網頁放在全球資訊網上的同時，便等於發出一份暗示性的許可證，讓全球各地凡能進入全球資訊網的人，可以自由拷貝並下載這資訊了。有時，爲了加速頁傳輸的速度，有的上線服務公司還用自己的主機作成所謂的「暫存」拷貝，讓第二個使用同一頁資訊的人，可以快速地獲得資訊。根據現有的版權法，製造拷貝爲侵權行爲，而全球資訊網資訊頁的所有人，可以宣告這份「暗示性許可證」無效。但是即使你在你的全球資訊網的資訊頁前面放一張告示，警告他人不得暫存這張資訊，大部分的上線服務公司的電腦不會懂讀這張告示，因此也不會遵守這個警告。

眞正的問題在於：應該把什麼規則當作內定規則，應該如何制訂？是否應該由資訊提供者在不想讓所有人瀏覽時，以某種技術遮掩住資訊？還是應該以傳統的版權規則，讓使用者在每次拷貝前都先設法獲得提供者的同意？顯然全球資訊網若不列明一條規則的話，是無法發揮功能，讓資訊自由流通的。

新電訊法將對業界產生何種衝擊，現在還無法預測。不過未來的重要關鍵，將在於聯邦通訊委員會（Federal Communications Commission）在執行規則時所扮演的角色。通訊規範法背後的本能性動機是可以理解的。網路的東西出現在螢幕上，一些人很容易將電腦螢幕與電視螢幕聯想在一起。兒童比父母更容易接受新科技，因此輕易地便可在沒有家長有效監督下進出網路。不過，其實網路和其他傳統電訊媒體模式是很不一樣的。政府很容易以法規管制傳統媒體，以防止言論自由被濫用。但是在網路上，使用者必須主動尋找不當言論；不當言論不會自發地找上門來。立法機制在不全盤了解科技全貌的情況下，便貿然訂定法律，並假設新科技有能力設定濾網，讓家長控制進入兒童手中的資料，是全然不智的。不過，我們應該爲聯邦合議庭三位法官駁回CDA的案子起立鼓掌。他們在判決書中明白點出網路之分散、混亂的個性。

判決書中也特別指出網路是一個全球性的現象，從正面解釋，沒有一個國家政府可以完全控制網路上的內容資料。有的政府嘗試要控制，但顯然不會成功。從另外一個角度來看，正如約翰・巴洛所說的，言論自由是一個地方性條款，全球有許多國家的政府，並沒有像美國一般強烈地以法律保護人民言論自由的使命感。如果美國人想在網路上保有資訊傳達的通暢，就應該開始爲全球性的言論自由而清明，建立一個全球性資訊往來的原則，以確保新全球商業活動，在沒有不當的地方性規定之阻礙下，順利進行。

網際網路正遭遇的一個難題，便是傳統商標相關法律與新媒體的需求之間的衝突。創造網際網路的工程師們，以先登記者優先的原則，發展出一套商標登記辦法。任何人能創造出一個區位位址，容易記憶，又可以和網際網路指定的各地區號碼相容的，都可以被接受。但是這一套辦法在網路社區還不大的時候，尙可行得通。等到在商標上有龐大投資的大企業組織注意到，與他們公司名稱相同的位址已經被人搶先登記走以後，問題便出現了。正如大家所預期，網路上的商業行為勢必越來越發達。例如麥當勞公司，當然會在意自己是否擁有「mcdonalds.com」的位址。但是網際網路的工程人員卻不想被扯入到底誰擁有 mcdonalds 商標權的問題，也無意解決類似爭議的原則問題。

傳統商標法與地域有深厚的關係。不同國家有不同規則，對商標賦予的權利也不盡相同。網路讓相同的名字可以進入世界上任何國家。所以我們面對的問題變成，在網路上使用的名稱，是否自動成為在每個國家使用的商標——如果答案為肯定的話，那麼位址使用者便需要事先登記，或至少避免侵害其他人的權利，否則便需要規定網路上的名字只能在網路上，而不能在任何國家中使用。

網路是否會發展出一個自律組織，訂定一些原則，解決類似的問題？例如，自律組織可以規定一些雖然沒有登記商標，但是已經使用經年的非營利組織，可以有限使用與自己名字相同的網路位址。網路的工程部門必須一方面向社會需要妥協，另外一方面與地方規定及傳統法律做相當程度的妥協。如果網路決策者夠聰明的話，他們會設法納入那些已經在商標名稱上投注龐大經費的國際品牌，聯合它們，共同推廣它們的商標名稱。而且，決策者如果夠聰明的話，他們會把如何開發位址架構的最後決策權，留在自己手上。

由於網際網路還是一個新興科技，因此大家對於誰擁有最後設定規則、解決策略問題的權利，還爭論不休。一方面，早已有一小群工程師之類的人，長久以來經營網際網路的科技，並獨占決策過程了。但另一方面，越來越多的人卻認為他們已經在網路上上下下相當久一段時間，有資格對規則表示意見了。由於網際網路最早是由美國政府出資開發的，因此政府中也有聲音，表示類似位址空間應如何處理的原則問題，最終決策權應該握在政府身上。但是最後網際網路的問題還是屬於全球性策略，任何一國政府如果只因爲曾擁有這個全球創舉的現象之嬰兒期所使用的電腦，便設法取得整個網路的控制權，是說不過去的。不過，網路政治團體內部是否會出現聲音，強力主張自定政策，就不得而知了。我們唯一可知的是，如果內部不盡速達成共識的話，外部的司法單位必定會從特定的個人及公司行動下手，而強加權威於網際網路之上。

我一九九三年加入電子前鋒基金會的董事會。在這之前，我已與基金會，以及電子通訊隱私法的工作人員，在確保私人通訊的隱私得到保障上，合作多時。我發現華府方面在新科技及隱私議題上已有共識，認爲新科技非常複雜，要作成一個完整的法案，並讓所有出席聽證會的各方都感到滿意，是不可能的。有一些參與聽證過程的人員，最後加入了電子前鋒基金會，以幫忙創造一個非官方的聽證環境，推動民間繼續討論這非常複雜的議題。他們最終的目的，無非在於組成一部從美國民權組織到法務部都能夠接受的法案。現在各方談話已推動十多年，而在我加入基金董事會以後，我更盡力將電子前鋒基金會從一個以華府爲基礎的政治團體，轉形爲一個視網際網路轉化爲一個生態系統的教育團體。

電子前鋒基金會凝聚了許多觀點各異的人，但他們對創造網際網路成爲一個新的開放社會空間，並激發新民主形式，都充滿熱誠與共識。我在基金會中最熱衷參與的活動之一，便是董事會上有創意的討論，因爲我喜歡大家對於網際網路上未來應該發展的方向，知無不言，言無不盡的態度。基金會中的兩極意見，也使得會內充滿緊張的氣氛。有部分民權人士主張保護憲法賦予的言論自由，並強烈反對政府在網際網路上有任何檢查與規制，但另有部分人士願將網際網路看成一件非常嚴肅、獨立的社會現象，接受它複雜的本質，並幫助民衆了解它，同時並讓大衆了解，有關網際網路最重要的規則不會是由華府政治家，而是由眞正參與網際網路的人制訂。

現在我們已經看到，在網際網路上，系統主持人負責制訂規則，而使用者則以他們的數據機，以進入的位址和使用的時間、頻率，來投票表達贊同或反對的意見。就我所知，這是人類歷史上第一次，法律受到物競天擇的壓力。線上活動的使用者對於使他們在網路上更活躍的規則，給予正面的肯定，而在線上干擾他們的規則，則予以譴責。使用者的整體透過傳統法律的應用，了解這個新的社會現象，並且知道新的法律必將產生，將改變人與人對話，與群聚的規則。

不幸的是，政府在制訂新法上投下的變數，使得小玩家居於相當的劣勢。長久以來，大約有四萬多個積極在電子佈告欄上活躍的人，經常生活在法律可能對他們造成不當衝擊的陰影中。但是他們請不起律師，他們非常希望能夠與法律系統接觸。政府錯失機會，沒能在適當時機建立一套可行的規則，推動整體線上交易的進行。可是每個人都開始發覺，電子商業交易行爲將在全球經濟上佔一席非常重要的地位。所以我們還沒有放棄希望。

當線上資訊或言論中出現侵犯他人版權、毀謗或其他抵觸法律道德的行爲時，通常系統主持人會覺得，他們如果不把這些不當的資訊或言論取下，可能會招來極大風險。但是，如果我們必須指望系統主持人以高姿態管理他們的佈告欄，或將個人在佈告欄上侵犯版權、發表不當言論的責任，套在系統主持人身上，這些主持人以後可能一看到任何可疑發言，便立刻取下。否則，我們可以考慮在網際網路內部設立一個整頓機制，接受申訴，將它交給一個中性的線上仲裁系統予以討論、評估。目前正在實驗的虛擬小法庭計劃（Virtual Magistrate Project），正是這種想法下的一個產物。小法庭的原始經費由全國自動化資訊研究中心捐獻出來，而它在全球資訊網的地址，則在維拉諾瓦學院（Villanova Law School）下。如果我們眞的希望發展出網際網路的自我規範機制，我們便需要推動更多非常關心網際網路的人，做更多實驗。

約翰・巴洛把網際網路當作一個複雜生態環境的想法，激起了很多迴響，促使大家開始思考，爲什麼這個生態環境需要發展一套自己的內在結構，而不同於主宰眞實世界的那一套；爲什麼碰到棘手的麻煩，或野火漫燒時，最佳解決方法便是不理不睬。在幫助我們走過這個思考過程，讓我們深切了解這新環境的複雜性上，巴洛表現出不凡的領導力。

一個嶄新的，可以管理網際網路上所有組織和所有互動形式的新全球法律秩序即將出現，敬請拭目以待。首先，由於各國家政府已無法有效管理網際網路，而會將管理權交付給某種形式的自我規範的機構。其次，因爲網際網路所引發的問題是前所未見的，而且有其特殊性存在。法律需要處理的可能是一些只在螢幕上出現的名字，一些不受地理疆域界定，而藏身在使用者密碼或特殊螢幕像後的地址。我們處理的標的物不是像書本一樣的具體實物，而是類似一個大資料庫中抽取出來的一個段落。當人、事、地改變後，法律也必須改變。我們需要的是一套非常有包容性的法律，讓人們不論在網際網路從事交易，或在網際網路社區中互動時，都能自由地從很多不同的規則中選擇適合用的，以管理他們的線上生活。

介面二：大家說

- **北美土狼／約翰・巴洛**：強森天生就知道如何發展一套電子空間的法律。那似乎是他的本能。他知道如何理清虛擬世界中特異的法律情況，並明白指出將現有法律套用在虛擬世界所發生的謬誤。我相信，他的電子空間法律學院會成爲澄清這一方面思考的中流砥柱。
- **辨識模式高手／艾絲特・戴森**：他友善、親和的態度，掩飾了他敏銳的思考。在律師的外衣下，他實際上是一個聰明絕頂、跳脫傳統的思考者。
- **防衛人士／麥克・高德文**：有的律師只想建立好的名聲，但是強森看到了在電子空間建立一個新社會的機會。
- **理想派／狄尼絲・卡盧梭**：當我擔任電子前鋒基金會董事時，大衛・強森是我們董事會的理智之聲。有的時候，尤其在需要絕不妥協的時候，他的表現幾乎有過分理智之嫌。在擔任董事期間最令我難忘的一件事，便是聽大衛・強森和約翰・吉爾摩（John Gilmore）兩人，針對網際網路上的絕對匿名必要，針鋒相對，大辯一場，最後兩人不情不願地達成了一項雙方都勉強同意的結論。而我從中學習到一大籮筐有關和無關匿名的東西。我學到妥協有的時候是對大家而言最佳的解方。

介面三：布洛曼說

一九九五年，我與華盛頓州的律師大衛·強森，有了比較深的交往與認識。當時，我接到一封來自網路解方企業（Network Solutions, Inc.）的信。網路解方所轄的 InterNIC，專門負責管理網際網路內的區域名稱（domain-name）系統。他們要求我在十四天之內，更改我八〇年代一手創立的非營利組織，邊緣基金會（Edge Foundation, Inc.）的網路名稱，而將現有名稱 edge.org 改掉，否則將把我從網際網路上趕出去。

我立刻打電話給強森。他擔任電子前鋒基金董事長期間，我曾擔任董事。而且我知道他在電子通訊隱私法案上，出過不少力，並且對很多主要線上系統提供者，提供法律諮詢。強森對我解釋說，邊緣基金會有商標登記，所以在商標法下可以得到的保護範圍不但大（基金會在過去近十年中，除了有網路服務以外，還出版書籍、刊物，主辦相關會議等等），而且與新成立的 InterNIC 毫無關聯。強森非常主動地幫忙我，建議我，幫我打電話給最有名的商標法律師，並直接與制訂這個政策的經理人、律師接觸。

邊緣基金會最主要的功能，便是擔任眞實社的組織骨幹。眞實社過去多年來時常被拿來與「伯明罕瘋人社」、「布倫貝利」團體，以及阿岡欽小圈子等等小圈互相比較。或許讀者已經注意到，我在寫上面幾個團體名稱時，並沒有在名稱前畫上一個正記標誌，因爲如果我眞畫了的話，各位可能反而覺得荒唐。眞實社關心的是概念，而非商業。

我們都以爲在通訊革命日新月異、不斷翻新以後，任何人都可以成爲出版者，和大財團擁有同等的傳播能力。但事實並非如此。我們的新政策似乎以掩護網路解方和 InterNIC 之缺點爲第一要務，卻將我們帶回到老路。大企業一心一意想將網際網路佔爲己有，對這種發展自然高興都來不及。而我們的政客則更高興能夠把網際網路賣給企業。

大衛・強森腦子裡打轉的都是類似這樣的重大事件。他做得相當公正。他是我們的「法官大人」。

15

搜索者

布魯斯特・加爾 BrewsterKahle

他已經創立了網際網路資訊庫，
還想創造另一個大型圖書館。

- 「網際網路檔案」(Internet Archive) 的創辦人及總裁。「網際網路檔案」成立於1996年4月，是一個搜集、儲存，以及檢索網路上包括 WWW、Gopher、netnews 及 usage logs 等公共資訊的組織，性質介於商業與非營利機構之間，提出來的議題包括：隱私權、智慧財產權、結構（較快的管道、較便宜的儲存媒體）等。
- 廣域資訊伺服器（WAIS，即 Wide Area Information Servers）的發明人，也是 WAIS 公司（WAIS Inc.）的創辦人。WAIS 協助商業與政府機構上網。WAIS 於1995年6月被「美國線上」併購。
- 1982年畢業於麻省理工學院。曾在「思考機器公司」設計超級電腦。

介面一：搜索者自己說

網際網路使得很多不同的公司，從不同的夾縫中冒了出來。「美國線上」是一個垂直行銷公司，創造發行工具、網路和使用者界面。顧客支援全在一個公司內完成。市場對像「美國線上」這類公司的需求很大。「美國線上」基本上做的是大規模營運、電腦營運、顧客服務、爲顧客包裝資訊以及行銷。它有建立極大顧客基礎的能量。就基本能力而言，它超前其他以網際網路爲基礎的伺服公司甚多。很多人都認爲「美國線上」這一類的超大公司，就像恐龍一樣，將被淘汰。但我卻覺得只要它們夠聰明的話，事情未必如此。

「美國線上」未來不可能憑著一己之力，追上所有的科技進步，所以必須要學會利用其他能在網際網路上創造出好內容的公司，借力使力。我可以看到未來網際網路科技的來源，卻看不到收入來源。而「美國線上」有收入來源，卻沒有科技來源。這兩者如何能夠互利共榮，是所有相關公司都應該思考的。

我在「美國線上」的時候，「美國線上」還不認爲網際網路會變大，但我幫助它進入網際網路文化。今天「美國線上」已經看出網際網路對它的業務有多麼大的影響。「美國線上」的電子郵件中有一半通過網際網路閘道，而「美國線上」也是郵件中進出網際網路最多的閘道。「美國線上」的會員希望能參與更多的網際網路活動，因此該公司的工程師不斷地在研究，改進進入全球資訊網閘道的能力，以便容納更多的使用者。

「美國線上」將重心置於消費者、它的客戶，以及自視爲公司一分子的會員，而沒有花很多力氣在資訊供應者身上。事實上，很多資訊供應源對「美國線上」都很不滿意。爲求補救，「美國線上」特別買下廣域，建立網際網路閘道，讓資訊供應源可以有自己的路，使用自己的工具，而不用單獨和「美國線上」打交道。

成功的網際網路站，都不是將其他人的資訊拿來重新選擇組合，而是能提供新類型服務的。例如Yahoo!在網際網路上發展的查號功能，便是一種全新的內容。這一類玩意兒未來將大幅成長。文字（text）還能夠繼續在網際網路上扮演主要資訊形式多久？如果問我的話，我會說，文字已經不是主要形式了。網際網路最初設計時，是爲了要提供連結文件與文件之間的超文字，但目前大部分人使用網際網路和全球資訊網的方式，已超出原始設計範圍。網際網路成爲各種實際服務，以及與顧客的互動服務，尋找資料等的界面工具。由此可見，網際網路眞正重要的是其互動的本質，而透過爪哇語言，我們開始看到新的能力，更能以程式增進互動性。

最新活躍的領域在媒體代理人（agent）科技和加入聲光的技術上。網路新聞站已對報紙銷路有莫大影響，很快這影響將波及電視新聞。美國有線新聞網（CNN）的網址，CNN Interactive，已能提供當日重要新聞文字敘述，並且還有短片配合。雖然片子的動作遲緩，但已足以顯示互動新聞未來的方向。

傳統雜誌事業，有三個主要收入來源：廣告、訂戶和郵購名單。三個來源對雜誌的生存而言，都是非常重要的。我們目前在網際網路上有什麼？廣告正在起步，其他兩者則根本不存在。顧客付費給PSINet、「美國線上」、UUNet等，才得以上線。但這一條收入泉源，就此打住。凡創造內容、設立全球資訊網路位址、豐富網路內容的行爲，都是無酬的。我們應該可以設立一個模式，將部分訂戶繳交的費用，權充內容的版權費，讓那些使網際網路變得生動有趣的人，也能夠分享成果，也促使網際網路繼續保持活力。這種模式也可以使那些原本生存空間便不大的內容提供源，能夠賺到一點點錢，繼續存活下去。目前我們在發展廣告模式方面進展還不錯，但是在訂戶模式上，還得加把勁。

出售郵購名單，在很多人眼中是一種以大欺小的做法，因爲如此將把很多訂戶的私人事情，如收入、嗜好、休閑等，隨便告訴其他人。這種資訊在電腦世界可能構成更大的危險，因爲我們的互動，將越來越被線上監控。但對有一些人而言，危險就是機會的所在，所以名單出售部分，我們必須小心翼翼地處理，並以適當的法律保護名單。當然，事有兩面，我們也可以從它能幫助消費者獲得資訊這個角度，來看郵購名單的出售。

我目前的工作計劃，是一個網際網路資料庫，以搜集、儲藏並幫助查詢所有網際網路上的公共財資料。我們已經和史密斯索尼安機構（Smithsonian Institution）簽約合作，把一九九六年美國總統大選的網上資料，全部入庫，並研究這個媒體對政治生態的影響。另外，我們正在蒐集所有全球資訊網的位址，並發現其中有一些已經不再活躍。我們已經將這些結果交給了史密斯索尼安機構，準備在大選完畢和總統就職之間，在史密斯索尼安博物館中展出。

資料庫只是一個更大工作計劃的起步。我們的最終目標是建立整個網際網路的資料庫，以利未來研究這個網際網路現象。大家對網際網路進化的速度都會感到興趣，而建立網際網路資料庫的目的，就是記錄下它在不同的時間所經歷的改變。歷史家和學者，都將依賴這份資料了解不同時間點上的全球資訊網。

不過，網際網路資料庫不僅是留下歷史資料而設，它也可以積極參與，提供位址名稱服務或查號服務，成爲網際網路基本結構的一部分。同時，資料庫還可以在網路位址主持人自行畢業，或根本消失後，留下死去位址的備份。

網際網路目前的大小大約在一到十 terabyte 之間，沒有人確實知道這系統到底有多大。十年內，這麼大的系統變得非常普遍後，我們隨時可以保有舊的資料。到時候，如果我們能夠在同一地點保留下網際網路的整份拷貝。社會正從一個不論哪個角落都唱一樣的歌，看一樣電視連續劇的地球村，演變成一個擁有許許多多不同小社區的形態中。我們需要進行研究，以分析、了解社區進化及重疊的情形。從網際網路資料中，我們可以追蹤人口重心的轉移情形，甚至利用新索引科技做實驗。或許就長期而言，中央控制資源的方式並不正確，不過這是能夠立刻著手的方法。

我們希望能結合商業和公益的力量，作成資料庫。過去也有一些先例，可是我們想創造一個新模式。商業體在我們的組合中非常重要，因爲它扮演了引進科技的角色，不過眞正的主角仍然是公益的部分。因爲有公益性，所以能夠取得大衆某種程度的信任。相對地，它必須長久爲公衆利益而存在。我捐贈出足夠的資金給網際網路資料庫，便是希望一點一滴的資料都能夠傳至永遠。

我不以時間膠囊的功用，而以更寬闊的意義來看待資料庫。我並不認爲自己能夠建起一個終極數位圖書館，不過至少我們開始爲未來的圖書館蒐集資料，預計在幾年內，這些資料將成爲資訊生態學的一個重要部分。

麥克魯翰的地球村觀念是錯的。有了網際網路以後，我們建造的不再是地球村，而是一個有很多小村莊的地球，每個村莊都有自己獨立的文化。村莊與村莊互有重疊，散布於地球各個角落，一個人可以同時爲好幾個村莊的「居民」。我們已經超越了大衆媒體腦死的本質了。

介面二一：大家說

● **天才小子／丹尼爾・希利斯**：布魯斯特是少數在網際網路早期，便看到它未來潛力的人。他知道困難的部分其實是如何將擁有內容的人，和在找內容的人連結在一起。所以他想出廣域的主意。就我所知，廣域是網路的第一個搜尋引擎。

● **偵察員／史都華・布蘭德**：布魯斯特出現的時候，我總覺得是個精靈翩然來臨。而且還是個效率驚人的精靈。

● **政治家／史蒂夫・凱斯**：網際網路中最早期的拓荒者之一。他還在思考機器時我就認識他了。當時他就有了廣域和通訊協定的想法，而且開始追求在一個日益壯大的資訊海中搜尋的好方法。

●**傳教士／路・塔克**：布魯斯特一直從大畫面去想事情。他和我似乎都在散步的時候，腦筋動得最快。在思考機器所在地麻省康橋，我們兩人沿著查理士河一面散步，一面討論網際網路和它改變我們現在一切事物的潛力，因而想出很多最棒的、最瘋狂的點子。

●**催化劑／琳達・史東**：布魯斯特是那種非常擇善固執的人，他一旦有了一個想法以後，便會不斷地向下挖掘，一直到他看到他要的東西為止。

●**理想派／狄尼絲・卡盧棱**：布魯斯特是我在這行業中遇到的既聰明又和善的人。我們一起駕車橫貫美國許多次，其中一次，好像是他要從康橋搬到加州那次，我們一面開車，一面互相背誦有名的引句，經驗難忘。他同時看得比別人長遠。很早以前，他便看出搜尋引擎在網際網路中的重要性。現在他則看到了要將網際網路內容作成資料庫的必要。

●**市場專家／泰德・里昂西斯**：布魯斯特是個了不起的傢伙。他已經展開了人生的下一個旅程，將整個全球資訊網作成型錄。他的思考深入。他深信全球資訊網科技和包裝的益處。布魯斯特就商業應用上，永遠活在早我們一世紀的時空中。如果你有耐心，用心聽布魯斯特的話，你總會和他對上。布魯斯特成立廣域。廣域是第一個了解發行者會想要進全球資訊網，而且需要資料和服務才能夠將自己內容放上網路的公司。我們需要這種人和他們的專業。我們非常高興購併下他的公司，我們將他的那一套，融進我們「美國線上」的營運中。現在布魯斯特又展開計劃，進行下一個網路上的大東西。

●**先知／大衛・邦諾**：布魯斯特聰明絕頂，他的點子可能是我所談過話的人中最好的。不過，他也非常內向，好像有點對自己沒有信心。如果他有比爾・蓋茲那種信心的話，他可以改變全世界。

●**網路大師／奇普・派倫特**：布魯斯特是那種沒有追求成功，卻功成名就的人。他一直非常努力地推動網路協定，希望通訊能夠更順利，而為人類謀福利。他在廣域資訊伺服企業和推動通訊協定上所做的，的確對網際網路的成功，有很大功勞。

介面三：布洛曼說

「全球資訊網是一個寂寞的地方。」布魯斯特・加爾在我們第一次認識時便對我說。我們兩人一起來到希利斯位於加州聖海倫那（St. Helena）的夏季別莊渡假。在華氏一百一十度盛暑逼人下，我們被迫躲進游泳池裡。「它不是現在大家以為的建立社區精神的科技。」

我們正在討論全球資訊網上「出版」或「廣播」商業化的可能。布魯斯特抱持相當懷疑的態度。「全球資訊網設計成超文字系統，而且被逼上了使用者界面來做簡單服務的路子，」他繼續道。「但這中間缺乏了使用者互相討論，交誼，甚至調戲的階段。這些能在電子郵件或電子告示欄中得到，但又受限只能使用標準文字碼（ASCII）的模式。我希望我們能夠將社區服務移至一個開放的空間，而不是有單獨的三度空間世界，將使用者隔離至不同的品牌系統內。在一個公開的標準上，讓所有使用者都可免費進入，這一點全球資訊網很棒。不過現在我們必須要將建立社區的軟體工具，移至圖像和活動畫面的世界上。」

麻省理工學院畢業的加爾，一九八〇年代曾在思考機器公司設計超級電腦。一九八九年，他爲了進入正在快速擴展的網際網路商業活動，而開始了廣域計劃。他首先想知道，高層主管們在有問題的時候，能不能不必打電話問人，或要他們的助理、圖書館員等，爲他們查資料，而直接打開電腦找答案。這些老闆會使用上線系統去找答案嗎？一九九〇年他發現答案是肯定的，關鍵在於網路。就是這時候，網際網路開始變大。

一九九二年，他結合了思考機器、蘋果電腦、KPMG Peat Marwick和道瓊的力量，將廣域計劃擴大爲公司。廣域爲一個網際網路發行公司，專門開發工具和服務，以幫助出版發行者在網際網路上以出版發行賺到錢。廣域爲足以自行出版的客戶，做成了surf等軟體，並與其他發行者共同研究出讓他們能透過全球資訊網，上網際網路的方法。他的顧客包括《華爾街日報》、《紐約時報》、美國政府出版署（Government Printing Office）、衆議院、參議院、白宮等，凡此客戶都很想讓自己的資訊上網際網路。

加爾將自己的公司賣給美國線上服務，並加入該公司一段時間，負責網際網路策略，並幫助該公司了解，如何在網際網路市場從垂直、中央主導轉向至水平之際，獲得最大利益。

加爾是一個「搜索者」。他已經創立了網際網路資料庫，還想創造另外一個大型圖書館。「我們的確想盡可能儲存下公共資料，」他說。「我們估計要存下全球資訊網、Netnews, gopher，需要一到十個 terabytes。這個計劃還存在著一些很有趣的技術性問題，大部分和各個網路使用不同的系統有關。」

「另外還有一大堆法律和社會問題。大部分機構都不願意碰，因爲會牽涉到隱私權、版權、出口爭議等。我覺得我們在做這個計劃時，碰到了其他人的痛處，因爲這計劃將永遠改變全球資訊網路的本質，使它從一個暫時性媒體，成爲能永久保藏的。」

16

聖人

凱文・凱利 Kevin Kelly

每個人都來聽他走在時代尖端的想法，
並學習他非常平易近人的智慧。

- 現任《連線》（*Wired*）雜誌執行主編。《連線》創刊於1993年1月，爲一探討數位革命的雜誌，曾獲1994年全美雜誌獎總類，以及1996年全美雜誌獎設計類獎。
- 1984-90年，編輯並發行《全地球評論》（*Whole Earth Review*）。
- 1989年，發表 Cyberthon，一個運用虛擬眞實科技的展覽。
- 曾參與 The Well 的早期活動。
- 著有《失控》（*Out of Control, The New Biology of Machines, Social Systems and Economic World,* 1994）一書，探討科技如何變成具有生物性，去中央化及其分散的性質。

介面一：聖人自己說

《連線》是一本文化雜誌，內容以科技文化爲主，而不是一本科技雜誌。它能夠在兩年半之內，從默默無聞衝到三十萬個訂戶，完全因爲它適時適地，察覺到科技中長出新文化。這個新科技文化，很奇怪，即使在一九九一年，我們構思雜誌的時候，還未能被大家看出來。雜誌構想首先是羅塞托和珍·麥特卡福提出來的。當時他們倆正在阿姆斯特丹編一本很奇怪，不過有趣的英語電腦雜誌《電子文字》(*Electric Word*)。雜誌的知名度極差。不過我看了雜誌，並經常爲它寫評論，大力贊揚它，因爲它以非常寬遠的眼光看電腦。最後雜誌因離原始宗旨的機器翻譯和文字處理太遠，而關門大吉。

羅塞托和珍隨後來到加州，因爲這裡才是數位科技眞正活絡的地方，他們知道我也努力於科技文化的培育，曾參與「威爾」、《全地球軟體型錄》、及個人通訊型錄的《訊號》(*Signal*)等的工作，而與我聯絡上。顯然他們對有關這個新文化的傳播很感興趣，於是便開始了《連線》。《連線》雜誌從文化角度談科技，報導促使這場革命發生的遠見之士、業界名人、一些大家都看見，卻不知道是誰作成的方法和器具，以及未來。

這些內容包裝在一種好像來自從二〇二〇年世界的未來感中，正好對了時代的味。這是一本很樂觀的雜誌：它認爲未來是友善的，是一個我們嚮往的地方。

我們觀察了一年或不到的時間，美國副總統高爾、國家資訊基層建設和資訊超速公路等，便成爲家喻戶曉的名詞。《連線》也蓄勢待發。在我們報導大量往網際網路上前夕的潮流後，很多雜誌都摹仿我們。倒不是哪一份特定雜誌在完全摹仿，而是所有雜誌現在都有一塊仿《連線》的固定篇幅，來報導這些東西。

雖然《連線》抱持著樂觀的態度，但這並不表示我們觀點不帶批判。我們指出未來會增加每個人的選擇與可能，雖然很多的可能性會是負面的或有害的，但是正面的可能性也同時會增加。面對未來最好的方法，便是樂觀以待。主張未來一片晦暗的人，無法對未來做很好的準備。

從一開始，《連線》就被視爲一種男性雜誌，因爲我們比較了解男性，而身爲編輯，我們知道寫自己想讀的東西，是最好的做雜誌的方法。廣告廠商必須知道他們要什麼。我們希望有一群年輕的讀者。年輕人的雜誌有趣的是，通常不是站在這一邊，就是站在另外一邊。《滾石》（*Rolling Stone*）是非常男性的雜誌，還不如《連線》男性，但非常男性。我們追求的基本讀者是非常科技導向的，而從讀者分析中我們發現，我們的讀者八五％爲男性，一五％爲女性，大約和一九九三年的網際網路人口男女比例相似。

我們每期都拓展內容。很奇怪，我們內容範圍越來越寬廣，而整體的文化也朝《連線》的方向發展。我們的讀者群擴展得非常快，因爲主流文化變成無靈性文化（nerd culture）。或者應該說，無靈性文化成爲主流文化。在達到男女平等，男性讀者數與女性讀者數相當以前，這裡是不可能有文明的。事情都是這樣的，一開始總是拓荒者先出現：牛仔、男性荷爾蒙、瘋狂、粗野。網際網路也是一樣。在女性扮演更重要角色以前，網際網路不可能更文明。

在數位領域中，很多人仍然關切一個老問題：「有」還是「沒有」。他們認爲，有人已經有了，或了解數位科技，但有人沒有也不了解，而兩者之間的鴻溝正在擴大中。但是事實顯示並非如此。我們眞正應該關心的是「有」和「還沒有」之間的差異。凡是沒有的人，也都將轉爲有，也就是遲早會認識、了解這項新科技。問題是：他們什麼時候才會有？我們可以加快他們有的脚步嗎？事實上，數位科技的傳播速度之快，已經超越過去所有科技，如洗衣機、冷氣、汽車、電話、電視等。電視可說是過去在全世界普及最快的科技，而電話相反地，普及的速度卻相當慢。

艾倫·凱（Alan Kay）說所謂科技，就是你我出生以後發明的新玩意兒。從某個角度來看，我同意傑倫·拉尼爾說的，對老一輩而言，內容資料是固定的，但對年輕一輩而言，內容資料則爲互動。我們必須有點新東西，才能夠讓他們感動、驚奇。內容資料對我們是新科技。

傑倫問，如果我們對未來的樂觀是錯的，我們如何知道自己錯了？首先，如果我們知道錯了，我們已知道得太晚了。我們要往下走十年，才會發現，其實眞正的選擇比我們以爲的要少。如果我想創造藝術，我可以選擇創造藝術的地點比較少。如果我要思考一樣東西，我可以思考的空間比較小。果眞如此的話，未來眞乏善可陳了。

有一種烏托邦式的夢想，認爲未來網際網路會給社會變遷帶來正面影響。我對這一點非常懷疑。網際網路一定會帶來社會變遷，但是不會是正面的。在此同時，我對數位科技和數位科技帶來的革命，卻抱持著相當樂觀的看法，因爲網路化、電腦化、數位化等等都會增加選擇。科技能夠做的，就是這個，不過這是很大的工作。例如，今天剩下來的人，如果對藝術有興趣的話，可以選擇畫圖畫，雕刻，拍電影，從事各種層次的音樂創作。每次媒體自我發明一次，人們便在不失去過去媒體形式的前提下，擴大了選擇性。從這個簡單的層次來看，網際網路和它所造出來的文字空間（literary space），將帶來一片新的藝術天地。同樣的，網際網路也將促使新的政治、社會結構出現，而無損舊有結構的存在。

我們談的正是通訊革命。通訊革命令人振奮，因爲通訊正是文化的基礎。文化是人與人，團體與團體之間的溝通過程。隨著通訊革命的進程，我們得以擴大、增進文化與社會的基礎。透過新通訊機器裡小晶片的改造，我們將看到通訊革命所帶來的強有力效果。有了網際網路以後，我們將可開發出以前想都不敢想的點子。科技塑造了我們的思考，就好像我們的思考塑造科技一樣。我們正處於一個科技將再造（re-engineering）並再設計（re-design）空間，讓我們有更多思考餘地的時代。

因爲全球資訊網和網際網路而重新創造出來的新思考、文字空間，至少會對我們產生一項影響，那就是：人們將不斷地往這生態的、相對的、後現代的、充滿不確定性的新空間移動。就哲學層面來看，它創造了，並進一步推動了過去二十年來，我們在文化中見其發生的那一類東西。例如，把書這個概念固定的物體，和後現代空間中的概念來對比的話，可以看見後者的眞理是組合起來的，而非固有的，例如一個超文字的小說，作者的不確定性，處處連結的感覺，否定凡事皆有主要起因，相對性教條等。道德確定性越來越難找到。大家也越來越難在基本社會價值上獲得共識。從社會層面而言，來日將爲一個更艱難的局面。

介面二一：大家說

●**沈思者／道格・卡斯頓**：很難看出凱利那麼有觀察力。他不但看到事情的眞相，而且更重要的，他找到別人還沒有想到，沒有考慮到的事情。

●**牛蠅／約翰・德弗亞克**：凱利陷入窠臼，只是他自己還不知道。他應該趕快爬出來，做些重要的東西。那根本就是老調，每個人都看得出來。

●**北美土狼／約翰・巴洛**：凱利和我在思考領域中極爲接近，他隨時可以精準地爲我說完一句話，而我也可以精準地爲他說完他沒說的話。凱文在我覺得「如果不是他，那麼就是我會想出來」的領域中，有很大的貢獻。其實大部分是我們兩人的想法。他說電腦已經過時，是對的。以後發展已經無關電腦，而電腦反而在擋路了。電腦到了使用者不知道它們存在的時候，才是最寶貴的。

●**先知／大衛・邦諾**：凱利認爲個人電腦已經過時，因爲它被連入網路。因此，重要的是如何與他人通訊、連結和互相產生關聯。我想要告訴凱文・凱利一件事情。我們替阿爾它（Altair）想到的第一個應用方法，便是和電話線路連結，創造資訊連結，並將它當通訊工具來用。也就是說，電腦用在通訊上，不是最近才有的想法，從一開始便被納入工作和計劃中。個人電腦加速了這個趨勢的進行。說個人電腦已經過時、死亡，是很傻的說法。

●**海盜／路易斯・羅塞托**：凱文是聖人，好像十九世紀中葉，愛爾蘭小村莊中一個作風前進的教士。每個人都到教堂來聽他走在時代尖端的想法，並學習他非常平易近人的智慧。

●**製作人／李察・佛爾曼**：從《失控》衍生出來的懷疑態度，正如同它所生出的主幹，將不斷地再生，分裂，侵擾我們對進步與思考的基本思維。凱利能令人在不設防的情況下，接受他的意見。

●**電腦空間分析師／雪莉・特爾克**：凱文・凱利結合開放的心、學者的寬厚和對好主意的品位。他擁有贏家的條件。

●**出版人／珍・麥特卡福**：凱文快要成活菩薩了。他是一個宗教涵養很深的人，而他的知識慾則是無止境的。我非常佩服他蘇格拉底式的探求與發展。以前我很討厭他那一套，一直想：這傢伙是個總編輯。他是個未來學家，那是他的事，可是我可得做我的生意。他怎麼老用那些問題打攪我？可是和凱文相處的時間越多，我越發了解，他看事情的方式激發了我們所有人。

介面三：布洛曼說

凱文・凱利相信電腦已經過時。「那是歷史了，」他說。「所有計算機的計算功能對我們社會應該發生的影響，都已經發生了。電腦主要功能只是讓很多東西自動化，加速社會的運作。而社會運作到達一定速度以後，便有了變的本錢。就是這麼回事。」凱利非常興奮，因爲他相信我們在通訊革命的起步階段，而通訊正是文化的基礎。

凱利是《連線》雜誌執行總編。根據《紐約時報》的看法，他是《連線》的「大思想」家，擅長將新鮮而有深度的思考，帶入一個原本連篇累牘都只有「態度」的雜誌。有一群年輕創意者，在拉尼爾所謂的「荷爾蒙異變者專用宿舍」共同工作。凱利給了他們很多圓熟的影響。我從八〇年代初期，凱利在編《全地球型錄》和《全地球評論》時便認識他了。

凱利想的與寫的都是新機械生物學、經濟學、社會系統等。他的著作《失控》成爲九〇年代的經典作品，也是企業和科技界的寶典。《失控》描述了一種新的環境，其中的經濟和所有環繞經濟的事務，展現出一種有機的社會生態或活體生物的特質。乍聽之下，這似乎是對未來一種非常詩意的描述，但是在我們對新經濟和新創造出來的數位科技認識得夠多後，便應該採取對企業及科學有益處的新方法，並嘗試了解這些新系統運作的方式。

凱利指出，未來我們的生活將被「報酬漸增法則」（law of increasing returns）統轄。「在新的經濟系統下，大就是好的觀念將依然存在，」他說，「只是將以不同形態表現出來。我們將不再看見巨大、單一的垂直系統，因爲以後的世界是水平、扁平的，呈連環套式（nested）、而非階層式結構。也就是說，不同的控制機制存在於各個聚落中，而形成大同心圓的構造，而不是像過去一般，層層上疊，形成金字塔形的結構。以後的環境，界限模糊，而且權力分散。機器人和其他大型系統必須分散，否則在快速變遷的環境中是無法發揮功能的。新數位經濟幾乎每個鐘頭都在變，因此我們必須要非常有彈性，有應變能力。不過，應變的成本與價格就在於我們是否能分散控制。」

一九九六年五月，凱利送來一張電子郵件，宣布他自己在全球資訊網上的首頁，將提供《失控》的互動版。他的位址別名非常有趣：絕對伏特加（absolutvodka）。「那（絕對伏特加）正是位址上另外一半的內容，」他寫道。「我希望不但做出一本與衆不同的書，一本可以擰出新想法的書，還可以做出網路上的一種新廣告方式。」凱利還解釋說，「雜誌廣告不論多好，在網路上都沒有用。絕對公司（Absolut Company）能夠走在流行先端，了解到這一點，所以邀請各個公司的有遠見之士，而非專門做商標的視覺藝術家，在網路上創作一些瘋狂的思考空間。以上所有說法，都放在本公司總首頁 absolutvodka.com 位址上」。

順便提一句，凱利在全球資訊網的守夜名稱爲絕對凱利（Absolut Kelly）。他藉著《失控》，提供我們更好的點子了嗎？

凱利是聖人。在我心目中，時常想像他赤著脚走向大馬士革，一路問東問西，而那些問題又質問問題本身。

17

神童

傑倫・拉尼爾 Jaron Lanier

他不只領先我們一點點，
他簡直生活在我們前面一個時代的波長上。

- 電腦科學家、作曲家、視覺藝術家、作家，也是一位虛擬眞實的表演藝術家。擅長利用電腦創造及散布音樂，賦予音樂新生命。
- 「虛擬程式設計」領域的先驅。創造了「虛擬眞實」（Virtual Reality，VR）這個詞，也創立了這個產業，被認爲是虛擬眞實之父。第一家VR公司——VPL研究公司（VPL Research, Inc.）——即是由拉尼爾創立的。他曾擔任這家公司的最高執行長。
- 率先倡議和運用各種科技，包括網路通訊的化身（avatar）、電視製作用 moving camera virtual set、performance animation for 3D 等，
- 音樂是他的「初戀」，自70年代起即活躍於新古典音樂的世界。

介面一：神童自己說

新媒體和舊媒體不同，這是理所當然的。但是最主要不同的地方，不僅在於內容，更在於思考方式的成型進程。在全球資訊網等互動媒體上，我們看到的不僅爲創意的結果，還有創意的過程。所有參與媒體的人都可以看到和分享創意過程。這是多麼令人感到興奮的事！但在同時，這也令人略感畏懼，因爲軟體本質上很脆弱，不同的軟體必須相容才能共同發揮功能，當一套軟體受到市場廣泛接受以後，就會有更多軟體以它爲基礎發展起來，依賴它的存在。因此我們或許現在已經開始累積我們的思考方式，以及我們所塑造的文化，而這些可以持續好幾代。

以電腦爲主的媒體讓世界最耳目一新的地方，便是它將抽象化爲實相的能力。就以音樂爲例。學習彈奏一般傳統發聲樂器的過程中，演奏者對神秘的物理世界越來越敏感。而科學家在對這個神秘的物理世界並無全盤了解下，便下手研究它。他們雖然使用的理論越來越精確，卻永遠無法進入眞正音樂的殿堂。音樂家在接觸樂器的物理原理時也一樣，不論如何努力學習，仍徒然無功。尤其音樂的抽象性非常高，如音符，並無法以任何客觀實體來認定它的存在，只能靠闡釋。但是我們作曲時，卻能夠確實感到音符存在。然而進入電腦世界後，程式必須由思考、想法出發，變爲實體。突然之間，想法不再是抽象事物，不再爲現實做闡釋，而爲現實本身。這一點非常令人興奮，但也令人畏懼。

電腦中一個與我相關的進程，我稱爲「造業暈眩效果」（Karma Vertigo Effect）。我們這一代應該造了不少「業」，在短短幾十年中，我們創造出電腦網路，爲未來一千年打下電腦軟體的基礎。我們這一代實在造了太多業，令人頭昏目眩，所以我稱這現象爲造業暈眩效果。

抽象的實體化，對人類的影響會大過音樂音符的本質嗎？這種思考會影響未來商業的往來嗎？答案應該是肯定的。一個很好的例子，便是近來甚囂塵上的 Clipper Chip 相關議題的爭論。Clipper Chip 是保全業提案的一種情報控制系統，將一個統一的晶片插入所有全球數位溝通管道內，以爲民間溝通提供相當程度的保全。這個提案出來以後，引發了一連串爭議，因爲如果 Clipper chip 成立的話，未來隱私權的大小，就將取決於它上面能夠建造幾個層次的科技而定。表面上，我們仍然可以在保密情形下，在通訊網上傳輸訊息，往來金錢等，但是在此同時，Clipper chip 等於爲政府開了一個進入所有私人往來狀況的後門。而且美國人向來在這些方面不信任政府。不過贊成這種設備的人士卻認爲，它可以幫助減少兒童淫穢圖片、恐怖分子等在網路上活動的機會。

不過電腦科技這項最能將抽象具體化並持久的功能，發揮得最淋漓盡致的，是在人類對本身的定義，也就是我們對自己的認知上。在這方面，電腦與政治及宗教信仰，以一種非常詭異的方式交會。我的看法在電腦社區中未能獲得大多數人贊同。很多在電腦界中活躍的人士認爲，有一天電腦做得夠好時，電腦內虛境的世界終究將與我們具體的物理世界具有相等地位。不少人還以爲我是這種想法的創始人之一，因爲虛擬實境剛出現時，大家都有兩個世界重要性相等的錯覺。其實虛擬實境並不是那麼回事。

我喜歡虛擬實境的地方，在於它提供人類一個新的，與他人分享內心世界的方式。我並沒有興趣以虛擬世界代替物理世界，或創造一個物理世界的代替品。但是我非常興奮，我們能夠穿越眞實與虛擬世界之間的屏障。人類有無限的想像力，一旦退回到自己的腦子，自己的夢想，自己的白日夢中，就成爲完全的自由人，世界上的人就此消失於無形。但是每當我們想將想像世界中的事情與他人分享時，就發現自己如何受困於現實與幻象之間，如何不自由。我期待虛擬實境提供一個讓我們走出這困境的工具，提供一個和眞實世界一樣的客觀環境，但是又有想像世界般的流動感。

「抽象也能具體化」概念，最有力的說明是人工智慧。根據這個概念，電腦與人基本上是一樣的東西，只是人比較好而已，一旦電腦更好、更快，而軟體也跟上以後，人與電腦幾乎就一樣了。我們必須首先深入探討「人工智慧」概念的核心，因爲一個人使用電腦媒體的基本概念，依據他對這個概念的認知而來。人工智慧的概念，最先是由英國數學家艾倫・特林（Alan Turing）在一九三六年構思而成。一九五〇年，特林發表了一篇論文〈特林測試〉（*Turing Test*）。在文中他提出一個構想，認爲如果一部電腦和一個人都想說服你，他們兩個是相同的，而你無法辨識兩者之間的分別，這時候你沒有根據足以辨別兩者，因此必得出「人和電腦相同」的答案。這個人工智慧概念，即使是對的，仍然有瑕疵，其瑕疵處在於如果電腦和人無法分辨，可能是因爲電腦變得和人一樣聰明，或人變得很電腦一樣笨。這裡有一個危險：如果人過分相信電腦，並過分相信電腦模擬，認爲抽象可以具體，電腦中的抽象其實和物理世界一樣眞實，那麼人便可能將幻象當爲眞實了。

我們將電腦視爲有自我存在意義的東西，還是鋪設在人與人之間的管道？我們應該把電腦視爲可以將人與人連結起來的高級電話。資訊是孤立的經驗。資訊不是存在的東西。說起來，電腦其實也並不眞正存在，因爲它們隨著人類的闡釋而改變——這便是我強力主張的人本論。只要我們還記得自己是人類價值觀、人類創造力，和人類眞實感的來源，我們在電腦上的工作便很值得，而且美麗。

全球資訊網的關鍵在於它是由市場本身建構而成的，不是由一群影視大老闆，在辦公室幻想一般人的需求而創造出來的東西。它是由使用者自行創造出來的。傳統媒體人很難理解這一點，如果能了解這一點，他們必定受益無窮。

全球資訊網教導了我們一樣令人驚異的事，讓我們看到下一個世紀的網路內容將是什麼樣子。在全球資訊網還沒有異軍突起之前，很多人都在推廣線上內容的概念，可是「美國線上」、「電腦服務」和其他線上服務公司，卻完全沒有抓對方向。他們以爲把一大堆有價值——娛樂價值——的服務項目打包上線，就是好服務，使用者便會像付費看有線電視一樣，花錢來買他們的服務。的確有少數人花錢了。但是突然之間，在大筆鈔票花在推廣線上服務以後，突然全球資訊網崛起，在毫無事前計劃、資本，也沒有任何行銷、廣告的情況下，一舉扳倒了上線伺服公司。爲什麼全球資訊網能在短期內獲得如此爆炸性的成功？成功的背後有著什麼力量？答案很簡單，全球資訊網讓人自行發揮創意，讓它得以爆炸性成長。廣大人口需要的便是這創意空間。從自導自演當中，人們得到很大的存在滿足感。

我時常將這現象以加州人與汽車來打比方。如果讓加州人在巴士和小汽車之間做選擇的話，儘管巴士比較方便、便宜、快捷，但是加州人仍然選擇小汽車。爲什麼？因爲開車有一種存在的快感。你自己的車，你選擇用車來表現自己。它裡面有你的東西。即使你自己不在車上，你仍然覺得自由、有控制。這是一種強有力的力量，一旦嘗到滋味，就難以放棄。全球資訊網是電腦媒體首次帶給人類這種快感，所以使用以後，誰都不願意放棄。資訊網成功的關鍵就在人上線以後，可到任何他們想去的地方，什麼時候想去就去，甚至可以把自己的東西放上去。同樣重要的是，資訊網有一種不知道會有什麼等著的神秘感所帶來的自由。資訊網非常性感。你知道就在下一個角落，再連通一條線，一定會遇到一件令人驚異的事情，因此欲罷不能，不斷往下探索，下一個連線。這種自我滿足的功能，使得上網路幾乎像上癮，下不來了。

世界上最糟糕的，莫過於有人號稱「大家想要的就是有線電視」，而嘗試把電腦網路變成隨選電影之類的玩意兒。我們可以把全球資訊網當成一種市場測試，其結果已可證明，內容不代表未來。網路上看到歷史上第一個眞正無政府狀態。全然不受房地產概念的限制，人竟然可以眞正住在一個無政府的神秘環境中，沒有國界，生氣蓬勃。

資訊網上有一個賺錢的辦法，便是提供順暢交流的服務。世界如此大而多元，僅提供一個上網路的連線是不夠的。我們必須提供一個社區。就好像房地產開發工作一樣，要發展出一個好社區，必須結合對的人、生意和交通流量。好的開發商作出來的東西，就是和一般的開發商不同。在電腦世界中也一樣，只要開發得出好交會點，讓氣味相投的人互相接頭，大家就願意付錢進來。你就好像主持人一樣，要有群衆才開得出派對，但是沒有主持人，派對無法開始。大家願意花錢參加一個主持人很棒的派對，雖然最後派對的眞正主角是他們自己。他們要和主持人共同製作一個成功的派對，道理完全一樣。

網路各個位址的創造者，將成爲新媒體王國的明星。他們好比劇場中預布在觀衆席上專門叫好的「吆喝員」，工作是激發觀衆情緒，提高觀衆與演員的互動。也就是說，未來世界比現在更進一步，在那個頻寬擴大的世界中，不論在台前演戲、主持節目，或是在一旁發揮即興的、非常人性的互動，都可獲得報酬。即使舊的內容也將因爲存在於活潑的社區中，而有人願意進去。社區成爲一切，是最重要的。

內容還有另外一個重點，現在很難討論，因爲它正在發展中。那便是互動性。我們還不完全了解互動是什麼。我們只知道玩互動式機器給人無上快樂。我們也知道網友們乘著網波進資訊網遊戲，可以經驗到一種存在快感。我們過去總以爲，所謂內容就是圖像與文字組合成一個特殊形式，是可以讓網友們進行互動的東西。但是有機會和電腦一起成長的人，對互動有更深層次的了解。

互動是跟媒體具體的對話，就好像和電腦共舞一樣，各人表現出不同的風格。例如，麥金塔是以圖像爲主的電腦媒介，但這一點並不重要，重要的是在於互動的節奏上，而那種感覺非常難以筆墨形容。我只能說要創造那種感覺絕非易事。有的人辦得到，就好像有的藝術家作品能成功一樣。沒有一本教科書能夠教導人如何做到。因爲那是一種新的藝術形式。我相信我們的下一代，與電腦共同成長之餘，必定更能掌握互動方式。

今後資訊管道日增，我們對所取得資訊的信任度必將成爲重要問題。目前觀念認爲，保護資訊可靠性的方法就是品牌認同：如果資訊出自有名的顧問公司或分析家之手，那麼大家就認爲必定可靠，而予以信任。這樣還不夠，因爲網上的人也想要得到其他種類的資訊，例如和世界有關的事實、數據等。但是獲得資訊的管道實在太多，並非所有管道提供的資訊都正確。能夠讓網友相信資訊的正確性，是非常重要的。在這方面，新聞或資訊搜集組織面對的問題，和個人一樣。若欲知道眞實，就必須花錢。

介面二：大家說

●**北美土狼／約翰・巴洛**：拉尼爾是典型的孩童型天才。他能夠將明顯但最令人想不到的東西，以優雅而簡單的方式陳述出來。他對我說過的一句話，可能是所有業界人中所說過的，最能夠定義我游走於數位世界中的使命：「資訊是一種孤寂的經驗。」聽了這句話後，很多事情豁然開朗。

●**政治家／史蒂夫・凱斯**：不知是一九八二還是八三年間，在一個消費者電子用品展上首度遇見傑倫。他剛把他的虛擬實境手套授權給一個小軟體公司製造。我已經不記得那軟體公司的名字，不過那公司說，他們準備賣四十九美元左右。顯然那產品的價值也一直停留在四十九美元，沒能有任何突破。可是我非常記得他。他是那種見過以後，就很難忘的人。

● **寫手／約翰・馬克夫**：拉尼爾是我見過最怪異的人。有好多好點子，但好像無法將那些點子轉化爲商業行爲。

● **偵察員／史都華・布蘭德**：拉尼爾的腦子裡無所不有。他在工作之餘，玩音樂有成，將它運用於一個嶄新的領域（虛擬實境）中。

● **先知／大衛・邦諾**：拉尼爾手上有太多東西了。但是誰也不想聽他的。問題出在他不只領先我們一點點。他簡直生活在我們前面一個時代的波長上。

● **保守派／大衛・加倫特**：拉尼爾是個非常迷人的人物。他領先開發出的虛擬實境，是一個非常可愛的科技，可惜被眞正設計程式的人搞砸了。這批人最好滾回眞實世界，開始學習一般人眞正使用電腦的方式。虛擬實境科技是好東西，可是除非我們趕快想出有趣的使用方法，否則它很快就會被遺忘、埋葬。其實最有趣的一些軟體都和觀察軟體本身有關，可惜幾乎沒有人認眞往這方面發展。

● **辨識模式高手／艾絲特・戴森**：我經常覺得拉尼爾離我們太遠。我不和我不尊敬的人爭議，不過我很愛和他爭議，因爲他是個值得一戰的對手。

● **牛蠅／約翰・德弗亞克**：傑倫・拉尼爾？怪物。還有什麼可說的？

●**標準市民／霍華・萊戈德**：拉尼爾所做最有趣的事，還沒有表現出來呢。虛擬實境業能有今天的成就，他功不可沒，因爲他在非常早期便看出這行業的潛力，並將他獨特的創業精神和深度科技知識貢獻於其中。不過他爲盛名所累，最後活活被「虛擬實境先生」的名聲壓死，黯然離開業界。我相信過一段時間，五、六年後，他還會發展出更有趣的東西，而且是和虛擬實境完全沒有關係的東西。

●**傳教士／路・塔克**：拉尼爾認爲，科技改變人際關係，我一向對此說深感興趣。的確，在虛擬實境中，讓人工世界活過來的，其實是參與者之間的互動行爲。

●**製作人／李察・佛爾曼**：我還記得第一次與拉尼爾相見的情景。我簡直不敢相信會有這種人。我也記得上一次與他相見的情景——我仍然不敢相信。我記得他話中純眞詩意的氣息，一塊芝麻餅上洒了星光、幽默和創意。

●**賢明人士／保羅・沙弗**：在這次革命的一百年以後，拉尼爾將被傳誦爲見解深入的思考家。雖然有他這麼才華橫溢的人在周圍，我們卻只能略窺他聰明智慧的一二。這種聰明智慧，一個世代頂多有一個而已。認識他，幾乎有點像認識莫札特。這麼說，一點也不誇張。

介面三：布洛曼說

傑倫・拉尼爾過著一份令人好奇的雙重生活。一方面，他是電腦科學社區和電腦產業的一份子，以研究虛擬實境，建立開發虛擬實境技術的ＶＰＬ公司，並擔任該公司總裁而聞名業界。但在同時，他也是一個作曲家、表演家，甚至還經常出唱片。他除了彈鋼琴和多種西洋樂器以外，還會玩世界各地的古代樂器。拉尼爾是個不折不扣的神童。

「科學和玩音樂有神似之處，」他說：「不過我所指的音樂，是非電腦化的樂器演奏。在一般樂器上演奏時，你會有一種非常深沉的認知，感覺到自己在接觸眞實宇宙的神秘源頭。你可以學二、三十年的鋼琴，仍然繼續發現以前不知道的新東西。而且你會對鋼琴的技巧越來越敏感。技巧精進是無盡無底，不受任何觀念約束的。每次你覺得自己已經完全掌握後，又會有新東西出來。」而科學，拉尼爾覺得，是一個需要抱持極度謙虛態度的活動，因爲你永遠不能相信任何事。科學家在眞實世界的神秘海中，建立起一個臨時而經不起打擊的孤島，堆砌起一大堆隨時會被扳倒的理論。「科學家和音樂家都經常接觸這種深沉的神秘感，」他觀察道：「這讓我在精神上感到非常渺小。」

他要我們不把電腦當作一個獨立存在的物品，而當作一種可以讓我們了解人與人間如何連結在一起的人造品。「電腦讓我們的抽象層次眞實化，」他說。「但危險之處在於電腦可能會限制我們與那深沉的神秘世界，也就是與源頭之間的互動。一個很好的比喻，就是自喝悶酒，因爲這樣最容易染上酒癮。點子也一樣，一個人的點子有限，不能老循環使用。就好像你不可能永遠就著那幾個我們稱爲音符的玩意兒製造音樂，那樣音樂便失去意義了。」拉尼爾要我們在與電腦互動時，回到宇宙神秘的源頭。「我們老將一些點子像沒事洗撲克牌一樣，拿在手上反覆把玩，事實上，那些點子早已被灌入電腦程式中了，」他說：「但大家都這麼做，電腦的內容才會如此淺薄、無趣。」

不過沒有人會把「淺薄、無趣」之類的字眼，用在拉尼爾身上。甚至有一次，《黑木》（*Ebony*）雜誌還把他選爲「當月最佳黑人藝術家」（拉尼爾爲白人）。我最近在舊金山南市場區（South of Market）的一家前衛戲院，看到他與一個多媒體舞團波克斯（The Perks）的聯合演出。領導波克斯舞團的，是與拉尼爾相識多年的舞者蕊貝卡・史丹（Rebecca Stenn）。看著拉尼爾站立在舞台的陰影中前後搖擺，好像希臘神話中人頭牛身神（Minotaur）的轉世，而半裸的蕊貝卡則圍繞在他身邊舞動著。景象迷人得令人昏眩。

18

市場專家

泰德・里昂西斯 Ted Leonsis

他努力向世界銷售，說的是
我不眞正想聽但基本上沒錯的話。

・「美國線上服務公司」（America Online Services Company）總經理，2Market 董事長兼最高執行長，是著名的企業家及新媒體企業的先驅。2Market 是「美國線上」與「蘋果電腦」及其他企業領袖合作開辦的互動式線上購物服務事業。

・他也是「紅門通訊公司」（Redgate Communications）的創辦人。「紅門」是一家新媒體通訊公司及 CD-ROM 出版技術開發公司，於1994年爲「美國線上」所併購。里昂西斯現仍任「紅門」的最高執行長。

・里昂西斯於1989年獲選爲12名 Chivas Regal 年度傑出企業家」之一。1992年入選「世界經濟論壇」200名「明日全球領袖」之一。

介面一：市場專家自己說

在市場上，你寧願被愛，還是被需要？我經常問自己這個問題。水電之類的公共事業被需要，但是沒有人愛。有線電視公司，電話公司也一樣。但是如果你有一個被人愛的品牌，你根本不用知道顧客在哪裡。可口可樂並不知道誰是他們的顧客，但是它卻佔據著貨架上最明顯的位置——顧客的心中。這也就是口耳相傳很重要的原因了。我們可以送出十億磁碟片，但是如果我們會員不愛我們，而且不把與我們相關的訊息告訴親友的話，我們還是贏不了。

「美國線上」從事的是娛樂加通訊業，就好像CNN的透納其實是屬於新聞加娛樂加資訊事業，而不是有線電視。網際網路不是一個市場，而是一組科技和企業模式，凡是聰明的企業家就能夠利用這些模式做生意。

我在微軟推出MSN時，正負責「美國線上」的業務。當我發現微軟最先把他們的服務稱為微軟網路（The Microsoft Network）時，簡直太高興了。我們叫美國線上，因為那不是我們的網路，是我們會員的網路。微軟網路是比爾・蓋茲的網路。就好像把MTV頻道叫做桑姆納・瑞史東視覺頻道（Sumner Redstone Viacom Channel）一樣無稽。現在再也沒有孩子會穿著瑞史東的T恤走在街頭，因為那已經過時了。名字會賦予事情意義。自從我來以後，Prodigy和Compu Serve都先後想逼我們倒閉。微軟也要逼我們。加上現在的RBOCS（regional Bell operating companies）也苦苦相逼。但是我們沒有受到威脅，因為我們覺得，消費者永遠會轉移到使用簡單、價格可負擔、高價值的產品上。而且如果他們選擇了我們，他們就會希望我們的品牌成功，這樣我們就非成功不可了。

「內容」的定義一直模糊不清。首先，大家都有一個迷信，以爲內容是一切的主宰，是網路的國王。但是在有二十五萬三千個全球網路網址的情況下，內容如何主宰？如果內容可以做王的話，一般人會賦予它很高的價值，也會要求稅必須付得有意義。由於這些都沒有發生，可想而知，內容並不主宰網路的企業發展。眞正主宰的是故事，是情緒，是資訊包裝和城市設定的方式。如果我們回頭看看報紙如何形成，雜誌如何在媒體中扮演現在的角色，和電視廣播網如何興起，我們就會發現其中最關鍵的，便是選擇他們想要的內容。程式設計員做什麼？他負責取消秀，或在發現有才華的演員時，重新包裝他。現在沒有人在網路上做這種工作。未來我們將可以看到到底大衆要不要消費資訊，而會以什麼方式消費內容。

我七歲的兒子現在已經生活在非線性的數位環境中了。他每天在電腦和電視遊樂器上花的時間，超過看電視的時間，將來他適合住在個體的、互動的、隨機取用（on-demand）的世界中。

還有一些人有一種可笑的觀念，以爲出版者爲內容提供者，能夠像今天的好萊塢一樣，重新包裝資訊。尤其今天的好萊塢電影公司，電影在劇院中推出後，重新包裝，原片再賣給HBO、Blockbuster，和網路等。雜誌和報紙發行人可將網際網路當作外快源。他們會把資訊內容重新包裝了以後，放進CD-ROM，放在全球資訊網或「美國線上」。事實證明他們這種做法不會成功，因爲這個媒體需要的比他們能給的要更多。內容不是最終產品。內容是對話和社區的啓動器。

艾絲特・戴森開玩笑，說我是世界上最大的酒保，而我基本上倒給每個人的是和別人一樣的啤酒，不過當別人到我的酒吧，我用內容啓動他們的談話，而我的工作便是提供內容並負責導航，因爲那便是價值開始累積之處。有線電視上兩大熱門電台：HBO和MTV。兩家基本上都拿別人的內容，用別人的線路傳送，他們唯一做的只是包裝材料，加上自己的品牌，並以宣傳品牌爲最終目的。全球資訊網上還沒有人這麼做。我們已經看到一點希望的火花，因爲有人開始用一點點的搜尋引擎，和一點點的包裝，在網路上起跑了。當然「美國線上」將繼續嘗試做這類工作。

全球資訊網是一個孤寂、冷漠、晦暗的地方。從一個位址到另外一個位址，就好像從一家全空的餐廳跑到另外一家全空的餐廳一樣，毫無人氣。因此，首先我們必須建立一種社區的氣氛，讓人一進位址，就能感受到有人相伴。這樣大家不僅會爲了同志再度光臨那位址，同時凡走進有人氣的位址，待的時間會比較長。廣告商和業者面臨的一個大問題是，人潮只進進出出位址，造成一個光看不買的反市場（anti-market）。瀏覽免費，網址也隨人進出，而大部分藉由企業組織的管道進入。整個過程中，沒有金錢過手，可是每個人還是迷信地以爲廣告會進來。只有在品牌發展出來，而進出的人被證明一旦進入一個位址，會花相當時間不走，會一來再來，而且社區已經成形的情況下，廣告才會出現。《六十分鐘》電視新聞雜誌有它固定的觀衆，有人固定花一小時看它。有人固定花三十分鐘看《塞菲》(*Jerry Seinfeld*)，但是這種電視收視行爲還沒有在全球資訊網上出現。

在不久的未來，我們將看到資訊網上出現網站，以人對人形式讓人閑聊，並且使用圖像化身。到目前爲止，我們有的只是人對內容，未來的大贏家會是人對內容對人的網站。一旦有了這種網站以後，人的進出便比較能計算，便可開始有眞正的廣告，而大廣告將會在人潮頻繁的網站中出現。

全球資訊網白天比較擁擠。大部分人利用公司所有，公司付賬的TCP／IP網路上全球通資網。例如，網景首頁用戶進出最頻繁的，是下午四時左右。可是「美國線上」則是晚間娛樂媒體。我們大部分使用者都在晚間七至十一時之間進入系統。不過由於在14.4 kbps(千位元／每秒）或更少的地方，所以我們必須將窄頻世界做最大利用。說消費者會進入網際網路，只是一個神話，至少是晚間的神話。我們知道平均不到一百萬，最高峰時不過一百二十五萬人會付直接撥號的錢，從家中進入網際網路。Netcom 是最大的網際網路服務提供者，會員大約在三十到四十萬人之間，與我們「美國線上」每個月新加入會員數目相當，主要原因在於我們設定的是一個環境。

我們在「美國線上」的策略，是成爲一個生活方式的品牌。我們希望在未來成爲一個與迪士尼類似的媒體公司：做電視節目，做書和雜誌，銷售T恤衫和各種品牌產品，不論中介媒體爲何，均強烈表達出品牌的代表性。當數位廣播衛星 (digital broadcast satellite, DBS)

問世後，沒有人告訴透納：「CNN很危險，因爲有一種新的流通方式出現了。」他還自以爲是地說：「那太棒了！我可以得到上百萬以前不能通過有線網路，但現在可以利用DBS系統的用戶了。」凡是懂得行銷和品牌，並知道如何把個人、社區的興趣都考慮周詳的企業，最後必爲贏家。

我們稱線上世界爲「新媒體」，但是有的時候，它其實並非新媒體，而是唯一的媒體。考察媒體發展歷史，我們不難發現，收音機並不是報老闆們發明的，而廣播電台老闆也沒能在電視興起的時候參上一角，而電視公司的董事長們更未能及時參與有線電視。

每個時代都有屬於自己的企業家。身在主流的人，把網際網路和上線服務看成有特殊服務對象的副業型事業。可是如果我們可以算有線電視的話，可在全北美排名第三，僅次於時代華納和TCI。而最令我驚異的數字，是每晚十點到十一點之間，我們會有三十五到四十五萬人打進來。CNN有名的訪談節目賴瑞金秀（*The Larry King Show*），觀衆大約在五、六十萬之間。MTV台大概可以吸引六、七十萬。十八個月之內，我們將超越賴瑞金秀和MTV的收視率。

十年前，如果有告訴你，看有線電視的總人數有一天將超越三台，一定不會有人相信。然而今天，北美所有在家看電視的人口中，五五%看的是一百台有線電視，只有四五%在看北美的三大電視網。我們可以大膽地說，三年內，同樣時間裡，在玩電腦，透過網際網路與他人互動的人，要比看有線電視的人還要多。趨勢是朝這個方向發展的。

有兩樣事情還值得商榷。第一，大體而言，目前市面上能提供的服務及創意都還不能滿足市場。頻寬的問題很嚴重，一直到兩年前，到「美國線上」這種公司做事才成爲一種時尙。回顧過去，我們發現很多行業都先後有過他們的黃金年代，例如六〇年代的廣告業，在紐約麥迪遜大道上紅極一時。七〇年代屬於好萊塢的金頭腦小子們，而八〇年代的年輕人有兩個地方可去：有線電視或高科技。九〇年代的新互動服務業，混合了廣告、娛樂、節目製作。過去一心一意想到微軟工作的孩子，現在會想到上線服務或全球資訊網站上做程式，或自行創業。在不久的未來，我們將看到大量的人才、點子、資本匯流至此，而十年內，我們再回顧現在這個ASCII世界時，「美國線上」、微軟網路，或許還有其他類似的服務，加起來就像現在的三大廣播電視網大老一般。

在可見的未來，我們將受限於目前的企業往來模式。AT&T已大刺刺地宣布它的網際網路產品：二百個城市。我們已經廣及五百個城市。我們會員最大的抱怨，也是他們取消合約的最主要原因，是無法在當地得到一個撥入的號碼。電話公司和有線公司還無法到處廣設電纜，讓消費者在任何地點都能夠隨意撥入。每次我們能夠提供比較高速的傳輸速率時，消費者便占線比較久，因爲上線的經驗比較愉快。我敢打賭，一般傳輸速度以後只會越來越慢，而不會越來越快。我最恨看到有人設立又是圖像、又是聲音、又是動畫的位址，因爲他們用T1線，或至少ISDN這樣的高速線，來測試自己的連線環境，但是一般家庭使用的連結只有14.4或28.8。試試看用28.8來連結，就會知道這個經驗是多麼不愉快！

我把絕大多數時間花在設法抵消這些多彩而無聊的花樣上。我想提醒業界一件事。電視和好萊塢的心態好比一個三十一歲，住在紐約曼哈頓的少數族裔。節目迎合這些紐約客。在全球資訊網路上，我們也發展出同等的偏見，劍橋加柏克萊加矽谷的感覺幾乎無所不在。但是這不是創造主流的辦法。如果要創造像香草冰淇淋、麥當勞一樣為全民接受的主流，就不能表現出這麼互相標榜、自以為是、封閉內向的態度。我讀《連線》，但我仍然屬於業界。我愛《連線》，但是我不相信那是一個有包容力的雜誌。事實上，那是一本排他性非常高的刊物。很多人在全球資訊網上的態度就是這樣的。他們故意不把雜誌作成所有人都看得懂，而故意將事情複雜化。我在「美國線上」學到一件事：越單純、簡便，越好。

我是大家所謂的「市場專家」，我才不管業界中每個人怎麼說。我在乎的是我們的會員和消費者怎麼說。身為一個市場專家，我們必須提供消費者服務和價值。等他們滿意後，我們還必須帶領他們從一個地方到另外一個地方，這樣他們才會繼續買我們的服務。在我們這行業，如果我們只靠自己人捧場，最後只好喝自己的洗澡水。我們很幸運地身處於一個聰明行業，可以在網路上不斷和消費者溝通。我發現如果包裝得宜，建立一個品牌，我們可以克服科技困難，讓科技一代接一代永續發展下去。大衆可以把我們看成一個行銷和節目製作公司。當有人提到「美國線上」的時候，我想沒有人會說我們會員數不多，或我們製造的噪音不夠大，或我們沒有送出足量的磁片，或我們的廣告做得不夠大。我充分了解，我從事的是一個品牌的生意。

例如，有一次我和內人到購物中心買東西。我在一家雜貨店買了一罐可樂後，轉到隔壁租售錄影帶的 Blockbuster，發現他們正好在做可口可樂的促銷活動。然後我們在CVS藥店買了一罐防曬油，發現那裡也放了一大冰箱的可樂。然後我們又走到隔壁的比薩店，買了一片比薩，順便買了一杯可樂。等我走回自己汽車的時候，我突然發現到處都是可樂。這也是我們想在美國線上服務上做到的。我們把它放上視窗九五，也放進幾乎每個數據機裡。幾乎每個電腦，每個有關全球資訊網的雜誌，都可以發現一片我們的碟片。「美國線上」將成爲衝動購買的對象。它是一種你要進入才能爲你服務的產品，因此試用是非常重要的。我相信我們是第一家，也是唯一的一家公司，有這麼強烈創造品牌的意願，同時這麼全心全意地提供消費者如此全面性的試用版。

我們最大的競爭者是天候。當大風雪的時候，所有服務都得停頓。春天一來，使用量一定會下降。第二大競爭可以說是休閑活動。每天晚上這個戰爭在每個家庭中上演。吃完晚飯，做些什麼才是呢？和丈夫、妻子、男朋友、女朋友、孩子聊天？看看電視、讀本雜誌、還是上線？有的人一晚上可以做完所有上面說的事。

最令我感到驚異的是「美國線上」被使用的模式。星期四是電視夜，電視收視率最高，而我們的使用率最低的一天。顯然我們的競爭者爲《塞菲》(*Jerry Seinfeld*)，所以我對他的關心度遠在我對比爾・蓋茲的關係度之上。沒有人會打開網路，聽比爾・蓋茲說話，可是全美有二千萬人每星期四晚上九點到九點半，都會打開電視，赴他們和塞菲的約會。我們還沒有那麼棒。未來我們也會有這種美麗。如果我們把這些節目視爲主要競爭者，那麼我們可以自稱爲新媒體。如果我們把 Compu Serve 和其他上線服務當作主要競爭者，那麼我們未免把自己的目標設定得太低了。

介面二一：大家說

●**情人／戴夫・懷納**：最近「美國線上」爲維持成長，掙扎得很辛苦。要想了解「美國線上」的定位，了解他們爲什麼名聲不佳，必須要先了解這一點。

●**網路大師／奇普・派倫特**：很多人都在談網際網路，可是他們不是自己都不知道在說什麼，就是說和別人一樣的東西。里昂西斯不同，是個言之有物的傢伙。他有遠見，而且能夠將想法告訴別人。如果要我選擇聽誰演講的話，我會選他。

●**搜索者／布魯斯特・加爾**：里昂西斯是行銷奇蹟。他最在行的便是作秀，而且做得有趣、花俏，讓人目不暇給，但他給的都是眞正的數字。新媒體這個詞就是他發明的。里昂西斯似乎非常努力地試圖將這門新科技推入主流行列中。

●**催化劑／琳達・史東**：我一直覺得里昂西斯是個售貨員。他可以把任何東西賣給任何人。怎麼可能一個人當過佛羅里達州維洛海灘市（Vero Beach）市長，又做紅門的董事長，「美國線上」的總裁？他無時無地不在做關係。第一次遇見他時，他是如此面面俱到，讓我有點緊張。有時候一個人太面面俱到時，你不禁會想，他到底眞的在想什麼。

●**實用論者／史都華・艾索普**：九分狗屎，十分天才。
●**製作人／李察・佛爾曼**：他初看像一個電子世界的汽車銷售員，努力向世界銷售，說的是我不眞正想聽但基本上沒錯的話。
●**牛蠅／約翰・德弗亞克**：業界精力最充沛的人物之一。經常吸引美女，可能因爲他的笑話都很好笑。

介面三：布洛曼說

「幾年前，好幾個人建議我和泰德・里昂西斯談談。當時我對他的公司紅門並不熟悉，」史蒂夫・凱斯說：「不過，一九九三年十月的一個早晨，我與他共進早餐以後，我竟然提議買下他的公司。他的公司專門做新媒體促銷、資料庫管理、互動購物、私人網路。我只花了幾個小時便發現，他對新媒體的洞察力對我們異常有價値。他很能吸收想法、觀點、資料，而看到未來。」

「美國線上」當時有一百萬客戶，今天則達到六百萬，成爲上線伺服公司中第一個做到億萬生意規模的連鎖事業，最新的市場規模爲六十億美元。這些年來的成長大都歸功於里昂西斯的遠見。他很早便看到「美國線上」不僅是一個公共事業服務公司，而將成爲一個媒體公司。也許就是因爲這個原因，史蒂夫願意付四千萬美元買下紅門。

「美國線上視紅門爲第一個，」里昂西斯說：「也是最先進的寬頻和中頻的節目製作公司，並將和提供內容的公司發生密切關係。美國線上看中我們的智慧資本。我們大概有一百個『眞正內行』的人，而當時美國線上服務大概有四百人。那是一個很大的購併。紅門每年盈餘大約爲二千萬美元，而美國線上服務則大約有一億美元。合起來以後，事業規模就更可觀了。那不過是兩年前的事。事情發展眞是一日千里。我們處理能力也實在不錯。在這行裡，沒有一家公司可以有確知的命運，包括「美國線上」在內。如果你不主動出擊，如果你不好好提供產品和服務，如果你的價格不合理，馬上就會吃到苦頭。」

凱斯和里昂西斯似乎相處愉快，並能互相截長補短。「凱斯是比爾・佩利，而我是塔蒂高（Brandon Tartikoff）」里昂西斯說。佩利和塔蒂高分別爲前哥倫比亞廣播網的總裁，和國家廣播網的節目部主管。凱斯看起來像個聰明智慧的大政治家，而里昂西斯則予人活力充沛，隨時有點子如飛彈般從腦中飛出來的印象。簡單的說，泰德・里昂西斯是個市場專家。

我對他有今天成就一點也不感到意外。是他在七〇年代末期，發明「新媒體」（new media）這個名詞的。我曾替他把他的《名單雜誌》（*List Magazine*）裡一系列的套裝碟片書，賣給華納出版，而成爲一九八四年軟體淘金熱中，最大筆的交易之一。就我所知，那也是第一次有人把ＣＤ－ＲＯＭ放在書裡賣。

一九九六年二月在加州，佛爾曼召開的ＴＥＤ會議上，我遇見里昂西斯，離上次見面已有十年了。他坐在第一排，我和邦諾之間，喃喃地對我們說了好幾次：「我們是存活者。我們是存活者。」想想有趣，因爲我從來沒有從這個角度來看過自己。

接下來半小時，趁上面一個全身黑色服裝的紐約廣告人放電視廣告給觀衆看之際，我們兩人小聲地互相詢問近況，並思考未來計劃。「該你寫本新書的時候了，」我說，因爲我知道他一直是我認識人中，最讓人覺得快活的人之一。例如在TED會議中，他說了一個故事：他邀請了一堆朋友和他一起到義大利休假，冒險。他包下一架飛機，把大家飛到沿海，然後從那兒送大家上一條豪華遊艇，到地中海上環繞一週。「一趟旅行下來，我花掉二十五萬美元。可是你知道嗎？如果我給所有人一個選擇，陪我旅行，或拿等值的錢留在家中，最後可能只剩下我自己一個人去義大利。」

就在演說者快講完時，里昂西斯小聲對我說：「好吧。我的確有本書想寫。如果我寫一本《所有比爾．蓋茲說的，都錯》，可以拿多少錢？」「就你而言，」我立刻回答他：「凡七位數以下都是侮辱。可是把生意關係搞壞了也沒有意思。你永遠也不知道以後誰會對你有用。」他毫不受影響，開始喋喋不休說起明年最佳暢銷書的章名。

觀衆鼓掌，主講人行禮如儀，與佛爾曼互相擁抱。里昂西斯是下一個講者。他起立，隨後傾身下來，一掃平日溫和友善的態度，以一種我少見的強韌表情對我說：「我是這行業裡唯一不怕他的人。看我的。」我看了，也聽了。四十五分鐘演講結束，他照例和佛爾曼擁抱，走下台來前，他說服了全場業界大老們（至少一分鐘），微軟未來在互動媒體世界中的分量，頂多像北極格陵蘭島中部一個二十瓦功率的電台而已。

我們計劃在會議期間，繼續談書的計劃。可是他就此消失。我打電話到他房間，發現他提早離開。顯然有什麼事發生了。

幾天後，我在他維吉尼亞辦公室中找到他。「書的事怎麼樣了？」我說。「得和法律部門談一談，」他有氣無力地說完，就掛上電話。

接著一星期事情特別多，先是「美國線上」宣布與AT&T一連串合作，然後網景終於和微軟簽訂策略合作協定。我不禁思考這些發展與沒幾天前，我們在TED會議中的談話，有什麼關係。

「我們贏了，」當他再度露面後，對我說。「大勢抵定。我們是上線服務公司中的第一名。」

「沒錯，里昂西斯，你最偉大，」我回答。「不過書怎麼樣了？」

「什麼書？」

19

寫手

約翰・馬克夫 John Markoff

應該是業界最受尊重和信任的科技記者了，
他知道什麼可以寫，什麼不可以寫。

- 《紐約時報》駐舊金山的西岸特派員，報導範圍以電腦產業和科技爲主，包括矽谷、電腦及資訊科技。
- 著有：《高科技的高成本》（*The High Cost of the High Tech*），與希格爾（Lennie Siegel）合寫，1985年出版；《電腦叛客》（*Cyberpunk: Outlaws and Hackers on the Computer Frontier*，中文版由天下出版），與海夫納（Katie Hafner）合寫，1991年出版，率先報導網路駭客 Kevin Mitnick 故事；《擒拿：追捕美國第一號電腦罪犯》（*Takedown: The Pursuit and Capture of America's Most Wanted Computer Outlaw*）。

Touch 01

10倍速時代

英代爾總裁葛洛夫的觀察與解讀

touch
10倍速時代
英代爾總裁葛洛夫的觀察與解讀
Only the Paranoid
Survive
How to Exploit the Crisis Points That Challenge Every Company and Career
Intel總裁 Andrew S. Grove
最具影響力的人物談最具影響力的變化
王平原⊙譯

作者：Andrew S. Grove安迪·葛洛夫，
英代爾總裁，當代最傑出的企業經營者及管理導師
譯者：王平原
25K·236頁·250元

本書獲《經濟日報》轉載。
《電腦世界PC World》介紹。

沒有人欠你一份工作，更沒有人欠你一份事業。我們置身於成功與失敗都以10倍速進行的時代。

在這樣一個混亂與變化加速的時代，機會不斷湧現，卻又瞬息消失。

競爭對手、科技、顧客面、供應面、協力產業，乃至於有關的規範制度的轉變，已帶來一個10倍速時代。

在10倍速時代，行動準則與節奏是不同的。上一個小時造就你的因素，下一個小時就顛覆你。無論企業或個人，都必須掌握這個節奏，否則就必須接受沒頂。

針對這個變局，葛洛夫提出一個關鍵性的概念──「策略轉折點」，教導我們預測變局，創造轉機。

本書不但針對企業經營者，也針對所有的受薪階級與個人，提出一套全面性的策略性思維模式。

「這是一本精彩的書，也是一本危險的書，令人深思。」這是管理大師彼得·杜拉克讀過本書後的感想。

介面一：寫手自己說

我們正進入這有趣的生態環境的T型階段(T型是福特汽車發展出的第一部汽車類型)，未來將可看到許多有趣的改革和新的規則出現，以促進不同種人類的互動。當我們從有限的頻寬走向眞正的寬頻時代後，網際網路就會更有趣。但是我們現在太接近網路，所以無法評斷網際網路到底和一般印刷一樣重要，或比它更重要。時間會告訴我們，它是否能融入我們的社會環境中。有部分跡象顯示，網際網路可能只是一個過渡性科技，還有更重大的突破會發生。我們其實還只完成了尼葛洛龐帝口中的大轉變（grand shift）的一半。我們必須先看到無線科技如何融入未來的進步，才能做更進一步的判斷。網際網路也許只是一個平台，就像個人電腦只是一個平台，麥金塔只是一個平台一樣。網際網路是下一個平台，不過我不認爲它會是最後一個平台。

一直到一年前，我還對網際網路創造一個多元社區的大承諾很具信心。可是今天的網際網路實在沒有足夠的頻寬，以建造一個眞正的社區。社區應該有氣味，有實質，可以觸摸得到，而不僅是思考，或提供智慧的資訊內容罷了。網際網路將取代家庭和封閉的社區。我們這裡談的是電話簿。

全球資訊網推動了很多新事務，因爲它在我們凡人可及之處。我們不必在鍵盤上打出連串的指令，而只要用滑鼠指對螢幕地點，按下，就可到達想到的地方。而且它與時代的脈動很相合。大家都在找個人電腦以後的大科技突破，而這時候，全球資訊網出現了。它符合一些我們在尋找的基本條件，足以與個人電腦一決高下。但是它不會是最後一個出現的新科技，而只能說它創造了一個改革的新平台。在這上面，下一步的改革、成長將與個人電腦漸行漸遠，而與全球資訊網這新玩意兒接近。

不過，全球資訊網也有它的缺陷。大家都說網際網路上已有三千萬人。讓我們來解構一下這個數字。實際上在任何時間點上，能夠上網路的人並沒有三千萬，因爲其中兩千萬可能使用某種形式的電子郵件系統，和網路相合，只是有一個可以進入網際網路的閘道而已。剩下來的一千萬，還可以再細分。眞正上網路的人，可能只有一百萬。這已是不可小看的數字，不過絕對不可能是三千萬。在能夠與某種日常消費用品，如電話、電視、或任何一種隨身器具相結合，眞正成爲人人可以進入的東西前，全球資訊網將永遠只是雅痞、知識分子、工程師、熟悉電腦的人的玩具，而不會成爲一種全民運動。

在分散化與集中化上，有相當的衝突。加倫特提出的中央化遠景非常了不起，因爲他走在時代的先端，看見我們所未能看到的。八〇年代末期，他寫成《鏡子世界》時，還沒有看到電腦連線能發揮如此大的力量。大衛發展出一個鏡子世界的想法，就好像尼爾森（Ted Nelson）的超文字一樣。很可惜的是，大衛無法執行他的想法。世界匆匆地在他身邊擦過，他還停留在八〇年代初期柏克萊時代，參加以費登斯坦（Lee Feldenstein）爲中心的靈修記憶（Communion Memory）團體時，那種激進派學生的思考模式，以爲每個超市都將裝置終端機。可是在公衆場所設立公衆用終端機毫無意義。矽元素既然是免費的，那麼我們爲什麼還會想與人分享，而不乾脆擁有自己專屬的機器呢？爲什麼會想到公共場所去取資料，而不海闊天空地自尋資料呢？不論從實際面，或從社會面，自己擁有一台終端機都才是道理。現在大家都已經習慣提著自己的筆記型電腦到處跑，未來，我們怎麼會不想擁有一台既有理解能力，又可以對它說話的機器呢？

電腦的計算能力進步得太快，讓我們無法調適自己的思考，還停留在以爲鍵盤在五到十年之間仍是人和電腦的界面，事實上，電腦界將出現大幅顚覆現象。過去，設計、製造和使用大型電腦的，都是出得起大錢的人或機構，如國防部，大企業等等。但是在未來，最快的電腦將是最便宜的，而且在普及到一般消費者當成聖誕禮物互贈後，軍方和大企業才會跟進。這才是科技的本質。

每個人都以爲比爾・蓋茲是激進派改革者。但是如果我們看看今天的個人電腦業，並和二十年前的大型電腦發展階段比較的話，會發現大型電腦時代有個主要建築師，是ＩＢＭ和七個小矮人。在個人電腦業，我們只有兩個主要建築師，而今天有的改革遠不及當年大型電腦時代，因爲今天的競爭不及當年激烈，我們看到的大約只有兩個大傢伙在製造軟體，而有上百萬的小矮人在一旁製造小方塊。因此，電腦業未來將面臨一個莫大的計算危機。這一點，現在還沒有人看出來。

電腦的本質已完全改變。我比較同意凱文・凱利的說法，電腦基本上是一個通訊的器材。

從文字處理功能與通訊工具的結合，我們已可略窺電腦在通訊上的用途之廣。未來我們可以直接與他人連繫，但是不再需要透過電腦。這樣最理想了。人爲什麼非得被機器絆住不可？人才應該是整個行動中的主角：人應該能攜帶它、指使它，利用它。而這便是我們在媒體實驗室中追求的。

過去三十年，我們像追求失落的聖杯（Holy Grail）一般，全心全力追求可望不可及的電腦聲音辨識。有趣的是，除了所謂的摩爾定律，還有一個喬伊定律（Joy's Law，因昇陽的比爾・喬伊〔Bill Joy〕而定名）。兩者都在陳述以幾何級數速度成長的現象。不久以後，我們的計算速度就可以達到一個程度，連隨身攜帶的小電腦都可以有非常高的計算能力，執行現在只有超電腦能執行的程式，如可以協助辨識語音輸入的巨型字典。到時候，我們再也不必受鍵盤、滑鼠的限制了。相信我，這一天會到來的。

ABC加迪士尼、CBS加西屋，時代華納和TIC、透納集團結合，得到了些什麼？現在就好像六〇年代末期一樣，每個人都心存唯坐大才能生存的想法。就因爲如此，那些傢伙才拚了命把公司規模做到比別人大才甘心。如此這般下去，六〇年代大量購併的惡果會再度重演嗎？大筆資本移來移去，沒什麼意義，因爲它並不創造出新價值。網景公司正是一個好例子。隨著個人電腦、工作站、網路建工業的興起而興起，政府研究用的科技等，一再被商業化，創造出改變世界的新科技。文藝復興之風在矽谷以加速度吹起，而且方興未艾，毫無止歇之肇。不過我無法了解大企業老闆之間的互動。他們好像在玩大富翁，必須在每個格子都擺上旅館才安心。

現在把賭注放在任何一個特定的科技上，都還太早。任何一個想要自我保護的科技巨人，這時候都必須玩撒豆子遊戲，先在每種新科技都佔據一個位置，以後不論哪種科技興起，他們都有種子可以全力開發，進入新競爭遊戲。如果未來遊戲戰場在網際網路，所有的企業巨人就會前往那兒報到。不過他們都只會跟在別人屁股後面。他們只想坐享其成，由別人造橋，他們收費，別人發展科技，他們坐收其利。我想他們的夢想大概會成眞。不過對我們而言，或許還有少許希望，新一代的科技與六〇、七〇年代，一個廣播源將資訊同時傳播給千百萬收訊者的情況不同，新科技是互動的。或許就像在個人電腦發達以後，桌上式出版自然應運而生一樣，新的科技將帶動內容的民主化。今後傳播的內容資訊將來自基層。任何人都可以創造小型設計工作坊、個人製作公司，而不必受制於大型企業集團的控制。科技向前推動的速度會非常快，中央控制不再管用。在推動新科技的過程中，我們將看到衝突與緊張。

合併的想法只是一種神話。衝突勢將難免，但合流未必就因此產生。馬克思的想法中，鋼琴家會表演，但無法將他的表演商品化。不過一定會有一個錄音師傅，可以把鋼琴家的藝術才華商品化。事實上，兩者截然不同。或許到二十一世紀以後，我們眞的可以把所有東西商品化，把所有東西都轉化爲內容資訊。不過在這個資訊扁平化的過程中，我們將全面轉化爲商業動物。

合併也許代表的只是不同層次創作聚集一堂，會合在一起。我們有作家寫作，表演藝術家表演，科學家創造，在尼葛洛龐帝心目中的新世界，大家都能夠做他們最在行的，並以位元來表達。如果所有東西都能夠轉化爲位元的話，那麼位元就和金錢單元一樣，成爲貨品交換的單位，於是將出現一種交換機制，每樣東西都被擠壓到相同的數位層次上，世界就眞正扁平了。這當然就是多媒體了。可是多媒體是一種無所不包的東西，或許這就是合併——經過數位化現象，管理人類所有獨特活動的領域。也許這就是資本主義的最後報復，以後人類不再像十八、十九世紀的資本主義時代一般使用金錢，一切以位元爲準。人類的前途又將如何？科技無法代替創意。有時候科技可以提升創意，但是如果世界因科技而扁平化以後，創意也會被扁平化而不見了。

一九九五年尼曼會議（Nieman conference）上，艾絲特・戴森與《紐約時報》發行人索茲柏格（Arthur Sulzberger, Jr.），就全球資訊網對商業的意義，展開一場對談。在談話中，我們看見網際網路向前邁進了一大步。索茲柏格說：「我們就好像看店的，有自己的一套規矩，就守在這兒，我們是你們的噩夢。」他的話相當有道理。一小群無政府主義的硬頭族、駭客族之類的，錯將他們的胡作非爲作風，傳給了廣大的網際網路使用者。大衆一旦學到以後，再也不會回到從前。就好像失樂園一樣。那個曾經美妙的社區已不再是個社區，而稱爲一個社會，一個在網際網路上的城市。在這個網路城市的後巷中，一不小心就會被壞人修理。和紐約沒有兩樣。如果網際網路活動就是這麼回事的話，那我寧願做我的懶骨頭。最現成的例子就是磕牙線（chat lines）。一些已經在網際網路上五年以上的，看到磕牙線上的對話，簡直會吐血，因爲對話水準早已脫離早年菁英模式了。現在線上已可以稱爲大衆社會現象。我本以爲網際網路能夠同時支撐菁英和普羅兩種文化，使兩者同時存在。現在我可不確定了。社會學家赫伯馬庫色（Herbert Marcuse）預測未來社會只有一詞源，每樣東西都是扁平的，菁英將不再存在。

介面二：大家說

●**牛蠅／約翰・德弗亞克**：馬克夫是那種專門寫大文章，其實應該去寫書的記者。快滾出《紐約時報》吧!!

●**搜索者／布魯斯特・加爾**：環視周圍，馬克夫是當今最深入的的作家。他不僅報導新聞，而且還在趨勢明顯化以後，爲大家畫出趨勢路線。他一九九一年以頭版頭條方式報導網際網路出版，做法先進，連我們業界刊物都不能及。

●**出版人／珍・麥特卡福**：馬克夫是數位革命之聲。如果他說哪個很重要的話，那麼那必定重要無疑。

●**偵察員／史都華・布蘭德**：馬克夫是這個不怎麼正常的行業中，隨時保持頭腦清晰的人。在電腦報導這方面，無人能出其右。

●**催化劑／琳達・史東**：馬克夫是我會去找他來教育我最新業界發展的幾個人之一。他不但在知識上領先我們，而且還能夠爲我們把事情歸納出一個道理來。馬克夫是少數幾個指出網際網路威力的人。他幾乎在還沒有人知道魔賽克瀏覽器存在以前，就對它充滿興奮與期待了。

●**軟體發展師／比爾・蓋茲**：馬克夫是個了不起的新聞人。他已經在這條線上很久了。

●**競爭者／史考特・麥尼利**：約翰應該是業界最受尊重和信任的科技記者了。你可以信任他會尊重你的意見，知道什麼可以寫，什麼不可以寫，而且他會了解你的意思，不至於誤解——或糟糕地誤導業界趨勢。如果我要挑選一個記者，接受獨家專訪的話，我大概會選他。

●**賢明人士／保羅・沙弗**：馬克夫屬於非常特殊的資訊專業人（infonaut）。他有學界人的好奇和堅持，但是更好的是，他也有非常與現實接軌的一面，例如他爲紐約時報，而不是什麼專業雜誌，寫文章。馬克夫最重要的地方在於他不止會挖獨家報導，他還能深入重要事件的背後，告訴我們一些我們並不知道曾經發生的事情，深入解析。

介面三：布洛曼說

約翰・馬克夫，外號獨家大王。眞可謂獨樹一格，因爲從沒有一個人能像他這般報導科技。對科技記者認識頗深的大衛・邦諾說：「我認識有人專門爲了讀馬克夫的報導而買《紐約時報》的。能夠因爲科技報導而賣報紙，表示這記者的功力不可小覷。」

馬克夫是「寫手」，他創造自己的故事。他總是能拿到獨家。他不會趴在地上，撿別人寫過的東西改成他的報導。他博學多聞，幾乎有教授的風範。他非常專業，能針對科技各方面加以報導，而且報導地非常翔實。而同樣重要的是，他對科技本身非常熱心而投入。對他而言，能夠買到一個中央處理器（CPU）速度高達150MHz速度的筆記電腦攸關重大。他要他的新硬碟機有256K的快存記憶體。

我和馬克夫的關係微妙。在電腦和軟體方面，他怎麼說，我就怎麼做。從不多問。我全面仰賴，而他則大力支持。我每天至少會打一次電話到紐約時報給他。只要我打電話去，不論多大的故事，不論多接近截稿時間，他都放下一切，爲我解決問題：教我如何重裝上系統軟體，教訓我TCP／IP網路規則的微妙之處，建議我如何裝一套濾網，以過濾電子郵件。

這種在科技方面無微不至的關照，只有兩件事可能破壞。一個是如果我敢陷入DOS話題的話，他瞬間進入冷漠態度，說：「這種事找我做什麼？打電話給德弗亞克。」另外還有一個字絕對不能說。如果說了，我保證立刻一，我與馬克夫的電話斷線，或二，馬克夫的神經斷線。

是什麼字？說得太明白，會危及我與他多年的友情，和他與我的終身科技顧問合約。但是我可以這麼說：有一天，我坐在自家農場的前廊，看著我的玉米，並打電話給馬克夫時，突然一陣雷雨來襲。「獨家，」我說：「下大雨了。等我一下，我要關『窗』。」

卡嗒。

另外，馬克夫曾經向我告白他心底的秘密。一九八四年趁參加艾絲特・戴森電腦論壇的機會，我們一起到亞歷桑納州，並在沙漠中散步。在外表上看來，我們兩人或許像是來參加這個電腦業高階會議的，但談話內容上，我們似乎來參加的是一九六八年度在柏克萊召開的迷幻藥會議。就在這時候，他獨家告訴我一個他所有朋友、同事、報社的主子、和他每日報導其購併、倒閉、股票上市的電腦業大老們都不知道的事。

「我是馬克思主義者。」他對我傾吐。這簡直是獨家大王提供的最佳獨家新聞了。也許就是因爲這個原因，一些他日常報導大公司的老闆們，對他的文章不太滿意。(順便一提，時至今日，他已改口自稱爲政治無神論者。話說回來，不是連馬克思都自稱不是馬克思主義者嗎？)

然後，他丟下一顆大炸彈，說所有他在《紐約時報》的文章都不能只讀表面，因爲裡面大有文章。也就是說，他在裡面用暗號，擺了其他訊息在其中！他第一次說的時候，我根本不相信他。接下來五年的時間，我非常用心地讀他的文章，用盡各種解碼方式，結果什麼都沒有看出來。一直到兩年前，希利斯強有力的思考機器的CM-5平行作業電腦正式使用前，讓我測試，我才第一次打破了所謂的「馬克夫式文字密碼」(Markovian Acrostic)。

下面是一篇馬克夫替《紐約時報》寫的文章（第四絡，第四頁，一九九六年六月十三日）。表面上爲一篇微軟爲對抗網景所做的準備工作。但是請注意每段第一句話中的玄機：

The Microsoft corporation will take another Step in its effort to overtake the Netscape Communications Corporation in the market for Internet software when it presents a number of new technologies to 300 corporate executives at a meeting Thursday in San Jose, California.

But Netscape moved to preempt Microsoft today, saying that 92 of the nation's largest 100 companies were already using Netscape's products. Netscape, based in Mountain View, Calif., also detailed its own strategy, describing the next-generation versions of its navigator program for browsing the Internet and its Suite Spot server Software for the World Wide Web.

（譯注・・答案是「trostsky lives」，托洛斯基萬歲。托洛斯基爲俄國革命份子，信奉共產主義。爲創建蘇聯的一員。）

20

力量

約翰・麥克里亞 John McCrea

他能夠把公司的工程人員和行銷人集售合起來，
發展全球資訊網的產品，
他能組織四周的人，並推動事情。

・視算公司（Silicon Graphics Inc.，SGI）新一代網路媒體產品系列 Cosmo 的經理。

・視算公司創立於1982年，製造生產互動式電腦軟體，以3D 軟體爲主。

・Cosmo 係爲全球資訊網添注互動多媒體與3D 圖象的套裝軟體產品系列，於1995年推出，包括 Cosmo Worlds, Cosmo Create, Cosmo Code, Cosmo Player, Cosmo Cosmo 3D, Cosmo openGL and Cosmo Color。

介面一：力量自己說

從技術層面來看，VRML是一種檔案格式。從比較高的層面來看，它是一種在網路之間處理立體圖像的方式。立體圖像現在要入侵到人們還是以頁面爲中心觀點的全球資訊網了。但是VRML也會取頁面中心的觀點，然後再把它彈送到第三維空間中，而同時又有潛能發展出類似物理世界中的經驗。這種基礎性的立場轉移，能夠給原先徹底消除掉空間概念的一個世界，帶來一種空間感。雖然徹底消除空間概念，也是一種非常犀利的概念，但大部分的資訊也同時失去了其正常環境。經過VRML在網際網路上引進空間的概念，就有可能將網際網路變得更有吸引力，吸引更多的使用者。

你會在你的全球資訊網的視窗內更常看到各種立體物體，能夠由你隨意移動，從不同的角度觀察。你的全球資訊網頁面會在一個小視窗裡放上文字、圖畫和立體圖像。這是一個中間步驟，下一步的目標是比較徹底的立場轉移，讓你不要把立體物體的展示看成只是另一種媒體型態，好比圖畫或影片片段，而要在視窗中看到一個立體世界。這樣的世界就跟外界的世界一樣，讓你能選擇要到哪裡去，並在其中遊走自如，飛行或步行隨你選。你要到哪裡去，辦法就跟在目前的超文件中用滑鼠點選一樣，差別就是這樣會是超媒體。我在一扇門上點選一下，就會有東西出來。我在一扇窗上點選一下，就會有東西出來。出來的東西可能不僅僅是立體圖像或是影片片段，或是圖畫或文字。它將是你對這資訊對象的一種重大的觀點轉移。

它並不是勝過文字：它就是跟文字不同。

里克・凱瑞（Rick Carey）是視算公司ＶＲＭＬ計劃的原始領導班子之一；他把全球資訊網拿來跟圖書館對比。兩者相較之下，有非常重大的差異。在全球資訊網上，你沒辦法走到圖書館的一個區域裡，審視所有跟某課題相關的書籍，或是看看這些書籍有多大，或是從這些書本的封面猜測它們的體裁，或是裡面的內容。你甚至走不進圖書館的裡面：你只能站在外面。在鍵盤上輸入一個位址或選取一個連結點，你相當於對著一個窗戶吼叫，要求閱讀一張特定的頁面。在幕後發生一連串神秘的事，而片刻後，你所要求的這張頁面就被人舉到窗戶前面給你看。你從來看不見這本書，也看不見章節。你看到的只是頁面。

今天的全球資訊網是一個由書籤組織起來的世界，也是跟我們生活在立體空間，習慣於空間取向記憶的人類世界非常不同的模式。例如當你認出一張房子或田野的圖片時，你馬上就知道了一些有關這房子和田野的事情。你會壓制住不眞實感，而想到眞實世界。如果你以自主的控制而進入到一個立體環境中，並且能在這虛擬世界中進行擬似在眞實世界中自由的活動，你至少要有起碼的畫面更換速度，才能讓自己相信這虛擬的眞實。一般認定，這起碼的速度是每秒十二張，才能有平順運動的感覺。到達了這一點後，你的大腦就不再詮釋靜態的圖像並同時分析其眞實性。當你在某個環境中移動時，就像是在直接經驗這環境，於是一種非常強烈的認知轉移就發生了。

在視算公司，我們努力尋找能讓ＶＲＭＬ成眞的辦法，努力多年，要發展出這我們終於稱爲ＶＲＭＬ的東西。原先這努力我們稱作「發明者」。發明者是第一個物件取向的發展立體應用軟體。它是開放的，也是跨平台的。當派西（Mark Pesce）和巴利西（Tony Parisi）討論出ＶＲＭＬ這概念，同時著手尋找技術，結果引出了蓋文・貝爾（Gavin Bell），使他成爲視算公司「發明者」發展小組的一員。他提出一份以發明者爲基礎的草案，稱作ＶＲＭＬ 1.0版。軟體在一九九五年初出現，立即被一小群非常熱切的支持者採用。在視算公司，有一個小組脫離出來，開始發展ＶＲＭＬ的各項產品；其結果就是ＶＲＭＬ 1.0版的瀏覽器。

視算公司基本上是因爲以ＶＲＭＬ爲中心，發展出了一項新工業，才佔得領導地位。軟體規格的制訂，第一套語句分析器，以及各種構成技術，一份份從熔爐中取出，丟上公益軟體流通管道。於是大約有十七家不同的公司開始製造ＶＲＭＬ瀏覽器，因爲製造相當容易。現在至少有半打公司擁有以這技術爲基礎的ＶＲＭＬ產品。微軟也經由向一家小公司承租使用權而獲得此技術。

我們下一步要往哪裡去？我們現在有了你能在其中飛行通過的各種世界，其中也住滿了各式各樣的生物。最早有一種是魚在游泳，完全立體空間效果並加音效。你在其中移動的時候會感覺人在空間中。各種生物朝著你來，而如果你用滑鼠點選它們，它們就都做出不同的行動來。那麼，假如作爲這內容的觀察者的我，能夠開始自行製作，把幾乎是機器人似的部件拿來拼湊，會出現什麼結果？我就可以擁有在這世界中表徵我自己的各種東西；要不然我就可以跟在此世界中的一個別人的表徵來互動。它因此實在是一種立場的轉移，把應用和內容之間的界限變得模糊了。

整個這活內容的概念就像是人工生命的概念。這不是人們現在想要有的東西，但是請等到你在這些世界中開始存在時再看看吧。你將會在一個不存在的程式中的街道上漫步，走進不存在的店面，但跟實際存在的人打交道，他們是經過一種獨特的方式，利用程式化的動畫人物在電腦屏幕上表現出的。我們現在正在一個時代的開端，想要猜出這一切代表什麼意義。大家都不注意時，這些眞人的複製機器人在做些什麼？

不要輕忽微軟公司。它的財富建築在自有的格式與封閉的應用軟體程式製作介面（Application Programming Interfaces）上，但是網際網路正在迫使它作相反的行徑。將來會有硬仗要打，而微軟也宣布了要往開放的路線走，完全逆它原來的策略而行。VRML的進化，從1.0到2.0版，是在各種開放規格互相競爭的新時代起始的一個關鍵時刻。微軟提議過一種稱作「主動VRML」的東西，其實跟VRML沒有任何技術上的關係。它完全是另一種製作立體物件的方式。當然，革新總是好的，越多越好；但微軟把主動VRML提出的方式卻讓上線族群不禁產生懷疑：是不是他們一時搞不清楚是怎麼回事，所以就丟出一些東西來，把進展拖慢，把市場搞亂。但是支持VRML的族群聯合起來，積極支持視算公司以一個稱作「撼動世界」（Moving Worlds）的VRML 2.0版。撼動世界和主動VRML之間的大戰現正在打向終點。撼動世界迅速變成標準規格，有網景公司和蘋果公司的支持。VRML 2.0的產品，例如視算公司的CosmoPlayer剛上市。VRML是一種開放的檔案規格，而因爲立體物體的複雜性，這樣的檔案規格其實也會深切影響你如何製作寫作系統和觀看系統。最終來說，VRML總是一種檔案格式。視算公司基本上是從「發明者」中抽取元件，而發明出這種檔案格式的。

爪哇和VRML之間的對立受到很大注意。其實這兩者並不互相競爭，而卻可以完美的相輔相成。VRML是一種處理立體世界的檔案規格，而爪哇是一種程式語言。在早期爪哇和VRML分別引發大量興趣和討論時，視算公司和昇陽公司雙方都已經開始考慮，如何相輔相成。兩家公司不但合作，也互相爲對方的技術背書。實際上，視算公司跟昇陽公司合作，把立體物體和多媒體注入爪哇，以VRML爲基礎。我們正在把Cosmo推上市場，它是合乎VRML 2.0規格，在網際網路上的應用軟體程式製作介面。Cosmo讓爪哇或其他較傳統語言，如C^{++}的程式設計者，能創作不受平台限制的立體應用軟體。

關於全球資訊網有很多有趣的比喻。一種說法是全球資訊網現在變成全世界最大的硬碟機。我喜歡這種說法，但它沒能形容出這硬碟機內容之精彩。把全球資訊網比喻爲全世界最大的圖書館，卻引不起大部分人的興趣，因爲他們多少覺得圖書館是乏味的地方。還有一種說法是，全球資訊網更像是光碟機。但你不能改變光碟機上的資料。其實全球資訊網比較像是一個可以經過各種資料庫，隨時立即修正資料的光碟機。在視算公司，我們想把全球資訊網從一個靜態、頁面取向、下載然後觀看的模式，轉變成動態、直接經驗的模式，而將來的頻寬終會使得它變得完全活生生。從頁面取向變成加上立體圖像音響和爪哇的互動功能，是向前很大的一步。這些技術上的改變現在發生得太快，所以目前最大的挑戰之一，就是如何能讓行銷策略配合上產品的發展。

因爲全球資訊網發展得這麼快，我們的策略至少每三個月完全變形一次，在有些情況下，甚至每星期一次。一年前，視算公司把注意力像雷射射線般集中在全球資訊網上，因爲我們看到全球資訊網特有的視覺性質和吸引力，這和在它以前的網際網路根本不同。現在我們把我們在立體圖像處理，以及移送媒體上的核心技術，應用到網際網路上日漸明朗出現的開放平台上。我們把注意力集中在人們設立網際網路或全球資訊網位址首頁時，遇到的種種困難。如果你把全球資訊網看成是一種媒體，就會看出要使得它有足夠經濟性，只有兩種辦法：依照觀看量付費，或是廣告。以企業網站而言，內容必須要有足夠的吸引力，才會有訪客。

創造有吸引力的內容，引發興趣，才能讓你得到經濟價值。如果你要把內容弄得有多彩多姿的媒體形式，就需要有各種工具來製作這內容，也需要伺服器來發放這些內容。越是有多彩多姿的媒體顯示，就產生越多的交通量，全球資訊網伺服器的工作也越辛苦。視算公司向市場提供的價值，乃是提供最好的內容，伺服器也以最有效率的方式把內容可靠地傳送給最多的觀衆。因爲牽涉到各種資料庫，所以光是一個首頁還不夠。你需要一個能眞正做生意的全球資訊網網站，也就是要能捕捉到資料，能裁量你的內容，也能完成交易。

你在伺服器上每天能做到十萬還是百萬千萬的生意，是很重要的差異，但資料庫的表現和可靠性也必須顧及。還有一件需要顧慮的事，就是全球資訊網科技是否適合企業，也就是說，是否適合跟發送企業訊息，或是與以廣告賺錢完全無關的企業運作方式。全球資訊網可能會變成一種全世界共同的前端介面形式，因爲全球資訊網用戶端。實在是全世界第一個完全共通的資料與應用軟體的介面。

我們企業在這一方面的成長，緊密連接於視算公司和客戶之間一種互相啓發的交流。首先，全球資訊網瀏覽器在我們公司裡像野火一樣，蔓延到每個辦公桌上。然後我們創造了第一個能輕易製作全球資訊網內容的工具，而它們也像野火一樣蔓延開。現在，網路的防火牆外，有少數幾個全球資訊網伺服器；而在防火牆內，有兩千多個。因此整個公司都用全球資訊網管理。現有的客戶以及潛在的客戶，都想知道我們是怎麼做的。全世界數不清的高階經理不遠千里，到加州來看這個眞正的資訊時代公司如何運作。在這現象背後一個非常犀利的概念就是：對操作系統不必有宗教式的虔誠。隨便什麼操作系統都可以。你可以用你現有的大部分基礎結構來構造全球資訊網。你不必丟掉你的大型電腦主機，或是你的UNIX資料庫伺服器，或是你的麥金塔桌上電腦。現在是一個最令人振奮的時代；許多第一次接觸全球資訊網的人感到有些害怕，因爲這麼多種不同的科技融合在一起。我們一些客戶跟我們借用系統，例如裝設了全球資訊網寫作工具與位址管理工具的工作站，拿去試用一個週末，而能在這四十八小時內完成裝設一個企業內網路的雛形。

在防火牆外創造最好的內容是我們的主題。資訊系統部門是最可憐的一群人，因爲他們有責任爲一個公司建立資訊基礎結構，而通常出毛病時，被責備的都是他們，運行順利的時候卻也從來也沒人感謝。他們根本不管最好的內容是什麼，他們關心的是訓練、再訓練、雇用資訊系統人員。當指給他們看我們內部是兩千個全球資訊網位址（URL），而全部管理的人員只有五個時，他們總是嚇一跳。五個人就夠了，因爲全球資訊網在中央控制和地方分權之間有少見的平衡。每個人都能創造自己的內容，而資訊系統部門，如果他們願意的話，也可以控制顯示這內容的框架。我第一次聽見**內容**一詞這樣使用，大概是在一九九三年，正是多媒體這概念在矽谷開始快速傳播時。**內容**現在變成——至少對我們在資訊界的人來說——普及的很有意思的術語。我們開始公司的全球資訊網產品 WebFORCE 計劃的時候，我想過要怎麼爲一個完全跟矽谷無關的人，描述一種專業的全球資訊網寫作兼伺服系統。想想看，有多少詞語需要先定義。全球資訊網。寫作。寫作是什麼意思？雖然**內容**和**寫作**（authoring）都是老詞，但它們現在的用法似乎顯示跟原來意思相當的差異。科技一面在變化，我們需要發展能表達自己意思的新方式。否則，我們就只能在後照鏡裡看見自己。我一直尋找適當的工具、詞彙、器材，希望能夠確切表示我對於正在經驗的變革的一些想法和感覺。但我看大概永遠不會在文字中找到。

介面二一：大家說

●**先知／大衛．邦諾**：麥克里亞實在不能算是「我們一類的人」。他是個均衡發展，有藝術修養，有教養的人，因爲機緣才到了視算公司。他這人到什麼地方都會成功的。

●**保守派／大衛・加倫特**：麥克里亞正置身於現代所有科技裡最熱門的一支：全球資訊網伺服器。他推銷的機器是網際網路的基礎，是撐起橋梁的拱架。

●**網路大師／奇普・派倫特**：約翰・麥克里亞一向是視算公司的一股重要影響力量。他能夠把公司的工程和行銷人員集合起來發展全球資訊網的產品，並且把WebFORCE產品系列轉化成公司成長最快的產品之一，這是大成功。約翰絕對是有遠見，並且隨時看得見整體的人。他能組織四周的人，並推動事情。

介面三：布洛曼說

網路和電腦都已經存在好久了，連接成網路的電腦，也把全世界各地的人連接起來好一段日子了。對於視算公司的約翰・麥克里亞，現在發生的連接現象以及其加速的情形是特別有意思的。他是領先開發一種新媒體的主要人物之一。他認爲全球資訊網是一個關鍵的動力，能爲我們帶來立體超媒體：虛擬顯示構模語言（Virtual Reality Modeling Language，簡稱VRML）。他倒不是那種典型的矽谷人物。我認識他，是因爲經過了他努力，視算公司能夠爲我與邦諾合創的網際網路出版社Content.Com公司提供技術支援。他的任務之一是找到各種適當的起始點，並提供視算公司的原創技術，作爲宣揚他產品系列的手段。他跟許多其他同事不同，喜歡住在舊金山，並且興趣也偏向於藝術，而不是工程。跟他談話讓我有耳目一新的感覺。

麥克里亞很晚才加入電腦界，一九九三年從史丹福大學的工商管理碩士課程一畢業後，就直接進入了視算公司。一九八〇年他進入麻省理工學院，想要成為物理學家，但很快就認識到，還有許多人物理會念得比他更好，並且當時也不是從事物理最好的時機。他的第二個熱烈喜好就是藝術，而麻省理工學院雖然以科學和工程著名，但奇怪的地方就是學生也能盡情在此學習創作、寫作，以及其他各種藝術形式。「八〇年代是我的失落年代，」他說。「我什麼都做過了，從把家搬到愛爾蘭以專心寫作小說，到為俄勒崗州的一家學校募款。一九九一年，我等於經歷了一場『再受洗』，重新皈依資本主義，於是決定去念史丹福大學研究所，而愛上了矽谷。我在暑假時到 Tandem 電腦公司打工，最後到了視算公司。所以隨便以什麼標準來看，我都不能算是電腦工業的圈內人。」

一九九五年初，麥克里亞用 WebFORCE 系列伺服器產品，把視算公司硬生生推入了網際網路市場。目前他是下一代全球資訊網產品系列 Cosmo 的經理。「誰知道將來又會是什麼，」他說。「我原來是 Indy 工作站的產品經理，而全球資訊網那時開始急速起飛。顯然我們有很好的機會，於是我立即著手，定義出我們的能力範圍，建立起一個團隊，來做出第一個全球資訊網的寫作工具，以及第一個全球資訊網系統。伺服器和寫作工作站現在已經為我們帶來數億美元的營收。我負責大部分的營運，以及其後的行銷工作，並且和製作下一代產品系列的各工程團隊密切合作。」

約翰・麥克里亞是「力量」。

21

競爭者

史考特・麥尼利 Scott McNealy

我喜歡競爭，但是要照規矩來，

公公平平，一切平等。

- 「昇陽」（Sun Microsystems, Inc.）創辦人之一，現任該公司最高執行長。曾被美國《商業週刊》（*Business Week*）選為全美前25位經理人之一（Top 25 Managers）。
- 「昇陽」創辦於1982年，現在是全球主要的網路系統供應商，去年盈餘爲70多億美元。1995年，《工業週刊》（*Industry Week*）將「昇陽」列爲全球100家最佳管理公司之一；The Techical Business Research Group 則將「昇陽」選爲全球第一的科技公司。
- 麥尼利自1984年擔任「昇陽」總裁以來，一直堅持「昇陽」應該要保持「爭議性」，因爲這樣才有機會獲利。

介面一：競爭者自己說

在昇陽公司，我們信仰網路電腦（network-computing）這概念。我們不會死抱著主機中央電腦模式不放，也不會被桌上型電腦死纏放不開——那是英代爾／微軟世界中的模式。我們的一切都以網路爲中心，從我們許久以前出貨的第一台具備網路介面的電腦開始：桌上型電腦、伺服器、應用軟體、軟體產品、維護產品等等。這或許是我們最大的優勢。我們第二個優勢，是所有基於開放式介面規格的關鍵部件，在裝設到我們的機器上時，所有權全屬於我們。我們有自己的微處理機。我們擁有所有使用者介面、網路介面，因爲我們自己裝設TCP／IP、共同物件申請中介（Corba, common object request broker的簡稱），以及其他所有網路通訊協定。我們有讓你管理你網路環境的技術。此外，我們還有伺服器和桌上電腦，能幫助你運用網路電腦環境的最大價值。顧客眞正需要的一切，我們全有。

企業有兩種：做產品的和做貿易的。昇陽是一家產品公司。我們的整合服務和能力全集中於網路電腦和我們的產品上。我們跟做貿易的公司不一樣，他們只維修產品，或是爲產品製作軟體，或是爲產品做使用訓練。我們作軟體開發，我們作整合，我們作訓練，作我們產品的諮詢服務，一切爲我們自己的產品，並幫助你跟其他環境整合。我們在焦點高度集中的市場行銷，而這些市場互相關聯密切。我們不爲其他公司的產品提供服務。只有IBM和DEC似乎想要兩者都做。其他人要不是整合行業，就是產品行業。

從一九八五年我們就說：「網路就是電腦。」這是一句很巧妙精簡的口號。我們就此發揮，創造了一些其他口號，但總回到原始的這句話，因爲它正確。網路就是生意所在，就是未來的所在，就是一切的關鍵。所以我們說網路就是電腦。

我很想傳播一個福音，把這個神話變得人人覺得可信：電腦要消失了。越多人離開電腦界越好；因爲我們反正是留定在這裡不走的了，要變成三巨頭之一。就好像汽車製造業最後也凝結成三巨頭一樣：通用汽車、福特、克萊斯勒，電腦業界也會變成這樣三足鼎立的情形。我不是在說整合／貿易／再販賣的通路。將來會有許許多多的再販賣者，就像是有許多汽車銷售代理商一樣。但將來只會有少數幾個整合產品公司，例如昇陽公司，能夠製造微處理機、操作系統、使用者介面、網路部件，並作最後組裝，把桌上電腦和伺服器和各種終端電腦環境全部整合起來。

我們要作這三大之一。其他兩家存活者的一個，我就稱作「通用」加「汽車」吧，他們是英代爾加微軟。他們掌握了製造 Wintel（英代爾處理機配上微軟視窗）電腦環境的一切要件。但他們好像並不能合作無間。IBM會是克萊斯勒，習慣性地回頭向政府要求貸款擔保。我們將會是電腦業界的福特汽車公司，從我們的微處理機一路整合到維修和支援。

視算公司將會變成三大公司之一的一個高層分支。你可以把視算公司看作相當於電腦工業中的跑車／工具車製造公司。這樣的生產線可以有很高獲利率，但必須要變成一個較大組織的一部分。將來在電腦業界不再會有能存活在安全夾縫中的公司，像是現在已經沒有能專攻二門轎車或四門敞篷車的汽車廠商一樣。你必須要變成一個有足夠分量的全球性公司。在我們這行業中，規模眞正是關鍵。

UNIX是資料庫的企業伺服器環境，爲大型硬體資料庫存、檔案伺服器、全球資訊網伺服器、保全伺服器等之用。UNIX的所有功能使得它成爲不拘大小企業伺服器環境的最佳選擇。UNIX也受到在強力桌上型電腦上使用CAD（電腦輔助工程設計）的工程師們、軟體設計師、華爾街交易人員等的普遍喜好，因爲它的多重處理能力很強。

在桌上機方面占上風的一直是微軟環境。在這環境下，我們給了每個人一個大型主機，放在自己桌上，或是像筆記本一樣可攜帶。一切都跟眞的大型主機一樣，只是少了旁邊必備的滅火器和水冷系統。你有一個檔案系統。你有一個磁碟機陣列（也就巨大的儲存容量）。你有一個32MB、32位元的多工（multitasking）、多緒（multithreaded）、對稱的多重處理，可變規模的桌上操作環境，再加上一個稱作軟碟的備份媒體，以及一種稱作光碟機的軟體傳播機制。所有的中間介面，設定參數，一應俱全。個人電腦就像指紋，全世界沒有兩台個人電腦完全一樣，因此對行政管理者而言，它們眞是噩夢。如果你想要孩子不吸毒，就給他們一套Windows九五，要他們把它裝設到家裡電腦上。這就會讓他們好長一段時間離不開家。

是挑戰也是機會：如何爲終端的電腦提出一組新的典範？這就是爪哇模式有道理的地方。你可以出售一種以爪哇爲基礎的電腦，沒有硬碟機，沒有軟碟機，沒有光碟機，沒有操作系統，只有最少的記憶體，然後你可以利用網路來儲存檔案、應用軟體、數據資料、電影、錄音、網路位址、保全措施、票據資料等等。所有這些活動都可以在一個伺服器的空間內處理，由一個受過訓練的人員操作。這說明了科技如何可被引導成爲一個被全部人使用模式。一個顯明的例子就是電話。如果我要給你一具電話機，我不會給你一個機器和桌上的一個開關，然後告訴你：「把這個開關的程式設計完成，把參數都設定對，把軟體載入這開關，在開關上自己寫一些軟體，把開關做好備份，再把這開關隨身帶著。」如果眞的如此，那麼我們永遠也不會打一通電話了。

爪哇網路終端機的新概念模式，就是在一個瀏覽器環境上執行的爪哇虛擬機器。你只需把機器打開，用滑鼠點選，你要的文字處理軟體馬上就下載過來了。你創造自己的應用軟體，把它傳回去，將它歸檔。你出門到網路上遨遊，隨便愛幹什麼就幹什麼，但你完事以後，一切就都已經儲存好，在伺服器空間裡置於妥善的管理之下了。你永遠也不會用完磁碟機容量，永遠也不必耽心電池電力不夠。你隨時可以聽得見撥號聲。

再想想電話。你拿起電話，而把聽筒舉到耳邊時還聽不見準備撥號聲時，你必然會生氣。拿這情形跟你的 Wintel電腦比比看。你心裡有一個小小的聲音對你慶祝：「好了，現在啓動了，今天沒出毛病。」假如它每天當機，其實它就是如此，而你又能救回每個檔案，你就會高興得要死。但你上一次電話（除了行動電話以外）打一半被切斷是哪一年的事，你那時心理是什麼感覺？

區別就在這裡。我們信仰這撥號聲的電腦概念模式，所有困難的工作都應該已經先替你做好了，這才是讓你能在桌上執行內容的概念。你仍然有微處理器的威力，完全爲你專用。有了爪哇你就不必去買英代爾。你可以購買一個晶片，專門做乘除法並且能接受虛擬指令集。你可以一次買四個，把它們串接在一起，把你的桌上機馬力加到極大。

你甚至不必攜帶一個筆記型電腦。你住進旅館房間後，在傳眞機旁邊，或是作爲傳眞機的一部分，就是一部網路工作站。你撥號接通，打給你的伺服器——在你自己公司裡，或是你的上線服務廠商——就登錄進你的伺服器空間。你下載你要的軟體。你不必耽心這網際網路終端機是誰製造的，因爲只要它能執行爪哇虛擬機器，你的應用軟體就會執行，你就可以瀏覽。你可以做任何你能在自己家裡電腦上能做的事。今天的問題是，如果你用UNIX，就不能用麥金塔；如果你用麥金塔，就不能用Windows；如果你用Windows，就不能用以上二者。但是在我們的環境中，一個電腦什麼都能做。

爪哇現象爲微軟創造了兩項挑戰。第一，爪哇終端機的概念等於是說：對於大部分電腦使用者，桌上電腦的操作系統是負值的附加價值。實在沒有任何理由讓我們血肉之軀的凡人爲一千萬行程式碼傷腦筋，目的只是爲了打進自己的名字。這種景象必然是有什麼地方不對勁。微軟的淨值有一大部分，是繫於讓人們綁死在桌上機的電腦概念模型上。第二重挑戰是，利用爪哇你可以用我所謂的「子集合」(subset)模式，製作一個桌上機的生產工具，然後放到網路上免費發行。

與此對比的，就是微軟所代表的所謂「母集合」(superset)的概念模型。一片光碟，一個集貨單元，一個測試單元，隨時在那裡給任何想要發行軟體的人用。地球上所有人類已知的功能都放進了這光碟片，此外還有一大疊手冊。你必須開動汽車，到店面去，把它買下，打開包裝，放進你的電腦，下載到硬碟機裡。然後你得搞清楚怎麼用它。對於每個人類已知的功能，你都必須要有一個母集合。

想想看爪哇 applet 所扮演的角色。你在你的網路終端機，也就是爪哇終端機前面的時候，你在文字處理軟體上點選一下，就下載一個只有四個基本功能的文字處理軟體。它用心臟跳動一下的時間就傳過來了，因爲程式碼並不長。它有四個功能：回頭刪除、刪除、剪貼、列印。如果我需要文字向右對齊，我就可以下載這額外功能。如果我需要拼字檢查器，我可以下載它。如果我需要一個新字形，我可以下載。這就是子集合：一種物件取向、規模可調節、結實、可增益的環境。

在這新的概念模型中，我或許可以免費獲得爪哇 applet。一些很厲害的程式設計者，單獨一個人就可以設計一個美不勝收的文字處理軟體，把它免費放到網路上，找到數以百萬計的使用者。然後或許麥當勞就會付給他每年一百萬美金，請他們把麥當勞的商標放在這 applet 的外框上，使得每次有人要用文字處理軟體時，就有上千萬的人看到這商標。甚至在這免費文字處理軟體的畫面上，可能會出現「想要此漢堡的話，請在這裡按一下」的按鍵。我寧可忍受這樣的免費軟體，而不要每年在微軟身上花費數百美元。我拿到的是我想要的應用軟體，還不需要說明文件。

這就對微軟每年數十百億美元的應用軟體生意造成巨大壓力。有了可能是免費，或幾乎是免費的爪哇 Office 或是 Word 或是 Excel，我們簡直是在壓迫微軟也花錢加入爪哇計劃。這些在西雅圖的人要做的事情可不少，又要放衛星，又要買下貝特曼檔案，又要把瑪莉蓮・夢露鎖起來，變成他們自己專有的品牌。他們現在一定很耽心如何維持這五百六十億美元的市場。我要是他們，也會很激動，假如是我負責想出辦法來的話。我相信這裡我們是占了上風了。

每一個包含了微處理器以及有網路埠的設施，都會在網際網路上有一個IP位址，因此能連接到網際網路上所有的設施和網路。它們能執行爪哇虛擬機器，可以執行內容，樂意在網路上瀏覽，可以從各網路下載內容，從任何地方，所有地方。這也就意味，每個軸心、每個路徑交換器、每個印表影印機、每個遊戲機、每個游牧電腦、每個桌上電腦、每個伺服器、每部汽車，只要你想得出的東西，全都將有一個網路埠。你可以為你坐在汽車後座的孩子下載一個電腦遊戲;他們玩厭了時，你可以下載另一個。如果你的汽車沒法發動，你可以下載診斷指南。所有這些可執行的內容，均可經過不同的網際網路IP位址下載給你。今天，平均來說，我們在地球上每個人所有的IP位址不到一個。依照我們的概念模式，人們將會各有半打或是一打IP位址。今天在歐洲的每具行動電話都有一個IP位址。這只是網際網路的一個延伸。

在昇陽公司內部，我們把大部分我們需要的資訊，發表在我們自己的內部網路上共享，用這網路來經營公司。我們有大約一萬六千五百位員工。我們每天收發兩百萬封電子郵件，所以這是最重要的應用。這也是人們溝通的主要方式。我絕對喜歡電子郵件甚於語音郵件。語音郵件沒法速讀，也很難列印出來。語音郵件沒法剪貼，也很難自然引用或拷貝別人的話。人們通常在大腦和嘴巴之間沒有什麼過濾裝置。因爲他們都不大會打字，所以就傾向於在大腦和手指之間有比較大的過濾篩選裝置。因此電子郵件讓你得到比較簡潔可讀，並可管理的東西。

昇陽公司的每個計劃自有其網際網路頁面。事實上，我們正在往讓每個員工都各有自己的首頁的方向走。我每兩個星期在昇陽公司主持一個麥尼利報告電台秀，用數位錄音然後放上伺服器。大家最喜歡的部分是我惱怒的段落，也就是我專門數說哪件最令我惱怒事情的段落。然後我們把電子郵件發給每個人。他們點選它，出現一張瀏覽器頁面，再在上面點選，就可以聽到聲音的廣播。我們用了全球資訊網、全球資訊網科技、網際網路、電子郵件科技等，來經營這公司。我相信，昇陽公司在十四年中從零成長到七十億美元，就是因爲我們使用了網路。

介面二：大家說

●**市場專家／泰德・里昂西斯**：我很幸運能在紅門跟昇陽公司密切合作。我早先來到美國線上時，有一天在接待室裡遇見麥尼利。他來討論一些很大的策略議題，但只帶一位當地的業務經理。實在很感動，看到億萬身價公司的這執行總裁，能夠在考慮大題目之餘，還親自來向我們兜售工作站。你不得不欽佩他。他是大開大闔的思想家，但他也能執行。

●**保守派／大衛・加倫特**：一方面我總懷疑昇陽公司憑什麼存活。它的市場是職業上對電腦有興趣的人，而這市場在電腦業界正在被排擠到周邊去了。UNIX是一九七七年左右發展的，現在已經死掉了。當時是個了不起的想法。另一方面，昇陽公司在善用爪哇時所顯示的細膩，也令人驚嘆不已。這可是個聰明得要命的公司。

●**實用論者／史都華・艾索普**：我把麥尼利當作惡作劇專家，他喜歡刺激旁人。他引別人生氣就很高興，但從來不是惡意的。

●**牛蠅／約翰・德弗亞克**：整個業界話最值得引用的人。他有一種很傑出的能力：總是能作出很有意味的觀察，同時也不大理會說出這些話的結果。他花費太多時間罵比爾・蓋茲。

●**理想派／狄尼絲・卡盧梭**：麥尼利給人的印象，像是個永遠長不大的淘氣孩子，但他眞是聰明得不得了。一九八五年時，我爲《電子雜誌》報導矽谷，這時昇陽公司推動了一個行銷計劃。稱作「網路就是電腦」——這在今天就是對全球性網際網路一個很好的描述。不管這口號是不是他發明的，他當時對未來可是看得奇準無比。我敢打賭連他自己都嚇了一跳。

●**寫手／約翰・馬克夫**：麥尼利是個了不起的生意策略家。爪哇策略是個妙極了的賭博，最後可能讓昇陽公司把整個微軟巨人擊敗。在電腦業界的最關鍵時機，他似乎變出了這麼一個把戲：開放式系統、SPARC，孤注一擲，使得他在工作站生意上持續領先HP、迪吉多、IBM之類的公司一步。

●**天才小子／丹尼爾・希利斯**：過去十年來，我幾乎每年總是聽說昇陽公司正遭遇大麻煩。但不知如何它又總是能維持領先。現在可以看清楚昇陽公司和史考特在高處翱翔，大家又開始猜測，他們怎麼這麼行。他們的成功是因能夠雇用聰明人，讓這些人冒險，因此能夠永遠領先於他們自己所犯的錯誤。

介面三：布洛曼說

「我喜歡競爭，」史考特・麥尼利說，「但是要照規矩來。公公平平，一切平等。我不喜歡我的競爭對手。他們選我出來負責，不是要讓我去喜歡我的競爭對手的。我拿薪水是要爲公司股東賺到股利，依照生意規則，依照商業規則，依照當地慣行規則，遵守道德、倫理、法律，但同時要能埋葬我的競爭對手。這才是我拿薪水被交付的任務，這也是我愛做的事。一份乾乾淨淨的合法體檢報告，跟踢進一球一樣刺激。」

我天生就會喜歡麥尼利。他自從一九八四年就是昇陽的執行長。我進到他辦公室，看到四面都是曲棍球棍和其他各種運動紀念品，馬上就知道他一定是曲棍球職業大聯盟的狂熱球迷。我青少年時的人生目標是爲波士頓曲棍球隊打左翼，所以我對麥尼利立即有親切感。但我是不是有點怕他，看他坐在這一大堆令人欣羡的曲棍球錦標中間？絕對不會。我喜歡這種挑戰，我願意跟他喜歡一樣的東西。

近來，麥尼利心上可不能只有曲棍球。他是這家網路電腦業界龍頭公司的主要動力。比較令人驚異的是他的另一個角色，一群世界級電腦科學家的領導者，他們不但對昇陽公司，也對計算科學的整體作出了許多重要的貢獻。你通常不會猜一個矽谷的企業家會發揚貝爾實驗室、全錄、通用、ＩＢＭ等公司研究中心的研發傳統。

然而，麥尼利卻聲稱他不是先知，而只是一個能夠把努力專注於一處的能幹生意人。「讓聖人跟科學家去預知吧，」他說。「我只是把人們認爲是正確的答案清楚陳述出來罷了。」在昇陽公司，有足夠的先知可供選擇。史考特說，可以找比爾·喬艾或高士陵（James Gosling）或艾立克·史密特（Eric Schmidt）或約翰·蓋奇（John Gage）或路·塔克，這還只是少數幾個例子。他的角色是詮釋並清楚陳述這些先知們的預言，把這些遠景轉變爲福音來傳播，並組織起資源，以善用當新科技造成「典範」轉移時所形成的空隙，這樣的典範轉移在電腦工業中大概每幾年就發生一次。「我是坐在高處大聲傳教的人，」他說。「基本上，執行長的任務是搞清楚先知的預言，而不一定是自己創造它。發展出一套能善用公司資源的計劃，讓董事會認可這計劃，然後執行，讓股東看到滿意的結果，讓自己下一年再連任。這就是我的任務。我決定誰是我的僚屬，授權給他，認可他的計劃，然後放手讓他做。然後我把自己其他的時間用來傳播這福音——我們要走的方向，以及爲什麼這樣做是對的。」

全球資訊網用的一種爪哇程式語言目前熱門，就是昇陽公司支持內部研發而獲利的一個好例子。爪哇原來由昇陽公司的工程師一九九一年開發，是一種高度互動的語言，讓使用者可以下載小應用軟體(稱作 applet)到任何類型的電腦上執行，利用所謂的「爪哇虛擬機器」。爪哇是第一個有「網路智慧」，以及能「獨立於平台」的程式語言。雖然自從昇陽公司創立開始，就認定網際網路很重要，但直到最近，昇陽才認定網際網路爲將來持續成功的主要跳板。網際網路的爆炸性成長給了這公司許多好機會，而它又能好好把握。爪哇現在正變成全球資訊網上程式製作的標準，爲昇陽公司開創各種全新的行銷契機。改變應用軟體和內容的製作方式，並且經由它們把網際網路傳送給桌上型電腦終端，爪哇爲昇陽公司改變了競爭的局面。在這方面，麥尼利正計劃追打他所謂的電腦界「桌上型的難消化品」，顯然是瞄準微軟了。

史考特·麥尼利是「競爭者」。

22

出版人

珍・麥特卡福 Jane Metcalfe

她知道如何刺激人的想像力，
提出讀者想看的內容，
找到廣告業主設定爲販賣對象的讀者。

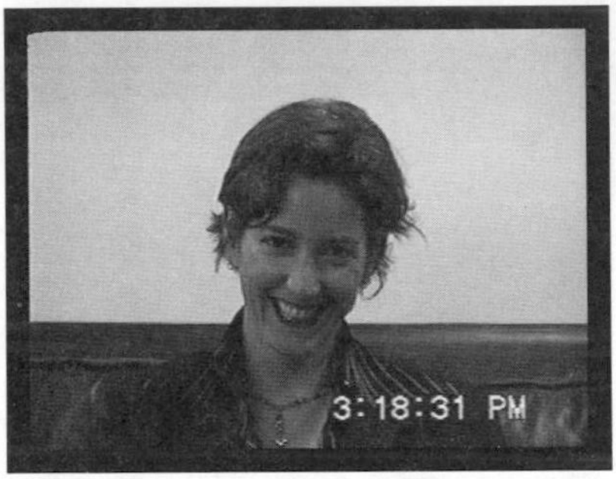

- 「連線創投企業」（Wired Ventures）創辦人之一兼總經理，現任《連線》雜誌社長，並任 EFF（電子前鋒基金會）榮譽董事。
- 《連線》雜誌出版之前，她在阿姆斯特丹的《電子文字》（*Electric Word*）雜誌工作。《電子文字》報導的內容都是一些當時的邊緣技術，如機器翻譯、字元辨識，以及語言辨識等。她一開始是廣告及銷售部主管，後來轉爲行銷主管，最後成爲聯合發行人。
- 畢業於科羅拉多大學（University of Colorado），主修國際事務。畢業後在巴黎一家時裝公司工作，把電腦引進公司作爲會計與目錄用途。

介面一：出版人自己說

羅塞托跟我在一九九三年一月間，合力創辦《連線》雜誌時，在全國媒體上唯一談到數位革命的人，只有柯林頓和高爾。我們漫步走到舞台上時，正是探照燈在到處尋找，有什麼東西能闡明新總統跟副總統到底在說些什麼的時候。《線上》脫穎而出，顯示出一種新方式來描述發生在我們四周的事情。同時，它也代表了一種世代變化：在政府和企業中，二次世界大戰領導人世代的結束，一個新企業家、技術人員、政治人的新世代來臨。我們在開始沒把它們分清楚，大大激怒了他們。他們尤其氣憤從舊金山出現重要的東西，而不是從紐約。開始時絕對有人表示害怕和討厭，而現在還有人埋怨我們的設計。但他們都閱讀我們的雜誌。

說《連線》討論的是媒體、電腦、通訊等的聚合，未免太簡化了。我們真正在討論的是社會的一個基礎變遷現象，由滲透到社會的每個層面的科技所領導的一種變遷。在實驗室中開發出來的科技，先被商業吸收，然後由商業帶著它，開始在整個社會中傳播。常常在這一階段時，有很多藝術家被吸引進來，開始探索它，宣揚它，伸展它，把它的極限推延，也用它來帶給公衆一些不同的信念。這種三叉頭並進的方式，受到了社會多種層面的回應。《連線》確實是在報導這種變化的。它由科技領導，被商業吸收，由藝術家散播，但主題不是科技。

全球資訊網很可能會變得比較像電視，而不像書籍，至少只要屏幕還是這麼令人容易疲乏的介面裝備時，就會如此。新科技不斷在線上出現時——快速傳播的音響，快速傳播的錄影——大媒體公司就會進來，我們就都會極力爭取全球資訊網用戶的注意力。全球資訊網的開始是文字基礎的學術空間。現在它要跟MTV相競爭了。在傳播理念和分析上，印刷還是極佳而多彩的媒體。雖然圖像在傳播某些理念時很強，文字卻讓你走得更深更遠。史都華・布蘭德說過，知識分子菁英，也就是有能力處理數位革命種種理念的那種人，將會取得主宰地位，獲得權力；但是我不敢確定，全球資訊網會是他們的媒體途徑。

電傳會議才比較可能是眞正傳播理念的媒體。看看今天各種商業網路吧。無論是福特，還是通用，還是三菱汽車，每個企業都有自己的內部網路，讓它們的專家以及高層管理溝通用。這類型的系統會越來越強勢。我很有興趣想看到，會不會出現一種系統，比較沒那麼商業取向，而比較專注於知識學術方面。一旦我們解決了傳播斷續、速度太慢等問題後，線上會議就會變成一種強力的媒體，可以承載大量的意見交換。線上會議在全國各地商店裡出現時，這力量就被帶給了民衆，把電傳會議轉變成一種消費式通訊工具。

電視已經深陷在一種大衆市場的心態裡，恰與特殊興趣節目和安全夾縫市場的爆炸成長現象完全相反。有意思的是網際網路和電視狹路相逢時會如何。決定結果的主要力量多半是網際網路，而不是電視，因爲觀衆將會從「我要在我選的時候看我選擇的東西」，以及「我要跟別人溝通」的觀點來看這事情。因爲電視受廣告業主的需要所支配，於是當人們當眞能在任何時間隨意選擇自己要看的節目時，這兩種媒體（電視和線上）將會作一決戰，以確定如何容納這些需要。

廣告廠商和廣告業主都想要擁有自己的內容，這是既有意味，又令人覺得恐怖的趨勢。廣告業主看到媒體世界非常快速地改變，被科技驅動，引導方向是內容的擁有者，而付費的是廣告業主們。他們很耽心，因爲他們被要求支持這媒體，但在很多情形下，卻沒法得到他們想要的，甚或想清楚他們到底要什麼。他們的反應就是要直接擁有內容。往後兩年裡，我們會看到廣告提供者概念模式一些新奇的實驗。其中一些可能會變成贊助藝術的力量，例如廣告業主對內容提供者說：「我們告訴你適合我們的是什麼，給你錢和出版空間發展你的理念。」當然，結果也可能是災難性的錯誤，如果行銷者幻想自己爲娛樂提供者，而不把注意力集中於想清楚他們目的到底是什麼：販賣他們的商品。如果廣告贊助廠商要操控節目設計的話，我就很爲內容編輯的自主性擔憂。我們的社會要眞正瞭解媒體，還有很長一段路要走。這樣的模糊了編輯和商業間的界限，是需要我們密切注意的。

出版者和廣告業主之間的關係現在也大幅變化。印刷、無線電、電視都是成熟的媒體，一般人也有很透徹的瞭解。媒體企業很清楚推出的什麼，廣告業主也很清楚它們要回收的是什麼。廣告業主知道如何衡量對廣告的反應，如何判斷是否値得付出。現在請你把這經驗移植到一種完全新型的媒體上，其中所有的老規則都已經不再使用，但你又沒有任何新規則。你啓動一個新的全球資訊網網站時，對於廣告業主的辭令是：「抓住我的手，我們一塊兒往下跳。」這是一種合作的經驗，出版者，也就是內容的開發者，說：「我能作的是這些。」廣告業主試過，然後說：「好吧，它沒用的原因在這裡。所以我下一步想要這麼辦。」我可不知道這樣的情形會持續多久，但如果你看看有線電視業界，MTV和CNN都花了很長時間才建立起廣告關係，才達到有利潤的地步。廣告不再是指一家公司請廣告代理爲他們刻劃公衆形象和訊息，也不是一家公司躲藏在排行榜或電視廣告後面。顧客和公司之間的障礙現在是越來越多孔隙。你設立起全球資訊網位址的同時，就要不斷改變，讓它保持新鮮。你必須顯示你是一家不斷有新想法的公司，你隨時回應顧客。否則你就僵斃在你變成博物館的位址裡，人們也不再進來訪問。這是對廣告代理商和業主的一大挑戰。

目前，全球資訊網上廣告的主要形式是旗幟（banner）。用滑鼠在旗幟上點選，就會把你直接帶到廣告業主的位址，或是到另一滿載廣告業主訊息頁面的。最大的挑戰是誘引人們到旗幟上點選。另一種我們越來越常看到的模式是動畫：會動的標誌或文字，傳播某項訊息，也可以經點選走到廣告業主位址。全球資訊網目前有一點像是有個直接行銷分支的電視，因此對於廣告業主而言也可以說是回歸到廣播的概念模式，但加上了後端補充的可能性。然而，這種資料補充實在不僅僅是接受訂貨而已。人們可以拿到產品規格，得到問題回答。你可以把他們和其他人的品味連起來，因而提出他們可能會喜歡的產品。顧客可以對生產者提供意見回饋、參與產品設計，最終是得到專爲他們特殊需要和品味而裁制的產品或服務。

路易・羅塞托描述全球資訊網或網際網路上的內容，說像是二十五年的公共電視節目。現在我們開始看到兩種不同的發展了。一種是新媒體作者的出現，他們自己製作影片和錄音，表達自己的經驗。另一種是媒體從業人員，有廣播、電影、音樂、印刷等方面的背景，從各種原媒體帶過來的知識性包袱，於是必須努力嘗試讓舊媒體適應新的。

到目前爲止，對於有電腦，能上網際網路的人，所有工具都很容易學會，當然雖然功能有限。任何人都能學會HTML。但物件取向語言的出現，像是爪哇，會導致複雜許多應用軟體的創造，於是你就會看到另一種分裂。學習HTML人數的爆炸性成長，各自創造首頁的現象是很可喜，但比起使用爪哇製作程式的工程師們，利用爪哇 applet 等動畫工具創作東西的刺激性，還是差得太遠了。將來還會有許多這種科技產品，原設計時只有工程師能使用，但逐漸經過介面設計的改變過程，變得一般大衆也能使用。同時又在開發下一版本的最新科技，使用起來很困難，因此沒法爲大部分的全球資訊網人口所用。

越來越多的人被鼓勵去使用網際網路。一旦在人們心目中達到某種臨界質量，則不論是程式設計者或廣告業主或使用者，都會自然落入他們的利益群體，形成比較容易指認出的族群。現在大家習於認定，網際網路使用者是十八到二十四歲的人，或滿臉青春痘的孩子，或是蛋頭研究人員。我認爲即使最開始時眞正情況都不是如此。網際網路上一直都有不可思議的多樣性，而這種多樣性現在也越來越變成社會整體的一種反映，而不僅屬於某種特定族群。

最近一份研究報告說，在網際網路上有二千四百萬人口，全球資訊網上有一千七百萬。我們現在開始看到足夠大的數目，大到能讓內容創造者說：「我不能爲所有的人提供所有的東西。我不能希望所有有數據機的人都會來到我的網站。所以我要從某個特定觀點來創造材料，目標是一個特定的觀衆群。」這就是一個令人鼓舞的徵兆。

然而，我們的網路世界仍然太均質。我一直在想音樂製作人艾諾（Brian Eno）所說的，電腦的問題是電腦世界裡沒有足夠的非洲。音樂家蓋博瑞（Peter Gabriel）也一直談到南北對立，以及科技和音樂如何能幫助彌補這鴻溝。把科技拿離開發這科技的那群人——主要是西方工程師類型的人——的實驗室，而把它硬生生移植到一個完全陌生的環境裡，會發生什麼情形？網際網路是一種全球性的通訊媒體，現在只被眞實世界裡佔很小百分比的人數使用。如果網際網路開始反映全世界眞實的情形時，又會如何？會很有趣。人們會開始大量討論訊號對噪音比，然後開始自動歸類，但網際網路這時候會改變，也會成長得比較快。

人們越來越是在追尋經驗。有這麼多種障礙和距離，讓我們求取不到經驗。我現在再也不看書了；我看書評。我不再聽現場演講；我在電視上看。人們急切地追求直接經驗。在某種程度下，我們可以用網際網路來創造經驗，打破那孤立在辦公大樓第二十八層的一個人，一台電腦的孤寂。這就眞正有意思了。根據經營網路咖啡館的人的說法，許多顧客進來付費使用電腦，其實他們在家裡都有網際網路連線，但他們出來是因爲要分享這經驗。這種趨勢開始在抗衡二十世紀把人孤立的科技。我們展望的是二十一世紀的大團圓經驗。

我大大冀望現在設計我們數位未來的人，希望他們所談論的和所關心的，會被他們落實在他們生產的產品裡。二十世紀有這麼多是科技在發展時沒考慮到它們的效應。當時有誰知道汽車會帶來高速公路，公路又帶來郊區及城市中心的死亡？想到汽車會帶來越來越嚴重的污染，拖吊、高速公路上的濫殺？如果說二十世紀末發生了什麼，那就是急迫地試圖前瞻未來，看科技如何被使用，它對社會產生的效應，並且我們如何能理性並有意識地應用它，讓我們社會再度團結起來，而不是讓社會的分裂惡化。我們都很清楚，MUD和MOO之類的東西、互動遊戲對社會孤立化所產生的效果，還有腕骨通道症候群、不育症、視覺疲乏、頸部肩膀酸痛等身體效應。這些已經被指認出的問題，大家可以針對它們防治。一旦我們拋棄了顯像器與鍵盤，經驗就會比較完整，然後我們可以分享。我們不再被一根插頭在牆上的電線捆綁在桌邊。這時我們就眞正開始分享經驗。

有人批評《連線》把商場人物放在封面上的作法。在我們族群中有些人感覺，在一個知識學術、藝術、甚或一個開創中的領域中，商業不應有地位。他們認爲，純研究和純藝術和純粹科學，都不應受到商業污染。一些非常公社主義和平等主義的人希望，網際網路會變成一種偉大的創造平等主義的媒體，其實這情形也正在發生。但是他們與商業的對立態度似乎又是一種老舊政治教條的殘留物，不肯接受市場是我們社會的一個主要影響力量。商業界的領導人物們，即使那些不能算是先知先覺的，掌握住巨大的資源，他們將會運用這些資源徹底改變世界。你必須要接受，市場的主導性是一種組織原則，並面對其後果，從藝術的立場和知識學術的立場。

介面二一：大家說

●**辨識模式高手／艾絲特・戴森**：珍的任務是對一個族群行銷，但屬於族群。她是這新市場中的一個傳統出版人。她知道如何刺激人的想像力，提出讀者想看的內容，找到廣告業主設定爲販賣對象的讀者；這也就是說，她必須完全投入，隨時感覺得到這族群的脈動。

●**先知／大衛・邦諾**：珍天生就會變成商業歷史上最偉大的女性之一。我看不出她的事業發展上會有什麼無形的最終限制。除此以外，她待人熱情，聰明、有趣。

●**法官大人／大衛・強森**：珍是電子前鋒基金會裡極度活躍並認眞貢獻的一員。我尤其記得她參與關於如何處理在華盛頓事態發展的某些次痛苦討論。雖然她的基本背景是商業，她卻能養成習慣，深思如何才是事情的正理，然後全心實行這正理。

●**天才小子／丹尼爾・希利斯**：珍並不只是記錄下《連線》文化而已，她幫忙創造了它。

●**催化劑／琳達・史東**：在許多方面，珍都可以說是《連線》雜誌的心臟。她是總裁，也是一個有效率的生意人。她的蓬勃精力是建立起這組織的核心。

介面三：布洛曼說

「你這本書裡有三個怪人。」「先知」邦諾坐在我客廳的沙發上，用責備的口氣說：我們正在用飯前酒。「怎麼回事，約翰？」

「激進前線」的領導人在質問我了，言外之意顯然是政治性地，間接地攻擊《連線》：這雜誌以這前線的觀點看來，有在目前成型中的數位文化裡提倡商品化的嫌疑。

「羅塞托和凱利都是顯然的選擇，」我解釋說。「羅塞托大家都知道是《連線》及熱線公司的共同創辦人兼總編輯。凱利是《連線》執行總編輯，也是一本關於數位革命的開創性著作《失控》一書的作者。」至於珍，我問自己，我當初爲什麼把珍放進這本書裡？

我第一次遇到珍——羅塞托的《連線》雜誌合夥人——是在坎城海邊，時間是一九九五年一月，場合是德國億萬富翁兼媒體鉅子，布爾達（Hubert Burda）博士場面鋪張的午宴。客人當中有十個左右年輕的德國企業經理，穿著深色西裝，人人手上拿著行動電話。坐在我左邊的是魏登費爾德（Weidenfeld）爵士，右邊是普魯士王子奧斯卡（Price Oskar，布爾達新媒體公司總經理兼「歐洲線上」的董事），德皇威廉二世的曾孫。餐桌對面，跟布爾達博士專注談話的，是一位雍容華貴的美女，雖然四周是一片浪漫氣氛，她卻完全沉陷在公事中，提出一個又一個發展和投資計劃。她的成功馬上看得到：八個月後，布爾達新媒體挹注了七位數的投資給熱線公司。

「珍是個勇敢的女人，」卡盧梭說。「在她出頭的這個領域裡，平常人們只要看到她這樣的人一眼，就會想：一個『靠美色過日子的』。但她恰好完全相反。在《老爺》雜誌的『我們所愛的女人』特刊中，珍被形容爲『我們最想與之交換電子郵件的女人』。像她這樣漂亮，這樣聰明，一定很辛苦。珍對《連線》雜誌的貢獻大概比任何人都大，雖然她大部分都是在幕後操作。」她或許沒有羅塞托這麼顯眼，但也是人人敬畏，每天努力點滴建造《連線》雜誌社的人。

珍對於數位革命如何使人更能實現自己未來憧憬，有相當深刻的思考。「你在社會中吸收的資訊，」她說，「將不再被割成零碎的小片，先由你的老師，然後再由全國性的媒體餵給你吃。它將會由許多不同的管道到你這裡來。你可以依據自己的興趣追尋，隨便走多深都可以。你可以把它跟其他私務連接起來，建立自己的整體觀，形成自己的意見，刺激自己的思想。這種想法眞是令人感到無比興奮。你可以從這麼多來源輕鬆地拼湊出一個整體，你可以發表、傳播，或以其他方式散播你的理念，對其他人理念所造成的影響，完全不下於全國性媒體或電影公司。」

珍在肯塔基一間小私人女校受教育。課程偏重理念，但仍舊能容納每堂五十分鐘的課，課程範圍不但廣泛，也適當地爲學生準備大學入學考試。珍認爲我們的教育系統已經跟工業、商業、經濟上的需要完全脫節。「目前，」她說，「爲學生準備上大學似乎已經不是教育的正確目標。資訊社會並不需要專會回答考題的人。需要的是會思考的人。媒體的需要，互動的需要，是要你能發展自己的思緒，學會如何平面思考，跟其他事物產生關聯。」

「好吧。」我說，回到我跟邦諾的談話。「珍在書裡，是因爲我想認識她。」

「答得好。」我們的先知說。

但好事並沒發生。

珍・麥特卡福是「出版人」。

23

網路大師

奇普・派倫特 Kip Parent

知道派倫特的人不多，
但知道他作品的人有好幾百萬。
他不需要成爲衆人注目的焦點，
因爲他是創造者。

・「萬神殿互動公司」（Patheon Interactive）」創辦人，未創辦這家公司之前（1996年8月前），是「視算」（SGI）公司電子銷售經理。
・萬神殿互動公司提供各種網際網路的服務，包括公司策略資詢，網路設計發展，企業內部網路架構設計等。客層範圍極廣。

介面一：網路大師自己說

許多企業界人士預言，全球資訊網將自行縮減，今日網路上百分之四十的公司在六個月內就會撤離。我覺得他們錯了，已經自行縮減的是互動式電視的研究，一旦經由有線電視寬頻TCP／IP廣播的技術發展成熟，互動式電視的研究就會和全球資訊網結合，成果遠超出一九九三年大衆對互動式電視的預期，我們將眞正能夠和這項新科技互動。

你可能會問：網景在未來這樣的局面將身處何地？眞正的問題在於比爾・蓋茲能成功地摧毀網景嗎？蓋茲可說是網景所面臨最大的障礙，但吉姆・克拉克也是聰明人，他天生具有將創造未來的人們聚在一起工作的本領。早在一九九二年，克拉克提出視訊計算（visual computing）的點子，他試著把這個新的點子賣給大型電腦公司，被惠普、IBM和DEC拒絕。爲此，他自創公司，並且從惠普請來麥克雷肯（Ed McCracken）主持。吉姆・克拉克只要有好點子就會去做，而自己卻不一定要擔任公司總裁，我認爲再過十年，他領先微軟公司的可能性大於百分之五十，網景目前這張牌出對了。蓋茲將打算以附贈軟體的方式把網景逼出市場。只是游擊戰術。要成功不是那麼簡單的。蓋茲沒辦法摧毀Intuit，因爲這項軟體立足點穩固，優點比微軟多，我不認爲他能攻下網景。

我們的「矽谷玩家」在一九九四年四月啓用，當時大概只有五個網址，無前例可循。我記得曾在書上讀到，第一次駕飛機環遊世界的人都是技師，因爲不可能有別人會做這樣的事。

由此看來，首次創造網址的人也必定是技術人員。在開始運作的前六、七個月，許多問題都和技術層面有關，幸運的是，我們從視算的檔案中找到許多高品質的圖像，最後我們放在網路上的內容，大部分都是用哀求、脅迫、誘騙的方式得來的，當時我們想說既然是視算，一開始就要有好的圖像才行。辛勞的結果相當值得，我們的網址立刻成爲媒體結合的最佳典範。

「矽谷玩家」的中心概念是讓人們看到在別處看不到的東西，讓大家問，我們圖像是怎麼做出來的，然後我們就可以回答：「是用某軟體在視算電腦上做出來的，你也可以如法炮製。」這樣顧客就上門了。此外，我們也在網路上宣傳客戶使用本公司設備的情形，因爲要吸引願意花三、五萬塊美金買桌上型超級電腦的客戶，得先讓他們了解競爭狀況，爲什麼用視算的電腦會比較佔優勢，如果他們要加強競爭力的話，就會選擇視算。

我們在網路上放的不只是平面媒體，事實上，我覺得網路這媒體較接近電視，典型的有線電視系統有三十至五十個頻道，觀衆覺得節目無聊時馬上可以轉台。全球資訊網現在有數十萬個頻道，一年後預估將成長至一百萬個，如果放上去的東西沒有想像力，網友也會轉台。

自作聰明說在網際網路上賺錢要花很長一段時間的人，根本不懂。我們在「矽谷玩家」上有一個「線索」表格（lead-generation form），客戶可以在表格上塡寫大名、感興趣的產品、預算、可能購買時間、自用還是爲公司購買、在公司的職位——所有業務員會問的問題它一手包辦。這樣的資訊相當具有價値，對我們視算而言，全球資訊網是開發高品質產品的最佳線索來源，事實上，我們正利用網際網路銷售桌上型系統。有些人喜歡網路居中當媒介，只要他們清楚自己要什麼，相信不必跟業務員談也可以爭取到好價錢，他們就會在網路線上購買。

型錄購物將加快人們轉以線上交易的速度。一九九五年，美國直接郵購業創下了五百七十四億美元的營業額，每兩個美國人就有一個曾購買郵購目錄上的產品。有人預期網際網路在公元二〇〇〇年前可創造十億美元的營業額，他們錯了，二〇〇〇年前，是一百億美元。二〇一〇年，型錄業者將發現自己根本無法競爭，網際網路的經濟效益明顯地佔上風。

舉例而言，一九九四年獲利爲十億美元的視算，印了一萬一千張三英吋厚的紙製目錄爲產品做宣傳，一九九五年我們的利潤成長至二十二億美元，但只印了一萬張目錄，爲什麼呢？一年前我們開始把應用軟體目錄放在「矽谷玩家」上，客戶可以在網路上看我們的目錄，並要求看分析（wind flow analysis），一兩秒之內，螢幕上立刻出現三十種相關應用軟體。這作法相當具有威力，同時也反映在公司的利潤上。

這是傳統的推力和拉力造成的結果：每兩週寄出一份目錄侵犯消費者，自然是強烈的宣傳，但「矽谷玩家」讓潛在客戶自願上門。我創造了一份經由電子郵件每個月寄給數萬人的出版品叫《艾利斯線上》（Iris Online），和一般產品目錄一樣寄到消費者的信箱。最大的不同點在於《艾利斯線上》直接和我的網址相連，消費者閱讀後可以用滑鼠點一下，就和我的網址連線了。我要消費者訂閱我們的目錄，這樣我才能引起他們消費的慾望，因爲電子郵件不需要花任何錢寄出或印刷，我可以花更多錢研究如何引發消費者的慾望。

我並不確定企業網路（intranet）這個詞，是不是我們視算創造出來的，不過，是我們開始用這個詞的，而企業網路也已經演變成今日最熱門的話題。它產生的原因，其實是由於視算需要這個網路以改善公司內部的訊息傳遞，公司內每個部門都有一個全球資訊網伺服器，企業網路爲我們帶來競爭優勢，因爲視算公司內部的網路讓公司同仁更容易交換訊息。

企業網路將大幅降低紙張的使用量，視算內部行政工作使用的紙張數量，已經降低百分之九十。我三年前剛到公司來的時候，每個新進員工都要經過四小時的初步訓練，當中一小時半其實是在塡寫表格，現在這些表格都在網路上，初步訓練的過程對每個人來說都快了許多，表格的內容馬上就可以用，又沒有浪費紙張的成本。今日環境改變如此迅速，很多資料根本還沒從印表機印出來就已經作廢了，印產品目錄的時候不知浪費了多少紙張。現在我們的產品線每十八個月就換新，要是讓業務員給客戶舊的目錄，我們的競爭對手可就有話說了：「他們目錄上明明寫著最尖端的產品是一百七十五兆赫，但是他們的業務員卻不是這樣說的，你到底要相信哪一個？」讓客戶懷疑對手，生意就成了一半。資訊要是在網路上，就可以立刻更新發表，因此，企業網路對任何型態的公司都有利，簡單地說，它就是一個更經濟的方法。

介面二一：大家說

●**先知／大衛・邦諾：**知道派倫特的人並不多，但知道他作品的人有好幾百萬，他不需要成爲衆人注目的焦點，因爲他是創造者。奇普很沈默但充滿衝勁，雖然他很年輕，但他知道如何激勵大夥一同工作，奇普未來一定大有作爲。

●**保守派／大衛・加倫特**：奇普・派倫特致力於使網際網路上的內容正當誠實，且成就斐然：他對待使用者一視同仁，遵守遊戲規則。誇大不實的訊息在網際網路上是個很嚴重的問題，要是照目前的狀況繼續下去，肯定會崩潰——網際網路過度推銷卻無法實現其承諾，派倫特對網際網路認眞和正直的態度相當重要。

●**力量／約翰・麥克里亞**：派倫特爲率先推動視算公司採用全球資訊網的人士之一，由他研發成功並親自管理的「矽谷玩家」，讓使用者即使不在辦公室內，也可透過網際網路接收公司傳遞的訊息。

介面三：布洛曼說

一九九三年三月初，派倫特爲瞭解CD和SGML等科技之出版應用而造訪歐洲，他在瑞士拜訪了歐洲核子研究組織CERN的伯恩斯-李（Tim Berners-Lee）。柏恩斯-李對派倫特說：「瞧瞧這個新玩意，我敢說這就是未來，全球資訊網。」伯恩斯李發明的網路系統以文件爲基礎，主要目的是讓粒子物理學家能藉此交換資訊。同樣在三月，馬克・安德瑞森首次發表他以視算公司的Indigo電腦研發成功的魔賽克瀏覽器，當伯恩斯-李向派倫特介紹這套軟體時，派倫特立刻脫口而出：「我就是要這個，我願意使用全球資訊網了！」

派倫特本來在惠普擔任研發經理的職位，轉至視算公司任職，目的就是要更深入探究最先進的高科技，視算公司當時正試圖建立和客戶間的「電子頻道」。

派倫特說：「我第一次看到全球資訊網是在一九九三年三月，當時我就認定它會演變為資訊高速公路，專利服務即將消失不見，但除了我部門的副總裁之外，視算沒有第二個人相信我的話，有些高層人士抱持姑且一試的心態，但也有人說互動電視才是未來大勢所趨，網際網路這一類的東西不會是主角的。」

派倫特告訴我們，當時視算正在評估一項穩賠不賺的專利服務：「我在那裡的前八個月，都在想盡辦法說服高層放棄這項計畫。整整八個月，我都在向公司的決策者說明我們應該使用網際網路，得到的回答不外乎『我們不能用網際網路』或『什麼是網際網路』。一九九三年初，業界以為網際網路惹起的風潮和九〇年代業餘無線電（俗稱「火腿」）無異，只有五分鐘熱度。」

今日的視算在網際網路發展方面居領導地位，而派倫特直到辭職，自行創立「萬神殿互動」之前，他專責管理視算在網路上的一切資訊，包括管理創新技術製作和電子銷售，研發以網際網路為基礎的新服務，代表視算至商展和資訊業會議推銷網際網路產品。視算曾獲得獎殊榮的網址「矽谷玩家」，也是派倫特一手建立啓用的，使用者造訪「矽谷玩家」的次數相當頻繁，許多書報雜誌也曾專文介紹。「矽谷玩家」得獎記錄輝煌，在一九九三年曾獲《互動年代》（*Interactive Age*）選為「最佳網址」。

奇普·派倫特堪稱「網路大師」。因我們和視算的技術合作計畫，我和邦諾曾有幸與他一同工作。上他的網站瀏覽資訊向來都是很有趣的經驗，派倫特在一九六五年就偕同沃霍爾、羅森柏格、奧登柏格等藝術家，創造了「跨媒體動態環境」（我給它取的名字）。我認爲網路是九〇年代的畫布，當中所展現的創造力不是藝術家所能成就的，而是像奇普·派倫特這樣的工程師，才能領導它的方向。

24

標準市民

霍華・萊恩戈德 Howard Rheingold

永遠比時代前進十年。他頑固，
不怕得罪人，有時反而害了自己。
這些特點造就了一位誠實的標準市民。

- 全地球電子連線（Whole Earth 'Lectronic Link）成員之一，自1985年該系統創辦時就加入該組織，所以一直參加各種網路發展實驗，網路被他視為虛擬社會的一個主要現象。
- 著有《虛擬社區》（*The Virtual Community: Homesteading on the Electronic Frontier*，1993）與《虛擬眞實》（*Virtual Reality*，1991），作品相當有趣且具說服力。爲《全球評論》（*The Whole Earth Review*，1995）與《千禧年全球目錄》（*Millennium Whole Earth Catalog*）的編輯，「明天」（Tomorrow）專欄作家。

介面一：標準市民自己說

網路關乎兩個層面，大部分人僅注意第一層面，就是網際網路上的主群組。現在不需要懂得古老的電腦代碼，只要看著圖像介面，箭頭指到要去的地方，用滑鼠點一下，你就可以進入羅浮宮遊覽，或從美國國會圖書館取得所要的資料，介面的突破讓非電腦高手也可以使用網際網路。

網路的第二個層面，出版發表的能力才是其眞正力量所在。每個月二十美元就可以從商業伺服器得到這項服務，用桌上型電腦和低價位的數位攝影機，就可以把文件和圖畫放在一起，簡單地格式化之後，用數據機把它們送上網路，全世界的人就都可以得到這份資料。因爲生產製造和經銷所需工具的價格已經大幅下降，改變了過去電腦網路僅少數人能夠使用的情形，就像歷史上印刷術使教會菁英之外的大衆也有識字的能力。

要是網路上沒有那麼多有趣的資訊，當然就不會有人喜歡上網路了。事實上，全球資訊網發展的前兩年，幾乎所有人都是因爲喜歡才免費把資訊放到網路上的。「業餘人士」聽來聲名狼藉，但大部分具影響力的媒體一開始都是人們由於興趣免費提供的。如果成千成百的人不繼續創造個人網站，如果我們看到的都是狄士尼、ABC、Sony和澳洲報業鉅子梅鐸版本的世界，網路就會變成一個相當貧瘠的媒體，和電視一樣影響力大，內容卻乏善可陳。

出版商投注資金於智慧財產和各項工具，使智慧財產化爲可以傳播散布的形式，這當中需要有森林、紙張、印刷機等工具。現今電子傳播的發展，使出版商和大型娛樂事業集團轉而將金錢投注於內容上，但眞正發揮影響力的是言談（discourse）。每一本書都有其閱讀族群，他們很可能閱讀某作家寫的每一本書，或是有關相同主題的每一本書，並且加以思考，如果他們能夠相互聯繫，就可以談論彼此的想法。未來不再是把內容賣給被動的消費者，而是創造一個環境，讓消費者能夠採取主動、彼此交談，對作家、讀者和出版商而言，由大衆世界轉變爲位元世界，重要的不是內容這樣冰冷的東西，而是連續不斷的言談流。

另一項事實是，只要按幾個按鍵就可以複製任何電子形式的東西，再也沒有人能以抄寫或複製圖像維生。你只要在網路上放個有趣的東西，別人就可以由他們的網址和你相連建立交通管道，你能夠擁有的不再是財產，而是讓使用者迫不急待造訪的名聲。這名聲是因爲你能夠維持良好的資訊而獲得，每天都得要花工夫培養，而且是不斷累積的，比喻成訂雜誌，比說成是買書來得恰當。

關於網路，常被問起的經濟問題是：我們能夠和龐大的觀衆維持穩定的關係，並說服他們付費嗎？也許網路提供的複製資訊和連結服務，最終將摧毀所有和智慧財產權有關的業務，除非我們能找出另一種方式付酬勞給創作者。著作權的觀念已經被淘汰，我們現在已經不能用過去的方式擁有智慧財產權，我們只能擁有明日的智慧財產權。

過去的智慧財產權以電影或書籍的形式出現，今日則是網際網路上連續不斷的言談流，當中仍然有一些技巧對兩者都適用。你可以偏激地說，與人相談甚歡的技巧，和莎士比亞、湯姆・沃爾夫等人的智慧不可相提並論，談話技巧不過是低俗喜劇演員的本領，是電視的延伸，而言談不過就是娛樂的一種形式。這麼說雖然有些過火，但也並非完全不正確。然而，在一流的思想家和作家之中，仍然有人不怕直接面對讀者和評論家，即席在電腦會議或網路聊天中交談，這是一項不同的技術。寫一本書或者一篇文章得仔細考慮遣詞用字，就像創作雕像要注重每一個部分是否完美。交談就不一樣了，你必須獨立思考，而且話一說出就像打好了字一樣，無法修正，你和聽衆間也沒有傳統作者所擁有的隔閡，每個聽衆和讀者都可以指出你的錯誤，對你的假設提出挑戰。

很多記者和作家都害怕打破作者和讀者之間的牆，這其實是非理性的。就記者來說，《紐約時報》或《時代》週刊的編輯，不應該受到所報導的產業遊說影響，但誠實正直的記者爲什麼不能在論壇上發表個人意見和他人爭辯，同時在以記者身分報導時仍維持一定的客觀性呢？這項技術需要有能力認知自己記者的身分，以及它所代表的職業道德和責任，而其他時刻可以就自己寫的文章和別人討論。這並非笑鬧喜劇，這就是言談。在言談的形式中會有明星和藝人，就像書報雜誌一樣。

因爲我整天都一個人坐在電腦前，過去也曾獨坐打字機前多年，我需要和其他人聯繫。大約十年前，有人告訴我可以藉著數據機把電腦接上電話，參加線上交談，當時布蘭德、凱利等人，剛創立「全地球電子連結」。我立刻就愛上了網路，不只因爲可以和有趣的人們聯繫，而且讓我得以練習溝通技巧。

在線上書寫就像是表演藝術，我每天花好幾個小時和其他人在線上進行有趣的書面談話，最後終於發覺一件重要的事發生了：不僅是我個人和少數知識分子，而是全人類有了一個新的溝通模式。如同早先出現的媒體，網路亦將改造人類文明。我寫了一本書《虛擬社區》向大家說明這項變化，尤其是對科技不甚了解的人。

就在我四處旅遊，向業界、傳播公司和各國政府宣揚我的理念時，一件有趣的事發生了。我開始覺得資訊傳播和權力之間的關係越來越淸楚，因爲我個人的思考和文章向來無關政治，所以出現這樣的想法連我自己都很驚訝。由事實可以看出，今日世界霸權並不在於毀滅性的武器，而是影響人們理念看法的能力，你如果想推翻一個政權，不需要攻打軍隊，應該攻下電視廣播台。我有能力把電腦接上電話網路發表聲明，甚至把警察在我家窗外打人的錄影帶載上網路，邀請衆人在我的電子布告欄談論這件事，根本上就是權力的轉換。

一九九〇年代中期，我們處處可以聽到有關資訊高速公路的廢話，大家不談權力轉換對民主可能產生的影響、社區和需要援助的人，也不談加拿大薩克其萬省的學校裡，小孩子現在可以透過網路檢索美國國會圖書館的資料，或者討論照顧老年癡呆症患者的醫護人員、尋求援助和社群的殘障人士。我們每天聽到仍是有關五百個頻道的陳腔濫調，狄士尼買下了ABC，大型娛樂公司提供下載錄影帶的服務，人們不必再走兩百公尺的路程去錄影帶出租店。我雖然不能說這是漫天大謊，但是絕大部分人從大衆傳媒得到的訊息，都是有關這項新媒體的錯誤認識，忽略其深度，見到的只是表面而已。

對於虛擬世界生活的批評正大行其道，重點是我們要了解將自然世界換為光燦奪目的電子世界所要付出的代價，以及虛擬世界的限制和缺點。虛擬世界創造了美好的景象，但當中缺乏一些人類生活的必需品。然而，有人批評說，坐在電腦前參與全世界線上交談的人生活不眞實。我認爲這種話太膚淺，首先，一個人無權評斷另一個人的生活是否眞實，況且世界上有數百萬人整天被動地接收電視裡的訊息，和使用電子郵件與地球彼端通訊的人相比，你能說這些獨坐瞪著眞空管的人生活得更眞實嗎？對許多人來說，網路其實是他們突破目前虛擬世界的一種方法。

我利用電腦過我想要的生活。天氣好的時候，我可以帶著電腦到戶外去，《虛擬眞實》和《虛擬社區》就是在我的花園裡寫出來的。過了二十年在小房間裡工作的日子，能赤脚到草地上、梅子樹下工作，讓我覺得無比舒暢。電腦與電子通訊讓我可以多花點時間在非虛擬的世界裡，經過一週在虛擬世界裡工作，瞪著電腦螢幕，身上累積了許多電子。每週至少一次，我不和電腦接觸，而親近植物。

介面二一：大家說

●**偵察員／史都華・布蘭德**：「全地球電子連結」之所以成爲一個社區，是因爲它有構成社區所須的樑柱，尤其是萊恩戈德。很少人注意到萊恩戈德寫的《思想工具》，這本書稱得上是談論早期應用電腦科學歷史最好的一本著作。

●**情人／戴夫・懷納**：萊恩戈德可能是網路界少數眞正誠實的人之一。

●**賢明人士／保羅・沙弗**：萊恩戈德是電腦空間的第一位市民。他因爲興趣跨入這一行，直到今天仍不斷求新求變。就像從前西部片裡開疆拓土的英雄一樣，人們聚集起來之後，他又繼續向前，翻山越嶺尋找下一片疆土。

●**牛蠅／約翰・德弗亞克**：萊恩戈德知道如何寫出受歡迎的暢銷書，他應該繼續以此維生。

●**催化劑／琳達・史東**：萊恩戈德將藝術、六〇年代和社會責任，與他在線上爲社區所做的工作結合，他具備無比的勇氣和膽識。

●**寫手／約翰・馬克夫**：萊恩戈德很了不起，但我擔心他可能服用了過量的迷幻藥。他迅速離開熱線（HotWired）的事値得讚許，我想這展現了他的優點。

●**先知／大衛・邦諾**：萊恩戈德扮演了一個極正面的角色，讓外界不再感到數位王國強大的威脅力。他稱得上是我們的傑出大使之一。

●**北美土狼／約翰・巴洛**：萊恩戈德對我有極大影響。我其實對科技沒多大的興趣，只想爲社區找個新的環境。萊恩戈德在「全地球電子連結」創造了樂迷對搖滾樂團「死之華」的死忠文化，他讓我看到一個社區的新地點。在電腦空間裡，他是我村子內的長輩。

●**電腦空間分析師／雪莉・特爾克**：霍華・萊恩戈德能見別人所未見，他知道如何向大家說明其重要性，爲什麼該注意這個趨勢。

介面三：布洛曼說

我認識霍華・萊恩戈德已經有十五年的時間了。他從一個謙虛寡言、心思細密的專職作家兼編輯，蛻變爲今日永遠比時代前進十年的閃耀之星，由他從頭到脚的打扮，搶眼的手工製皮鞋，配合電影「金剛」電視廣告的彩色套裝，不難看出他已經成功塑造自己的形象：發言人、溝通專家、名人、演講家、作家、思想家、智者，發覺人類溝通新媒介之潛力的先知。

早在一九九一年，因爲我在通訊刊物《邊緣》上發表的一篇文章，萊恩戈德和我就談過有關電子連結網路方面的問題，尤其是「全地球電子連結」（The Well）的概念。他是「全地球電子連結」文化型態的創始者之一，曾主持「全地球電子連結」上最早也最成功的一場會議，在諸多創造「全地球電子連結」文化與制度的主持人中，萊恩戈德的表現最爲傑出。

當時我的態度不如萊恩戈德積極，我承認「全地球電子連結」相當重要，但問題亦不少：品質不佳的UNIX系統使用者介面、不自然的人工會話禮節、缺少過濾——你不想見的人隨時都可能以電子訊息出現在你面前，電話號碼不受保護，沒有答錄機，沒有辦公室過濾電話和郵件。然而，從另一個角度來看，任誰都看得出「全地球電子連結」潛藏的生機活力。

法國思想家波底拉（Jean Baudrillard）在《複印和無限》（*Xerox and Infinity*）書中，有對「虛擬人」（virtual man）的一段描寫：「在電腦前無法行動，透過螢幕做愛，以電子訊息授課，變成痙攣性麻痺患者，甚至腦部發育不全，這就是效率的代價。就像有人認爲，眼鏡或隱形眼鏡有一天可能會從彌補缺陷的工具，變爲必需品，而人這種生物也就失去了凝視的能力。所以，人工智慧和輔助科技也可能會從輔助變成必須，可怕的是到時人這種生物就再也不會思考了。」

對我寫的那篇社論，萊恩戈德的回應是，「全地球電子連結」的使用者，已經提出新的科技輔助式社會契約，擁有科技本身做不到的功能。我們在康乃狄克州華盛頓市談話的時候，他還提出下列看法（時間早於大衆普遍使用全球資訊網五年）：

一、「全地球電子連結」是溝通的過濾器，也是資訊的過濾器。

二、傳播革命將爲個人帶來大量的資訊和溝通資源，以及建立新社群的能力。

三、「全地球電子連結」、網際網路，以及全球各地相連結的網路用戶，將成長至上千萬人。主要的網站和部分區域網路將升級爲光纖頻道，多位元傳輸速率將促成多媒體會議、視訊電子郵件與其他高密度資訊交流的發展。

四、似乎有兩大趨勢反向發展中：第一，全世界有愈來愈多人得以和擁有共同興趣的夥伴接觸；第二，對隱私權的威脅日增，先進科技可以監視通訊，所以有人建立「排外社區」，透過智慧卡或類似裝置指明哪些是不得進入社區的人，即使有權使用先進通訊設備的人，也可能發現，自己的設計居然以極微妙的方式損害自己利益。

五、創造過濾器的前提，是要先釐清什麼是相關的資訊。

從以上的文字，你可能會認爲萊恩戈德是科技的領導者。事實不然，他和本書中其他「數位英雄」不同。萊恩戈德也許是唯一的「異類」，他關心自家花園的程度遠超過對電腦和數據機的熱愛，這個世界就是他的工作站。

萊恩戈德一直認爲自己是作家，一九八四年他於著作《思想工具》一書中，暢談對資訊革命的看法，至今仍是有關現代科技的最佳論述之一，他在書中說道：

「毛毛蟲要蛻變爲蝴蝶之前，須經歷獨特的生理變化，古代觀察家就指出，人類接納新知的過程和蛹蛻變爲蝴蝶的變化極爲相似。事實上，希臘文中，蝴蝶和靈魂都被稱爲"psyche"。」

「毛毛蟲把自己用絲包裹起來之後，生理上就產生巨大的變化，成蟲細胞和正常毛毛蟲的細胞幾乎完全不同。很快地這些成蟲細胞就開始影響附近的其他細胞，成蟲細胞在蛹身體裡的每一個部分製造菌叢。毛毛蟲的細胞隨之開始死亡，新生的菌叢連結起來形成了蝴蝶的身體構造。」

「就在某一刻，過去在地面爬行的毛毛蟲，細胞蛻變之後重新組合。蛹當中飛昇而起的，成了春天空中五彩繽紛的蝴蝶。」

「未來人類和電腦之間的關係，如果是正面的，可能可以說，資訊文化正處於成蟲細胞的階段——八歲小孩的夢想未來可能成眞。」

「假設原始人類的頭腦和猿猴之間的差異，始於人類懂得使用石器，而後事實證明，人腦有能力創造聖經故事、蒙娜麗莎畫像、賦格曲等高層次的文化、藝術。如果個人電腦一開始是爲了輔助計算發射飛彈的數據，那人類擁有低成本、功能強大的電腦和自行組織傳送的網路之後，就等於對任何中央集權的科技暴政有強大的防衛能力。」

「永遠比時代前進十年」的萊恩戈德，說自己是個「硬頸子的猶太人」。他頑固，不怕得罪別人，有時反而害了自己。這些特點造就了一個誠實的模範人類。

霍華・萊恩戈德是「標準市民」。

25

海盜

路易斯·羅塞托 Louis Rossetto

《連線》的成就不是一夜間的奇蹟，
它背後包含不可勝數的辛勞、熱情和冒險精神。

- 《連線》雜誌（*Wired*）創辦人之一，目前是發行人兼總編輯；「熱連線」（HotWired）的編輯與發行人。「連線創投企業」（Wired Ventures）的董事會主席及最高執行長。
- 1994年被「專業記者學會北加州分會」選爲年度記者。
- 1989年創辦《O》雜誌，任總編輯。《O》雜誌是一本荷蘭版的生活雜誌，1986於荷蘭創辦《電子文字》（*Electric Word*），這是一本電腦雜誌，是電腦出版品的一大突破。
- 曾寫過小說《接收》（*Takeover*）；在阿富汗戰爭時期，曾經爲美國ABC電視公司寫影片腳本，當時也替《基督教科學箴言報》寫報導。

介面一：海盜自己說

全球資訊網同時扮演多重角色。它是傳播者，是商業，是媒體。我們的熱線計畫，事實上是網路上第一個由廣告贊助原創內容的網站。在熱線推出之前，大家都擔心網路是否能接受廣告。《連線》的創意總監布朗克特（John Plunkett）和庫爾（Barbara Kuhr），創造了熱線的廣告標語，現在已然成爲業界標準，熱線比網景推出第一個網路瀏覽器足足要早一個月。

我們是網路前鋒，因爲我們相信熱線是互動式媒體的雛形，而互動式媒體未來必定成爲主流媒體——不是光碟，不是互動式電視（還記得互動式電視嗎？），是網際網路上的互動性。而全球資訊網將成爲最主要的傳播通路。五年之內，全球資訊網將成爲全世界四分之一人口主要的資訊和娛樂來源，不要二十年，它就會擴及全世界每一個人。

藉著全球資訊網，我們可以使用各種類型的媒體：聲音、文字、動畫和靜止畫面，我們可以把它們以互動方式組合起來，再加上創作者、發行人和參與的使用者。網路上最主要的部分就是使用者，它們不是被動接收資訊的人，而是影響內容和針對內容的對話的眞正參與者。

今日網路的發展仍處於初步階段。對大多數使用者而言，頻寬仍相當有限，所以我們能夠傳送的資料形態雖然廣泛，仍受到限制。我們不能傳送半小時的錄影帶或一張音樂專輯，因爲下載所需時間實在太長。這些限制未來會有所突破。

未來的變化等著我們去**發現**。我特意用發現這個字，因爲我們不是在發明一個新媒體，而是發現一個新媒體，就像路易斯（Lewis）和克拉克（Clark）沒有發明路易西安那州，他們只是開創了一片新天地，他們所發現的，和我們正在發現的，是一個具有廣大潛力的空間。

假使提供線上服務的業者能夠成爲具競爭力的網際網路提供者，未來仍然看好，如果他們無法順利轉變，那他們將走入歷史。線上服務業者過去的獨特定位是提供容易使用的介面通往電腦世界，過去我們只能用DOS指令進入網路，線上服務一推出就迅速成長，因爲他們明顯地使連結變得更容易。然而，現在網景和微軟的瀏覽器使全球資訊網成爲通往電腦世界的新介面，線上服務獨特的賣點因而消失。

線上服務業者喜歡把自己當作內容提供者，那是錯誤的想法。他們是內容提供者的主人（同時也拒絕了許多可能擴大使用者規模的內容），但是他們本身並不提供內容，就像戲院老闆不該以爲自己同時經營製片廠。媒體不是那麼簡單的。

每個人都在談論內容，每個人都說：「內容是我們提供的，讓我們重新界定內容的定義，消費者想要看內容。」錯，我們所稱的內容其實大部分是生硬的資料，而人們絕對不想看生硬的資料。他們眞正追求的是情境（context），他們希望生硬的資料能經人類意識過濾，經別人的意識過濾，幫他們做一些自己做不到的事：加上想像或分析，再以具有娛樂效果或價值的方式傳送。我們眞正要看的是創意人爲它加上的價值，創作者自世界擷取原始資料，加上他們自己特殊的精華調味，再送給最終的使用者。互動性使傳送更爲便捷，當今最受歡迎的媒體電視仍屬於單向的發射，你坐在電視機前，它就對你發射，除非你不斷轉台。你不能從電視上取得想要的東西，只能得到電視在某一時刻想要給你的東西。

互動性使你和資訊與情境間的管道更爲便捷，讓你想要獲得資訊的時候就能得到。更重要的是，互動性讓身爲內容創作者的你，能夠和其他內容建立起關連，把你的東西擺在別人的作品中，加深你的分析和情境與其他人的關連，也讓你對發表的分析有聯想性（因此也較深入）的瞭解。

互動性的第三個優點，是能夠和一開始就使用這個情境的人連結。你不再是被孤立的消費者，被動的吸收者。今天、明天或昨天，你和其他正在體驗，或者已經體驗某一特定作品的人連結。你成爲這個社區的一部分，不只和創作者或傳送工具對話，也和其他對此特定作品有興趣的人對話。網路眞正的力量在於互動性，因爲互動性創造了社區並且聯合社區內的使用者。互動性讓人們對作品、主題、趨勢和當中的想法產生興趣，同時讓作品有生命，不斷進化，維持使用者的參與程度。

我對於回饋創作者的方式和一般人持完全相反的意見。一方面，政府對於智慧財產權給予獎勵而造成獨佔，似乎根本上就是一個錯誤的社會決定。我們都在人類意識的大海中泅泳，有些人比較快想到解決之道，但這些解答是所有人社會參與的產物，我覺得將利益給予第一個發現解答的人是不公平的。而另一方面，我也不能否定「我們必須回饋首先發現新點子的人，才能鼓勵新發現」這樣的社會論調，這對整個社會都有益處，除非大家希望這些發現保密，推延一些時間再讓社會大衆使用這些新發現。就理性的層面，我腦海中至今仍處於爭辯狀態，無法獲得解答。

即使在商言商，我仍然感受到自我內心的衝突。熱線是一家公司，當然希望所作的工作和提供的材料能得到報酬；另一方面，許多人爲熱線工作，在上面寫東西或與別人合作產生新的東西，因爲資訊可以傳播複製，要計算所有使用這些智慧財產的人，會是一個相當複雜的問題。我們需要保護自己的智慧財產權，讓創作者權益受到保障，並且以適當的方式回饋他們的努力，同時又不至於影響熱線的運作，在二者間尋求平衡，目前仍是我們的目標。

不管我們怎麼想，事實是全球資訊網上的東西很容易就可以被複製。這一點有利有弊，缺點是智慧財產所有人無法獲得作品被複製後應得的邊際收入；就好的方面來看，作品容易被複製有助於宣揚你的名聲，未來就更容易被市場接受。這意味將來智慧財產的付款方法會是爲經驗付費。艾絲特·戴森曾表示，未來你可以一對一的方式修正或更新，不斷增大這份經驗而獲得更多的報酬。彼得·蓋博瑞的專輯在印尼被盜版，有人問他對智慧財產權的看法，他說：「我去印尼辦演唱會，藉此拿回我的利潤。」

今日的互動式媒體亦反應出過去對業餘無線電的狂熱。人們對這樣嶄新的玩具著迷，不論是公司或個人，不論是否了解建立網路頁面所代表的意義，或媒體到底能做什麼。任何人都可以在網路上建立自己的首頁。於此同時，網路上也產生了一種對媒體的新看法，這就是我們要參與的。全球資訊網是一個出版園地，這個環境能夠產生其他人有興趣參與使用的媒體產品。這也是熱線的目標。

工具和經驗不斷增加之後，網路上的商業行為最後也會開始興盛，我認為許多公司最後必然會將大部分業務移到網路上來。昇陽公司過去曾說網路即電腦，現在它還是抱持同樣的看法；當今許多公司也都注意到這個趨勢。航空公司的飛機每天飛來飛去，燃燒大量的飛機油料，但資訊網路才是促成航空業興盛的原因。自從飛達快遞推出隔日就可以專人送貨到府的服務，不曉得有多少家倉庫歇業，又有多少家新的公司因而建立。這些都還只是個開端，有形世界裡許多被視為重要的事物，將轉移到網路上非實體的世界裡來。

一個簡單的例子：出版《連線》最大的花費在於印刷和寄送，如果能夠排除這筆費用，那我就有更多的資源可以投注於內容上。這在有形的世界裡對每個人皆然，尤其是他們有辦公室、倉庫、零售店面或和客戶接觸的場所，讓UPS的卡車在路上行動，以無線通訊設備和全球衛星定位測量（GPS satellite）與總部聯繫，比建造有形的店面要容易得多。我們的商業行為有一大部分將移到無形的電腦空間裡，背後有強而有力的經濟理由。

工具不斷出現，新公司創立，聯盟產生，大企業也開始轉型。最大的兩家廣告客戶，通用汽車公司和寶僑清潔用品（Procter & Gamble），已經承諾將利用網路廣告他們的產品。Intuit集合十九家銀行參與電子支票簿付款系統。大通銀行（Chase Manhattan Bank）併購了化學銀行（Chemical Bank）。威爾思・法歌銀行（Wells Fargo）併購了第一州際銀行

（First Interstate），二者皆因此關閉許多家分行。Visa卡開始引進電子現金（ecash）。飛達快遞也登上網路服務。Amazon.com.以一家書店躋身最成功的網路企業之一。你如果要賣有害廢料，可以在網路上找到市場。證券交易協會已經准許一家釀酒廠在網路上出售其公司股票，不需要承銷商，也不需要投資銀行。我剛收到一家海外線上銀行的簡介。不論你身在何處，數位革命正在發生，五年後，我們現在的談話就會因爲過時而顯得怪異。

大公司不需要發明未來。他們有能力購買未來。也許是某種驕傲，許多大公司都覺得，他們在網路初期不需要涉入開發的風險，因爲最後他們必須涉入時可以去購買問題的解答。就像嘗試把一位不知名作家寫的偉大著作賣給出版社，出版商寧願讓別人出版這本書，等經過市場驗證之後，他們再買下其他附屬權利，即使這時候他們可能要多付十倍或二十倍的價錢。媒體這一行絕對是如此，很可能對其他行業亦然。目前尚未進入互動式媒體，或是已經行動但一直抱持猶豫態度的出版公司和傳播業者，現在看到牆上的業績和目標都會變得更積極。

大型投資銀行也認爲，互動式媒體會是未來五年傳播業成長最快速的一支。MCI電話公司開始將他們經營的業務視爲貨品，轉將現金投注於經營內容的公司。我覺得互動式媒體界的活動將逐漸擺脫以往研發的形態，轉型爲眞實的商業行爲。一個眞實的傳播市場正逐漸成型，許多人看到當中的商機，因而希望參加這新的遊戲。

數位革命將產生深遠的影響。五十年前，耶穌會的哲學家德日進（Teilhard de Chardin）

說過，科技是進化過程中不可或缺的一部分——就像雞不只是製造出更多雞的DNA，也製造了更多的巢。數位科技和網路不只是人類，也是整個行星進化過程的一部分。我的同事凱文・凱利，就形容數位革命是「地球把自己用腦袋包裹起來」。

整個行星將形成一個網路，十億腦袋將連結起來。對人類和這個星球都會有深遠的影響，絕對和歷史上發生過的事不同。

有人說我像是在勸別人改變信仰，但我說的話絕非空穴來風。就像有人看著地平面颱風迎面而來，對別人說：「哎，有暴風雨來了。」我的話是一點也不假的預言。

電腦是人腦的應用，而網路就是外在的神經系統，將整個人類連結起來，創造一個活生生的人類意識。我要說的就是：注意正在爆發的未來。想想看未來會如何影響你的生活。

介面二：大家說

●**先知／大衛・邦諾**：羅塞托早就料想到，數位文化不僅僅是一種次文化，它是主流文化，所以他創造了《連線》。接著他非常前衛地將廣告賣給主流公司：絕對伏特加（Absolut Vodka）和釷星汽車（Saturn）。斯莫克（Smug）電腦出版公司認爲賣廣告並不可行，讀者不會支持的。但事實證明羅塞托是對的，斯莫克錯了。

●**保守派／大衛・加倫特**：《連線》試圖讓大衆覺得它的內容很淺，但事實不然。《連線》常有很好的內容，我覺得它的出發點相當有意義，若能加上些嚴肅的內容就更好了。

●**神童／傑倫・拉尼爾**：《連線》不是像書一樣用讀的，它是用看的。《連線》把電腦文化帶到光亮的地方，但是還不夠遠，雜誌裡仍然充斥著許多奇怪的權威想法，卻向來乏人質問。《連線》每期都有一篇文章，論述電腦內的抽象世界和電腦外的世界無異，差別只在於電腦還不夠好。這樣的想法減損了生命的價值，因爲電腦畢竟是程式設計出來的，而電腦外的世界充滿神祕，是自然組成的。把電腦和眞實世界之間的分野弄模糊了，那眞實世界就變得索然無味，人就成了遲鈍的電腦痴。

●**寫手／約翰・馬克夫**：《連線》自認爲它是網路文化政治正確度的裁定者，我不欣賞這種態度，因爲《連線》裡的人也都有偏見。況且其中的見解並非獨家。不過，他們有時候的確較一般人先知先覺，這方面倒是令人讚賞。

●**天才小子／丹尼爾・希利斯**：羅塞托思考深入，觀察現況，注意趨勢。他不常發表意見，但是他說話時，你最好仔細聽。我想他不見得是害羞，也許是深思熟慮。他經常聆聽並且觀察，聆聽能學到的東西比高談闊論要多得多。

●**實用論者／史都華・艾索普**：我覺得羅塞托不喜歡我，很可能是因爲他忽視了我的存在，他根本不曉得我是誰。我覺得他完全不懂得與人交際，我寄給他的電子郵件他從來不回。羅塞托曾經給我看過《連線》的商業計畫，我說：「這不會成功的。」

●**政治家／史蒂夫・凱斯**：他似乎是個矛盾的人。一方面，他很高興《連線》如此成功，就像滾石樂團一樣，風靡使用網路的這一代；但另一方面，他讓人覺得他已經厭倦各種誇大不實的傳言，寧願沒人理他。

●**製作人／李察・佛爾曼**：現在我已經超過六十歲了，我想該有資格說「我當年就認定……」。大部分人都知道《連線》，我想到的則是路易斯和珍早期的一本雜誌叫《電子文字》，敲開了電子出版業的大門，之後才有《連線》，《連線》的成就不是一夜間的奇蹟，它背後包含不可勝數的辛勞、熱情和冒險精神。

●**標準市民／霍華・萊恩戈德**：我如果曾經替一個混帳老板工作的話，我就會自己當老闆。羅塞托讓我了解到，一個編輯只有在當發行人時才眞正擁有創意的控制權。

●**賢明人士／保羅・沙弗**：羅塞托讓電腦空間大衆化，不再限於少數菁英使用，讓所有願意參與的人能夠親近其概念。

介面三：布洛曼說

路易斯・羅塞托在和我玩遊戲。一切都要從一九九五年春天說起，當時路易斯正開始感受到有人攻擊他創辦的連線社區。

八〇年代末期，羅塞托在荷蘭阿姆斯特丹主持《電子文字》雜誌，這份雜誌是在一九八六年創辦的，內容著重在資訊處理方面。一九九一年他帶著一份創辦新雜誌的商業計畫回到美國，但羅塞托和他的合夥人珍・麥特卡福得到的回應相當冷淡。經過一年內無數次被拒絕的經驗後，他們才找到第一位投資人，尼葛洛龐帝一人投資了七萬五千美元讓他們創業。四年之後，《連線》的成功勢如破竹，產生了以下數個相關企業：商業網址熱線（HotWired），出版本書的硬線公司（HardWired），耐特森（Netizen）網址和電視節目，以及連線公司旗下無數個國際計畫。

羅塞托創造了「連線文化」。我不贊成有人說他打進了一個原先就已存在的文化，是羅塞托發明了連線文化，讓他和六〇年代《滾石》發行人珍．韋納（Jan Wenner），以及八〇年代早期《PC雜誌》和《PC世界》的發行人邦諾平起平坐。這樣傑出的表現也使他成爲某些人忌妒的目標。一九九五年羅塞托連續三個月以企業界領袖爲《連線》的封面時，許多對金錢和商業行爲持負面看法的人就開始攻擊他（事實上，本書所採訪的部份對象當時也曾批評路易斯）。這些批評有時是惡意的粗話，當時甚至有些《連線》的讀者，都認爲連線文化變得粗劣且商業化因而卻步，他們覺得自己的雜誌和文化被出賣而十分憤慨。

羅塞托該怎麼辦呢？我就在此時加入戰局。

一九九五年春天，我因爲寫了《第三類文化》一書而被《連線》訪問，原本預定是一頁問答體的訪談記錄。根據我在《連線》的祕密間諜「深度磁片」（Deep Disk）說，就在截稿前夕，羅塞托召開了編輯會議，親自下令，今後《連線》必須採取立場領導文化，新的政策採取知識分子路線，並宣揚有趣的新觀念。根據「深度磁片」的說法，羅塞托講完那一番話後，喊了一個最近三十年來全世界人遇到難關時都會喊的名字：「布洛曼（Brockman）！」

一個月後，一九九五年八月份的《連線》上不僅有我的訪談記錄，還有四頁以羅塞托稱爲「心靈手榴彈」的風格製作的圖表，其中還取了一句我的話爲標題。除此之外，羅塞托個人並且親自爲我的訪談寫粗黑體的標題：「第三類文化代言人：約翰・布洛曼是新知識菁英中的奧維茲（Michael Ovitz）。」

很精采，路易斯。不提雷史東、法蘭克・彼安帝（Frank Biondi）、雷・史密斯（Ray Smith）和布利爾（Steve Brill）等人，卻把矛頭轉向娛樂事業重量級人物麥可・奧維茲——創意藝人經紀公司（Creative Artists Agency）總裁。「路易斯想幹什麼？」我自問：「爲什麼說我是奧維茲呢？」

事隔一年我仍覺得困惑。向希利斯請教這個問題，當時他和奧維茲都已經到狄士尼工作了。「這對你還好嘛，但是對麥可呢？」他爲自己的新老闆問道：「如果說約翰・布洛曼是新知識菁英中的麥可・奧維茲，你想麥可會甘於當每個人心中的麥可・奧維茲而已嗎？」

因爲羅塞托撰寫廣告文案的才華，現在我說出來的話廣受大家注意，也因爲同樣的理由，他新成立的硬線出版公司，戰勝了紐約多家出版公司而獲得本書版權。

路易斯・羅塞托是「海盜」，而我呢？像貝克特（Samuel Beckett）在《無名》（*The Unnameable*）中所寫的：「我在話裡，用話做成，別人的話……我就是這些話，這些陌生人。」

26

賢明人士

保羅・沙弗 Paul Saffo

他不但是未來學者，也是現在學專家。
因爲他了解當前的變革，能夠描述這些變化，
並且爲所有人釐清變化帶來的意義。

- 「未來研究中心」（the Institute for the Future）所長。
- 「未來研究中心」係一基金會，位於加州，已經有29年歷史，爲《財星》雜誌的100大企業提供諮詢服務，分析新科技對社會與商業造成的衝擊，試圖理解電腦與消費性電子產品通訊產業交會後產生的結構變化。
- 偶爾爲《連線》、《資訊世界》等電腦專業雜誌撰稿。
- 曾被《*Utne Reade*》雜誌選爲「1995年度一百位可以改變你生活的夢想家」（100 visionaries who could change your life）之一。

介面一：賢明人士自己說

毫無疑問地，當代最重要的大事是雷射創造的使用權（laser-enabled access）。過去個人使用資訊，現在更重要的新使用權不再是人使用資訊，而是在資訊充斥的環境中，人使用人。全球資訊網的存在證明了這個趨勢，但「多使用者領域」（MUDs）這樣的社交園地，將會成為下一波趨勢。

在這場前所未有的革命中，我們隨時都要避免掉入模糊的烏托邦概念，認為我們的生活將會變得更好。目前網際網路的確是民主開放，每個人都可以使用的，但可以確定的是，防護牆、壁壘、密碼和排外區域，將隨著網際網路日趨成熟而產生，未來將會產生外人不得進入的菁英環境。另一個極端是不應該交談的人會開始密切地談話。把極端保守主義者和持相反論調的人放在同一個空間，不見得是件好事，這樣的溝通缺乏建設性。這不是烏托邦，反而是社交炸藥，當中的不確定性太高，即使大部分的結果是正面的，仍然會有負面的影響。

目的重建（repurposing）是過分簡化的概念，目的重建充其量也不過是因為企圖進入新的媒體，找出會引起大衆興趣的方法，而過分利用傳統媒體。我們曾經把舊的廣播節目改編成電視劇，但這不足以讓消費者產生興趣。在我們根據電視的特性設計新的內容後，電視才開始興盛。比目的重建更重要的，是如何使舊的故事、舊的點子、舊的主題獲得新生。在新媒體上受歡迎的故事，是過去在舊媒體上不見得成功的東西，也許是故事比那個時代先進，或是媒體和故事本身不合。因此舊的東西都得藏起來，像鑽石般隱藏在巨大的資訊智慧礦藏中。

用今日的眼光來看，有時甚至認不出這些鑽石。我認爲智慧財產應該保留，但不要立刻就把它鍵入放到網路上，甚至以數位的形式發表，應該等到你可以看出哪個部分會有價值再說。不然的話，就會像太快把一九六〇年代的訊息製成微捲片，誤以爲圖書館會買這些微捲片。今天你如果有滿倉庫的微捲片會覺得很難爲情，數位科技也是如此。現在就把智慧財產製成數位格式還不那麼重要。

在智慧財產權的法令規範一團混亂之際，有一件事是不會改變的。我們的智慧財產權、著作權、商標法和專利法，源自數百年前的觀念，立法程序匆促，可說是隨便拼湊而成的。面對快速的變化，律師和政客就會想要創造一個新的體系，把所有舊的東西丟棄。律師如果在事物尚未成形時就企圖創造一個法令系統，結果會比事物成形後再立法更糟，因爲整個體系具有再生與自療的特質，如果律師和政客眞的想創造出新的體系，就只能祈禱上帝保佑我們了。事實上，整個環境繼續進化，我們會找出適當的法令體系。

對長久怨恨障礙擋在他們和讀者間的作家而言，今天資訊科技的進化是他們夢想的實現，新科技無疑將打破這層隔閡。至少在短期間是如此，至少會像八〇年代中期桌上型出版系統即將推出的前夕。今日的全球資訊網就像是桌上型出版系統，讓作家和其他創作者得以具成本效益的方式，將特定的資訊傳達給特定的讀者群。嘗試的人很多，但是未來只有極少數人能以此維生。

然而，出版業裡的中間人不會全部消失：數位科技使得在這過程裡中間人的成本更低。有可能我們最後都會變成中間人，而使消除中間障礙的想法變成幻影。

變革有多大要看時間長短。以一年來看，過去十二個月全球資訊網的變化並不太驚人；以二十到三十年來看，過去三年的變化相當於印刷術發明，個人電腦時代來臨，網際網路產生，全球網路成長；以百年來看，這樣的變化就如同文藝復興時代，在一四二八至一五一五年間全盤顛覆社會一樣驚人。

要了解這對文化產生的意義，得先回答這個問題：這是個巨大的革命嗎？人類對變化著迷，但是在變化出現時，不變的常數比改變要大得多，即使在快速變化的時刻，爲變革搭起舞台的，還是這些常數和連續性。在文化層面上，這是漫長文化智識傳統的最後一個階段，這個傳統一直在接納新科技，把它轉化爲改變我們生活的強勢媒體。這個進化的過程很緩慢，更準確地描述，就像進化生物學家說的，是一個加了標點的均衡過程，緊接著快速變化的時期是鞏固的時期。我們正巧屬於快速變化的時期，結果就像艾亭格（Tony Oettinger）教授二十幾年前所說，微晶片，或說電腦正在腐蝕我們整個社會體系制，結果是社會契約、商業結構和組織結構從根本上重新平衡。每樣事物都可以變，但不是所有的都會立刻改變，如果我們每天都只管理今天該做的事，事情就不會那麼複雜。

數位科技對商業、購買與銷售、朋友交往、社交、金錢等等的影響，仍處於萌芽階段。

我們對**金錢**的定義變得更抽象了。曾經在歷史上，我們以物易物，接著在肥沃月彎有人想到以符號代表實物，以後要交易的時候就不需要把一隻羊帶在身邊，從銅幣到紙鈔也是抽象化的過程。最有趣的變化發生在義大利北部的山城裡，出於社會的需要，加上科技的發明，於是越過地中海，和北非及東方貿易，創造了近四百年來的現代商業行爲。

今日我們仍可以看到這些跡象。所有和商業有關的現代辭彙，如**信用**（credit）、**折扣**（discount）和**價值**（value），都屬拉丁字源，都來自義大利。當時全歐洲最大金融機構的主持人富格先生（Herr Fugger），將兒子送到義大利接受教育，義大利經濟中心的地位可見一斑。你要是翻閱當時書中的記載，會驚訝地發現，今日許多議題的影子，我們關心在網際網路上如何安全地移動金錢，同樣的事情過去在義大利也曾發生。在埃及、突尼斯和義大利買賣羊隻、羊皮和製革原料，進行三角貿易的商人留下了通信的記錄，過程完全相同。我們亦將經歷價值的混淆。過去，許多人變得富有，也有許多人變得一文不名。假使我今天是個商人，在電子商業侵襲之時，我可能會和艾斯特（John Jacob Astor）的感覺差不多，據說他在鐵達尼號的酒吧裡說：「我說要冰的，但現在這眞是太荒謬了。」網路帶來的機會無窮，但對於生意人來說，變化的爆發力實在太強。

網際網路正以微妙的方式改變傳統的商業。首先是型錄購物公司，只要解決人們使用機器的成本和不適應，全球資訊網是型錄購物的最佳天地。

這產生了一個重要的子題。在數位時代，買賣物品的概念容易讓人幻想在空中賭場交易訊息的景象。但事實上，數位科技的意義在於更有效率地買賣移動物品，如果不能讓人們得到更好的音響、汽車或家用電器，這個趨勢就不會持久。

我對於企業界在數位融合（digital convergence）下注的現象感到不安，因爲數位融合不會發生。我們看到的融合只是狹隘的技術層面，每樣東西裡面都有處理器，通訊雷射使得頻寬到處存在。但是，就廣義的技術層面而言，融合似乎將產生相反的趨勢，即數位融合。今日的產業結構有一相同的主題，電視、好萊塢、消費者電子產品和個人電腦工業正在向內崩塌。個人電腦只是以貨品價格出售的貨品。贏家是能夠使其產品變成貨品的人，像蘋果電腦這樣獨特的產品就成了輸家。消費者電子產品的核心；電視、錄影機則持平，沒有成長的跡象。很明顯地，核心產業遭逢危機，但邊緣上也有新鮮事在發生。產業逐漸消失的同時，也有重疊的現象，而邊緣實際上是整個全新產業的中心，二十年後世界變化的主因。

在進化史上，物種在絕種之前通常身軀會變大。我看著企業家每天奮鬥不懈，希望使公司規模變得更大，一方面他們似乎要藉助規模以利用逐漸增大的全球機會，另一方面，隨著世界不斷縮小，過去的競爭對手今日似乎圍坐在一起。今日的大公司要進入二十年後的環境，唯一的方法就是將大家的資源聚在一起，找出利用這些資源的最佳方式，但是最終仍將致力於把大公司變小，讓小公司有能力掌握未來十年新興的機會。

拉尼爾所觀察的沈積（sedimentation）現象，以及撿選不當標準所產生的危機，意義重大。今天我們看到的這樣東西光亮如新，但未來總有一天東西會變舊，尾大不掉，我們會一直用DOS和Windows，用到大家都不想再用。泰德・尼爾森曾借用英國史學家艾克頓（Lord Acton）之語：「權力腐化，絕對的（absolute）權力絕對腐化」，玩了個文字遊戲，說明他對微軟的觀察：權力腐化，陳舊的（obsolete）權力造成陳舊的腐化。在我們急欲標準化的同時，我害怕，現在所定的標準未來會造成不利的後果，將數位科技引進我們的生活當中，等於是在自己身上進行一項愚笨的實驗，會導向何處仍在大家的猜測中。但無論走向何處，我們都已踏上令人著迷驚訝的旅途。

介面二：大家談

●**牛蠅／約翰・德弗亞克**：沙弗是未來學者。但就跟其他未來學者一樣，講的話大部分都是錯的。

●**天才小子／丹尼爾・希利斯**：沙弗是當代的艾文・托佛勒（Alvin Toffler）。

●**催化劑／琳達・史東**：保羅不但是未來學者，也是現在學專家。因爲他瞭解當前的變革，能夠描述這些變化，並且爲所有人釐清變化帶來的意義。有時候瞭解現在比談論未來更有用。

●**寫手／約翰・馬克夫**：沙弗是業界當中跳舞的熊。他能夠將想法化爲概念，用最好的方式表達。保羅曾經對我的職業生涯做最佳的描述，在週日的「每週評論」節目中談「網路性學」時，他說道：「現在就有很多人正在以滑鼠點擊，想一探究竟。」

●**先知／大衛・邦諾**：在未來學方面，保羅・沙弗眞的是佼佼者。他是業界唯一瞭解發展情況，同時不會讓自傲扭曲了結論的人。你很難忽視他。

●**理想派／狄尼絲・卡盧梭**：沙弗是我認識的人當中，最快能夠想出一句名言的。他總能提供最不可思議，卻很恰當的資訊，而且他和我一樣，無法忍受誇大不實的廣告，只是他批評時比我要客氣的多。

●**政治家／史蒂夫・凱斯**：保羅・沙弗是個聰明成功的演説家，在錯綜複雜的迷團中，他獨特的能力得以掌握變化的本質。

●**製作人／李察・佛爾曼**：他博學多聞，從中世紀念咒語治病的巫師，到當今不擅言詞的預言家，都是他口中的例子。對任何人來説，他都是最佳的演説家和觀察員。沙弗應該有個「家庭作業」這樣的封號。

●**偵察員／史都華・布蘭德**：在網路界，沙弗講的話最有分量。每個採訪他的記者都會發現，沙弗十分了解當代新聞的焦點和深遠的影響力，他説的話總是簡潔有力。

介面三：布洛曼説

「長久以來，我們都把通訊當作是兩地之間的管道。現在這個管道已經變得龐大且有趣，通訊已經不只是管道，而是目的地——用玩家的話來説，那就是電腦空間。」

我説：「保羅，這很有趣。」我們正在舊金山的「巴黎市」餐廳用餐，在座的有馬克夫、史托、布蘭德和萊恩戈德等人。保羅・沙弗言辭犀利聳動，對於爲了撰稿尋求專家意見的記者而言，他的話馬上可以當作標題來用。保羅很了不起。

沙弗同時也是矽谷的知識住民。他是知名的趨勢預言人，專門研究資訊革命爲商業界和社會帶來的一系列變革。保羅是未來研究中心的資深研究員，未來研究中心係一非營利性的智囊團，替多家電訊和消費產品公司及政府機關提供顧問服務。

一面吃著牛排，沙弗一面預言，使用雷射科技的管道和由處理器提供的計算功能，仍將是未來幾年的趨勢。過去十年微處理器獨領風騷，未來則將是通訊雷射（communications laser）掛帥，未來價格低廉、功率強大的雷射，會引起使用上的革命。新一代的英代爾晶片，摩特羅拉RISC晶片，每一個新的處理器都將創造新的通訊需求，而新一代的通訊科技又會引發對功能更強大的處理器的需求。通訊和處理間關係的變化對我們生活的影響又是如何呢？「**內容**是今日資訊革命所創造出的第二愚蠢的辭彙，」沙弗說：「當然第一愚蠢的是**資訊**這個詞。拉尼爾曾說，資訊不過是異化的經驗，我有同感。內容讓人想到去除自然的、非關一己的、毫無變化的資訊，就像貨品一樣。內容大概就是這樣的東西，但網路業並不是在賣貨品的。」

沙弗認爲，**內容**賣的是獨一無二的東西，是瞭解，是和人們生活息息相關，甚且能改變生活的東西。他接著說：「網路業的稀有資源不是內容，而是情境。過去缺乏管道和內容的恐慌影響至今，現在內容過於豐富，甚至變得沒有價值。可以收取獨佔租金的不是內容，而是情境這種感官能力，這將汪洋大海般的訊息轉變爲有用，和我們的生活相關，能夠改變我們的生活，並且娛樂大衆的東西。」

沙弗說話時頗具表演的姿態，是各行各業競相邀請的未來趨勢專家。他也許會否定媒體、科技和出版業「融合」所產生的效力，但他自己就是融合的最佳代言人。史都華・艾索普說：「保羅很懂得利用連結。他知道如何連結事物、連結人、連結點子。他就像是個開關。」

他講話的時候很有自信，內容充滿智慧，我聽完他的演講後告訴他：「保羅，你該寫本書了。」他用試探的口吻說：「約翰，我正在寫一本書，而且已經找到經紀人和出版社了。你不記得五年前我曾經到你的辦公室去嗎？你根本不考慮就拒絕了我。」

我眞的忘記了，但我邊說邊寫下：「我當然拒絕了，五年前，你不是今天的保羅・沙弗，當時網際網路還沒有受到大家的注意。現在看未來比從前看未來更有趣，你也一樣。」

保羅・沙弗是網路界的「賢明人士」。

27

激進分子

包伯·史坦 Bob Stein

他不怕挺身而出，做些別人無法理解的事。
他是領先時代的出版商，
印刷術還無法做出他要的結果。

- 「旅行者」公司（Voyager Company）的創辦人，有「互動式媒體的恩格爾」之稱，篤信左派思想，但以資本主義方式經營事業。
- 「旅行者」公司由他與妻子兩人創辦於1985年，爲 Janus Films 和 Voyager Press 的關係企業。生產 the Criterion Collection 系列的 LD 作品，收錄多種當代與經典的電影。1987年發行該公司的第一張互動式電腦碟片。
- 1988年，「旅行者」的《貝多芬第九交響曲》CD-ROM，公認爲市面上第一張消費性的光碟產品。此後致力於創造以大衆市場爲目標，但內容精良的電子出版品。1993年6月，自原址加州遷移至紐約市。

介面一：激進分子自己說

網際網路最讓人感到興奮的是其大衆化載體的特性。有成千上百的網路首頁由沒沒無聞的人創造出來，轉眼間，他們在網路上和時代華納、新力公司並列。

一開始，我最感興趣的是讓作家以新的方式來傳達意念，讓大衆以新的方式看待他們的作品，二者能夠互相討論。我一直很願意使用各種科技開發出來的新產品，雷射唱片、影碟、光碟或網際網路，每一樣媒體都有它特殊的長處。光碟可以在同一處收藏大量的聲音、影像與文字資料，要傳送解析度尚佳的影像、解析度高的聲音和文字，光碟是目前的最佳選擇。我想要製造的節目大部分需要兩小時影像、一小時動畫和四小時的聲音。有一天，我們會有高頻寬的能力在網路上傳送光碟產品。

突破地點的限制是目前重點之一。我坐地鐵的時候手裡可以拿著一本書，看二十頁後我該下車了，把頁角折起來，書隨身帶著走，休息喝咖啡的時候再打開來看。內容就在書裡，立即可以閱讀。我也可以隨身帶著光碟，上面有書籤之類的東西，它現在還不及書本方便，但是將來必定可以迎頭趕上，上網路需要以電話線連接，現在也還不夠人性化。像光碟這樣需要二、三十個小時才看得完的東西，最好能夠自己擁有一套，隨身攜帶，隨時可用。網路適用於較小的東西，相較之下，單單聲音位元比長達二小時的音樂專輯更適用於網路。這現象會隨時間改變，屆時引發的爭論一定很有趣。

我認爲網路是所有出版品的未來。「旅行者」身爲出版公司，自然也不能忽視網際網路，我們必須將自己定位爲領導者，就像我們過去在光碟出版的目標一樣。只停留在出版光碟必定會被時代淘汰。領航員的網址平均每天有一萬人次到訪，我目前對這個數字很滿意。有一家發展成功的公司好處之一，是能夠請專人設計修改我們的網址。我現在做的大部分是網際網路的東西。我們仍在成長進化的階段，還不知道下一步會走到哪去。

五年後，今日最受歡迎的內容提供者「熱線」和過濾者「Yahoo!」，仍會歷久不衰嗎？我個人傾向認爲，過濾者比內容提供者更有價值，除非內容提供者的作品獨特，具有長期的價值。熱線公司做出來的東西很難讓人相信，在網路上提供內容能長期成功。網路上的內容提供者要眞正成功，就要有能力創造網友會反覆閱讀的東西。

只要新科技開發成功，就會有人嘗試使用，並且進一步發展這項新科技。在資本主義的體系裡，短時間內的趨勢是，市場上頭一、二年的贏家會被大公司買下，之後不留任何空間讓個人進入。首先是網景——原本是爲了促進研究而建立的校園內魔賽克瀏覽器，現在搖身一變，成了身價七千二百萬美元的股票上市公司。之後網路上又有Yahoo!，原先這個小站的基本功能是記錄其他站的動靜，一夕之間，也成了另一家公司。變化如此快速，相形之下，個人能成功研發新科技的機會期就縮短許多。

長期來看，更需要我們關切的是技術人員和我們使用者之間的矛盾。技術人員不斷開發改進他們的技術，卻忽略了新技術對社會的衝擊，而我們使用者未來好幾個世紀都要與這些科技爲伍。這可以用汽車來比喻（雖然我們的工作比發明汽車意義更爲重大），有時候我演講時會問：如果你有機會發明汽車，而且能夠預知它對社會的影響，不只是技術和環境層面，而是社會和經濟層面的影響，你還會發明汽車嗎？得到的答案總是讓我訝異。第一部分比較不特別，大家基本上都說會，因爲自己不做，也有別人會做的。讓我驚訝的是聽衆的敵意，因爲他們不想要聽到這樣的問題，他們不願意爲長期的影響負責任，不管是發明汽車這樣基本的東西，或是發展影響力更大的新型傳播科技。

詩人、哲學家、藝術家和我們一般人，很快就會開始思索，我們是如何使用這些機器的，用這些機器發明了什麼，我們想要的是什麼樣的社會。如果我們像以往一樣，繼續製造機器，卻不了解整個社會的環境，得到的將會是眞正令人害怕的東西。

在我參與的一場會議中，有人說建築師逐漸不設計眞正蓋起來的結構體，反而設計虛擬建築物，原因是沒有那麼多錢興建眞實的建築物，建築師自然而然轉而尋找另一個空間，也就是虛擬世界。我很訝異，聽衆居然這麼容易接受這個說法，因爲我自己不願見此說成事實，地球上數十億人仍需要更好的居住環境、更美觀的公共空間和更理想的工作場所。

問題是：我們在眞實世界裡要的到底是什麼？如果我們想要藉電子郵件引發具體空間內的討論，讓參與討論的人能夠看到對方，彼此交談，那就是個絕佳的出發點。但是如果能夠面對面討論的人不多，電子郵件就不是個好工具。我喜愛我的機器，喜愛它能讓我和世界各地的人交談，但這項科技不能被當作面對面溝通的代替品。對於在網路上建立社區的運動，我仍然存疑，我寧可鼓勵眞實世界裡社區的發展。

事實上，許多人以爲是技術性問題的，根本就是社會問題。社會看待機器的態度尚未定型，尤其是在教育方面。教育界有人恨不得電腦可以看小孩並提供課程訓練，也有人希望機器彌補智力，加強孩子各種能力。我們將會看到問題出現在這兩個極端之間，它是一個社會問題，而非技術問題。除非我們能先充分討論這些機器應該扮演的角色，否則在學校裡使用電腦，不見得會帶來很大的好處。如果學校有電腦之前就表現良好，機器不會帶來太大的變化，喜歡電腦的小孩會去用它，其他人不會。但是對於表現不佳的學校，這些機器的效果會比較顯著。

因爲利益相衝突的結果，短期內產生的變化相當複雜。有人對純技術性的議題感到興奮，每年，甚至每週都不斷增加賭注。也有人持短期的眼光，爲進步所帶來的商機感到興奮。另外還有像我們這樣廣大的群衆，興奮的理由，單純是爲了可以獲得傳統材料和內容的使用權，以及新內容被創造出來，現在可以在線上進行電子交談。我覺得最有趣的是看不同的團體彼此攻訐，未來幾年網路上必定出現規模巨大的爭戰。

介面二一：大家說

● **辨識模式高手／艾絲特．戴森**：經營一家以獲利爲目的公司，與史坦自己的信念之間，似乎有根本上的衝突。我想，這樣的衝突一定讓他覺得很不舒服。

●**出版人／珍・麥特卡福**：在多媒體的發展方面，史坦被大多數人視爲先驅。要不是他的努力，大家不會在早期就看到創造的機會。但是包伯有許多想法還是受限於上一代的政治思潮，對今日我們所處的社會而言，似乎越來越不適用。

●**催化劑／琳達・史東**：史坦可以激發你的靈感，也可以把你氣死，而且他可以同時做到這兩件事。包伯有某種程度的害羞，他的內心非常柔軟，使得他外表剛硬以保護自己。

●**電腦空間分析師／雪莉・特爾克**：假使我開會時，需要有人以最緩和的方式談論問題核心，我會邀請史坦。

●**賢明人士／保羅・沙弗**：包伯・史坦是職業狂熱患者。他不害怕挺身而出，做些其他人完全無法理解的事情。像包伯這樣的人讓事情發生，他是領先時代的出版商，印刷術還無法做出他要的結果。

介面三：布洛曼說

「我們迫切需要一個懂得馬克斯主義的知識分子。他必須能夠理解列寧和毛澤東所增加的內容，並且把那樣的思考模式，應用在今日數位科技引發的變革上。」這是光碟和網際網路出版商包伯・史坦對我說的話。他繼續激進的政治言論：「必須有個人把數位文化的政治經濟寫成專文，我們可以用這篇文章，我們需要像法國社會學家布羅代爾（Fernand Braudel）這樣，願意領導科技進步，同時瞭解科技進步所產生影響的人。」

一九八八年，我第一次聽到史坦的名字，當時旅行者公司發表了第一張針對消費大衆的光碟「貝多芬第九交響曲」，同時展開「超書計畫」（the Expanded Book Project）。

史坦整理好了數十種所有權的執照後，將加州聖塔莫妮卡的公司搬到紐約。此後，「旅行者」仍然繼續鼓勵各大出版公司進入電子出版的領域。

對於企業美國當中的人來說，包伯令人費解。他經營自己的公司，希望能夠獲利。但是就像邦諾（他自己也是六〇年代義無反顧的激進分子）說的：「史坦和旅行者公司的種種特色，都是因爲步調和別人不一樣。數位世界裡充斥著爲賺錢不擇手段的資本家，而史坦的工作豐富了我們的文化。即使在高科技富豪建立的華廈倒塌化爲塵土之後，包伯留下的文化遺產仍將流傳千古。」

在旅行者的作品清單上，我們可以看到「現代圖書館」系列的文學作品，看到得獎記者牧密雅・阿布賈瑪（Mumia Abu-Jamal）的光碟——他因爲殺害一位警官而被監禁在死牢裡——「第一人稱自述：牧密雅・阿布賈瑪，死牢現場報導」（*First Person: Mumia Abu-Jamal-Live From Death Row*）。證明史坦不是個重視利潤的人，他在旅行者網址上所提供的反對檢查媒體內容的討論空間，不亞於商業版面。

史坦對於傳播革命的社會分支作用想得很深入。他知道在數位王國裡逐漸成形的大戰，並非針對瀏覽器、開放或專屬操作系統，他說：「問題點在於人類相互溝通的方式正在改變。變化所需時間會比預期要長，可能要一、兩百年才會有結果，這改變帶來的影響比發明印刷術更爲深遠，當中的意義可能要一段時間後才會知道。一千年後，人類會將二十世紀末葉視爲重要的轉捩點。」

這場大戰將針對網際網路的形成，它會變得像電話一樣，是每個人都可以使用的大衆化載體（common carrier）嗎？還是像電視廣播一樣，只有少數人有能力製造內容？包伯認爲，媒體公司想以自己喜愛的方式控制網際網路，確保他們能從中獲利，這些公司喜愛電視廣播的發展路線，他說：「如果內布拉斯加某無名小卒對大衆傳遞訊息的能力，不亞於紐約市洛克斐勒中心七十五號內美國廣播企業（RCA）總部的重量級人物，對於想賺錢的人來說就太可怕了。我們可以預期媒體將作何調整，但大衆將如何組織起來維持目前網際網路上的自由，仍是未知數。」

包伯・史坦是業界的「激進分子」。

28

懷疑論者

克利夫·史托 Cliff Stoll

我喜歡電腦且經常用它，

但是人們對電腦的狂熱崇拜讓我感到憂心。

- 天文學家及電腦安全專家，寫過二本暢銷書：《矽谷蛇油》（*Silicon Snake Oil: Second Thought on the Information Highway,* 1995）及《捍衛網路》（*The Cuckoo's Egg*，1994出版。中文版由天下出版）。
- 史密索尼安（Smithonian）天文物理觀測台的駐台天文學者。

介面一：懷疑論者自己說

科學家很難將網際網路自生活中排除，網路讓我從A地發信給B地，查知天文學的最新發展，並且與其他天文學家討論我對木星和氣候變遷的看法、資料和假設。從另一個角度來看，沒有網路的時候，我也可以做上述事項。在尚未利用電腦和網路的時候，天文學、科學和物理學都已經有長足的進展。有許多人大談，網際網路、電子郵件和網際網路交談（IRC），對從事科學研究的人是不可或缺的利器，但我很難舉例指出任何由網路促成的天文學發現和偉大的研究成果。天文學家和從事科學研究的人，眞需要立即的溝通嗎？還是說，能夠察覺什麼樣的資訊有價值，什麼樣的資訊重要，這樣的能力更重要？

用天文學的角度來說，這就表示我對收到的訊息要思考得更深入些。我要的是有價值的東西進入我的電腦和工作中。這麼說來，網路可能對我就沒有那麼重要，因爲它雖然帶給我很好的材料，但也有大批垃圾，畢竟電腦自己不會分辨，到最後我自己得浪費時間精力，去把有價值的東西從垃圾中撿出來。網路不但沒有提供快速的溝通管道以節省我的時間，反而迫使我浪費時間，從源源不斷的訊息中清理出沒有價值的部分。此外，網路的即時性讓我沒有時間專注在自己的工作上，反而去注意網路上又發生了什麼事，忽略了自己正在研究的宇宙和行星的變化。

大家都說網際網路現在處於嬰兒期，未來將成長爲充滿商機和資訊的夢想國。我不相信這個說法。網路提供許多資料，但資料只是字、位元、字元和數字。和資訊不同，資料沒有內容、語境，用處不大，缺乏可信度與時效性。對我而言，通過數據機進來的資訊大部分都沒什麼用。

現在大家還說，這個資訊並不豐富的資訊高速公路會成爲通往權力的道路，因爲資訊即權力。我絕對不相信！資訊沒有什麼力量，有權力的人很少掌握資訊，誰手上握有權力？舉一些有權力的政治人物爲例，總統、總理、首相、將軍，又不會坐在電腦前面讀網路上的東西！到底誰掌握最多的資訊呢？圖書館員！但很難找出比他們更沒有權力的人。資訊還是權力嗎？這整個想法都錯了。

資訊和知識之間也沒有關連。我們應該尋求的知識，或容我稱它爲智慧，絕大部分都不是資訊，而是理解與判斷，知道何時可以忽略資訊。況且，我腦中的靈感並非知識，而是一些我從前沒有想到的點子、假設、創造性的解決方案。這些都不能從電腦上取得，只有思考才能得到啓發。

網際網路大概可以說是有史以來，被渲染得最過火的傳播系統。事實上，它不過是個自以爲是的電話系統，甚至比電話系統還不如，至少我可以打電話給世界任何角落的任何人，線上卻無法提供這樣的服務！我不能用網路打電話給我母親，她不用電腦的，但是我可以打電話給她。北美洲的電話普及率高達百分之九十八，網路上的人口有多少呢？一千萬？三百萬？即使是三千萬，也只是北美總人口的百分之十。

全球資訊網使網際網路更易於使用，要在網路上換頻道也更容易，就像大家說的，全球資訊網可以讓你來去自如。但是，通常我從A地跑到B地的時候，得到的只是等待、等待、等待，我看著一個小球或小時鐘在我眼前轉啊轉。當我下載一個檔案或是網路連結的速度慢時，我的生命也就以9600bps的速率逐漸流失。有人說這個問題將來可以解決，當然！鐵達尼號也有可能開到紐約港，法國人也可能償還戰債，一、兩年後狄索托（DeSoto）可能會開著一部新車出來。

關乎研究思考一個很重要的層面是情境。讀書不能斷章取義只看其中一個句子或段落，我要讀整本書，跟著作者的筆調走，一探故事的究竟，我不要只看片段。全球資訊網和超文件的本質摧毀了情境，我們只是從A地瀏覽到B地，完全沒有深入閱讀。若說電視是廣大的荒原，網路就是劣質、膚淺的大洞。我看到的首頁都是自戀者的紀念碑。我覺得這股風潮將衰退，網路會開始有其他的用途。全球資訊網和網際網路一樣，是個偉大的答案，但是它的題目卻不存在。有一天，我們會找到全球資訊網解答的問題。

網路的發展和經濟學原理有關。線上出版的成本低廉，而紙價卻又不斷飆漲。奇怪的是，每年線上出版的成本都在下降，而紙上出版的成本卻持續上揚。這造成一個明顯的事實，大部分人卻都忽略了這一點——如果這個作者說出來的話有價值，就會有人花錢把它印在紙上出版，你說出來的話如果缺乏價值，尤其缺乏商業價值，就會免費出版——在線上出版！葛式法則（Gresham's Law）：劣幣驅逐良幣。在網際網路上，大部分硬幣都是用鉛做的，大部分的檔案都沒什麼價值，只有傻瓜才會把金幣花在這上面。金幣都被收起來了，在網路上流通的只有鉛做的硬幣，因爲網路是廉價之地，免費之家。

看看網路上有多少政府文宣，要是放在書架上我們根本不會理它。這種東西在線上和在紙上一樣無聊。眞正有價值，你需要知道，也願意花錢買的東西，會被印在紙上出版，因爲有著作權的保障，有持久性和眞實的包裝。

我認爲網路出版不會消失。全球資訊網和網際網路會把書店裡品質較差的材料放到線上，好的作家還是會繼續出版眞正的書，科幻小說作家仍然會希望大作以精裝本問世，非小說類作家看到自己的書在書架上還是會高興地微笑。誰願意在線上出版他的獨家見解？獨家見解會被抄襲，公開出版，科學界這種事情層出不窮。

線上出版極可能失敗，但是我有什麼資格這樣說？目前爲止，除了電動玩具以外，出版商和作家尙未自「電子權」獲得任何利潤，沒有人自「網際網路權」(Internet rights) 獲利，但是也沒有人在線上出版過書。因爲不管如何努力，你都沒有辦法在電腦上讀一本書。書是經過數個世紀演進而來的資訊工具，功能強大：容易使用、便於攜帶、價格低廉，傳播通路也很健全，每個識字的人都可以看書。你還要求什麼呢？書本太好用了，不論是幾年後，或更長遠的未來，書都不會消失的。

超文件不是理想的替代品。書有自己的超文件：索引、目錄、附註。我要在後院做一條排水溝，得先知道正確的坡度，我決定上網路去查。瀏覽器開始運轉，但沒辦法找到答案。

所以我到公共圖書館去，找出統一水管工程編碼，馬上就查到了，多有用的資料啊！我在網路上找到什麼？一大堆過時的程式，卻沒有任何和水管工程有關的訊息。

你花不到一千美元就可以創造自己的首頁，在網路上傳播訊息。所以我們看到線上商業訊息多不勝數，眞正的商業行爲卻幾乎是零，不只是因爲缺乏可信賴的交易方式，也因爲行銷三角關係：你可以獲得廉價、迅速或高品質的物品，但無法同時三者皆得。有廉價的速食，但不會好吃，有美味的速食，但價格就不會低廉，廉價又美味的食物，則不可能迅速，因爲你就得自己在爐子上煮。資訊也是一樣，想要在全球資訊網和網際網路上大撈一筆的人會覺悟的。事實還不會太殘酷，因爲他們尚未投資大量資金，但他們發現網路上的秘密時就會覺悟：網路使用者是相當吝嗇的，他們願意在硬體設備上花大筆金錢，卻不願意花七角五分美金的長途電話費和另一個縣市連線。他們要尋求最廉價的方式獲得所要的東西，線上服務提供需付款才能取得的資訊時，他們突然間就會發現想要這個資訊的人比以前少。網友連小錢都不願意付。

線上商業行爲要興盛，還需要很長一段時間。網際網路缺少銷售人員，你在線上會看到很好的產品目錄，但是目錄比眞正零售店裡的銷售要遜色許多，原因何在？因爲店員和客戶間有信任存在，客戶買的東西如果出問題，他可以回去找店員申訴，在線上交易，我怎麼知道這家公司明天是否還在？下個禮拜呢？明年呢？面對面交易提供信賴感，因爲知道銷售人員替客戶和公司服務，這個概念自商業行爲產生就存在。唯獨在網路業，我們居然覺得可以不要銷售人員，直接在線上銷售。我預估再過五到六年，虛擬購物中心和網路商機這些名詞，就會自動消失。

就我而言，和水管工人或木匠相處，比和數位王國的大師交談更自在。我認爲明日世界不會是資訊掛帥的時代。今天我們看到的工作，不管是吧台調酒師、服務生、參議員、電影演員、銷售員，都不須要用到電腦，也許連傳眞都不須要，通常連電話也用不到。我覺得二十年、四十年，甚至一百年後，這些工作仍然存在，我們同樣需要有能力的人做這些工作。

介面二：大家說

● **標準市民／霍華・萊恩戈德**：誰不喜歡史托？他有話直說、有魅力，而且瘋狂。但是我不贊同他一竿子打翻一船人的態度。我們需要建設性的批評，客觀探討新科技的優缺點，而不是良莠不分、一網打盡的做法。

● **理想派／狄尼絲・卡盧梭**：史托讓我想到 Winnie the Pooh 裡面那隻尾巴上有彈簧的動物。我從來沒看過一個大人像兩歲小孩那樣，智力和生理都精力充沛，而且想法不定，容易往不同方向亂跑。

● **政治家／史蒂夫・凱斯**：史托過度好動。他目前對網路這項新媒體多所責難，我不確定他這份衝動有幾分眞。他的擔憂當然有原因在，但我相信他故意把事情誇大，以致減損了可信度。

●**防衛人士／麥克·高德文**：很多人以爲史托是個陰晴不定的人，但我覺得他其實是個聖人兼傻瓜。他看到國王沒有穿衣服卻不肯閉口不談，這種人讓大家都覺得不舒服，因爲他們專門動搖大家的信念。但是克利夫對知識和智慧的熱情，眞心誠意想創造更美好的世界的心願，絲毫不減的人道精神和理想主義，都讓我很驕傲地說，他是我的好朋友之一，我喜歡這個傢伙。

●**辨識模式高手／艾絲特·戴森**：克利夫·史托是個理想主義者，因爲他希望人人皆美，事事盡善。

●**寫手／約翰·馬克夫**：史托是個人物，相當聰明的天文學家。他四處遊歷，八年前還誤導我走向陌生的旅途，他自己也同時展開了不可思議的發現之旅，到今天仍未結束。

●**出版人／珍·麥特卡福**：史托其人和他寫的《矽谷蛇油》，都讓我覺得很困惑。他的前一本書中詳細記錄網際網路迷宮式的發展，我懷疑他對網路的熱情是否已然喪失。這些東西一旦變成商業，也就不再令人感興趣了。

●**軟體發展師／比爾·蓋茲**：當大家對這東西都太過興奮時，我們當然需要有人持反對觀點。在某些情況下，正確地指出網路仍然不好用，而且太昂貴，讓我們不要忽視過去做事的方法，也有它的好處。我們一定需要這樣的人，我覺得他就是在扮演這個唱反調的角色，而且貢獻良多，只是有時候我覺得他低估了網路界。未來幾年，一些曾受他批評的限制應該可以解除。他寫的兩本書當中，我最喜歡的是《捍衛網路》。

介面三：布洛曼說

「我上線的時候都是一個人在房間裡，對著鍵盤敲打，雙眼盯著陰極線管（電腦螢幕）。房間裡有任何人我一概視而不見，上線的時候我不能和別人在一起，上線非但無法讓我和其他人更接近，反而讓疏遠了自己生命中最重要的人——家人、朋友、鄰居、社區等。」

一九九四年的時候，克利夫・史托可不是這樣想的。週末時我請了許多不同背景的客人到家裡來，史托就坐在我書房的電腦前。六月陽光普照的午後，他就像著了魔似的對著鍵盤敲打不停。「克利夫，到外面來和大家聊聊！」我說。

他回答：「約翰，不行，我才離開家三天，就已經有兩百五十多封電子郵件等我回信。我整個下午都得耗在這了。」「是認識的人寫給你的嗎？」我問他。

「不是，但是他們既然花時間寫了，我就覺得有義務回信。」

我看得來硬的了。「克利夫！」我用在美國軍隊發號施令的口氣對他大叫：「你現在就要離線，把電腦關掉，連頭帶脚地滾出來。馬上開始動作！」

一九六七年，麥克魯翰因爲一夕間聲名大噪，也面臨相似的困境。我問他怎麼有時間讀那麼多書，同時還要回信，他大笑：「回信？光是讀信一天十小時就泡湯了。」這樣的情況，加上數位通訊讓我們和每個人都能互通訊息，你就可以想像，自從克利夫・史托的暢銷書《捍衛網路》出版以來，他已經從「網路之神」變成「數位烈士」了。

「電子前鋒基金會」顧問，同時是史托好友的高德文說：「史托經常因爲批評網路上誇大不實的訊息而得罪人。但很多人不知道，史托相當瞭解網路能發揮的正面功能。事實上他的態度並不像外界以爲的那麼負面，他只是要我們問一些關鍵性的問題，舉例說，不要以爲在學校設置電腦教室，接上網際網路一定能發揮正面的效果。在史托的身上，你可以看到一個先知先覺的人，和網路所產生的道德和安全問題搏鬥。這些衝突在他上一本書《捍衛網路》和現在這一本《矽谷蛇油》都可以看到。和所有其他批評線上通訊的專家學者不同，克利夫很清楚自己在說什麼，因爲他認眞使用過這項媒體，值得我們另眼看待。」

史托走出書房，離開了數位資訊的汪洋大海。我不知究竟是天氣太好，是青年朋友對他第一本著作的關注，還是一個人安靜地思考，帶著小狗走過樹林和玉米田的關係，但是史托沒有再回到書房去。他沒有回信，甚至根本沒有看完他收到的信。兩天後他去機場前，遞給我新書的草稿，說是過去兩天引發的靈感，這本書最後變成《矽谷蛇油》。

兩年過去，史托作爸爸了，而且有兩個小孩。他是個在家中看小孩的父親，數位發展的計畫逐漸褪色，他說：「我喜歡電腦且經常用它，我家裡就有六部電腦。但是人們對電腦的狂熱崇拜讓我感到憂心。好像你要是沒有電子郵件的帳號，在全球資訊網上沒有自己的首頁，線上沒有你的領域，那你就是被淘汰了，進步的過程少了你。在我看來，人情溫暖，人與人之間的互動、友誼和家庭，都比電腦螢幕上任何東西都要重要，儘管我很欣賞電腦業許多專家的眞知灼見，但總是覺得自己講的話和他們完全不一樣。」史托是「懷疑論者」。

29

催化劑

琳達・史東 Linda Stone

懂得與人相處之道，在業界堪稱一絕。

她很聰明，是業界的催化劑。

- 「微軟進階技術與研究部」(Microsoft Advanced Technology and Research Division) 的「虛擬世界小組」(Virtual World Group) 負責人。
- 大約有十年的時間都是花在高科技工作上，曾在「蘋果電腦」公司工作。過去和現在於「微軟」的工作，主要都是從事於多媒體研究。

介面一：催化劑自己說

我們若欲瞭解多媒體的潛力，就要先淸楚內容和技術間的互動關係。缺乏好的技術，內容的呈現和使用都會受到影響。不注重內容，技術的呈現很可能就失去目的。就像一張缺乏創意的音樂專輯、一部電影、一本書、雜誌裡的一篇文章，內容空洞，很多光碟和網路上的東西正是如此。內容和技術如果能夠相輔相成，多媒體會更加有趣。多媒體產品通常充滿了美麗的畫面、高品質的影像和聲音，但還是讓我們覺得生硬。任何媒體最終仍需要觀點和介面以創造生機，成功的技術是無形的，發揮輔助內容的功能。

一九八九年，我和其他人合寫的文章〈新式古埃及紙莎草紙〉（*The New Papyrus*）在光碟上發表。我在文中提出介面爲產品的觀念。達美樂披薩是我最喜歡的例子。我們不是爲技術而買達美樂披薩，因爲披薩很容易做，也不是爲了內容才買，還有其他多家披薩可供選擇，我們爲了介面而買達美樂披薩。打電話給達美樂的時候，效率十足的店員總是有禮貌地記下我們的訂單，三十分鐘內就將熱騰騰的披薩送達，還附上免費的飲料。介面是大多數人光顧達美樂的原因，介面即產品。

內容不斷衍生，介面和觀點就會變成產品。想想看網站上所有的內容，我們怎樣才能把它們全部過濾呢？介面將是關鍵所在。文章、影像和聲音必須是恰當的，技術必須是功能性的，介面和觀點將是造成差異的主因。

我的小組裡，藝術家和程式設計師彼此合作無間，許多軟體公司都很努力創造這樣的局面。藝術家和程式設計師通常彼此輕視，程式設計師總認爲藝術家是貨品，而藝術家則反譏程式設計師滿街都是。很難讓雙方學習互相尊重、傾聽，瞭解彼此各有所長，應一同爲計畫貢獻心力，而我的小組就是以這種態度共事。藉助虛擬世界小組，我得以提出新的想法，訂定執行計畫，集合有能力之人通力合作。不到兩年時間，我們已經發展出兩項產品，第三項產品也已具備雛形。在每一個計畫進行中，我們都力求創意小組和技術人員手攜手爲實現夢想而努力。

虛擬世界是多媒體、多使用者的社交園地。由於未來我們的生活有一部分將在線上度過，虛擬世界會成爲人們在網路上的住所或基地。社交活動和網路上的電玩、購物、資訊瀏覽、學習等整合之後，各項活動都會變得更蓬勃。我第一次看到美輪美奐的立體購物空間，裡頭卻空無一人，沒有文化，沒有生氣，我有很深的感觸。這個稱爲「電腦空間」的地方，將會是個孤單冷清、不沾一點灰塵的地方，我不會想去這樣的地方。去曼哈頓的蘇活區（Soho）或是東城上半區（the Upper East Side），或是一個有文化，像個地方的鄰近區域，讓人覺得奇妙，回味無窮。但是我們未來若要花更多時間在線上，電腦空間必須要更人性化。

V-Chat 和 Comic Chat 都是多使用者、多媒體的環境。你可以在其中創造圖像以代表自己，稱爲化身（avatar），或是用已經創造出來的人物當作自己的化身。所有的化身都可以有自己的姿勢。這個化身不只是文件，也不是靜止、毫無生氣的軀殼。你的化身有個性，可以擺姿勢，做出傾倒衆生的舉動，你和別人說嗨的時候可以揮手，問候他人近況時可以微笑或刻意搔首弄姿，會話時可以和對方玩遊戲。我們發現，親身出席的感受會讓人上癮，相當吸引人。

虛擬世界小組進行的工作有graphic chats和虛擬世界兩方面。虛擬世界有一貫性，或說歷史性，讓我們超越同步討論的模式，進入可以演進的生命世界，即使我們離開後仍自行存在的世界。在虛擬世界裡，我們可以「向下紮根」，租電腦空間裡的公寓，創造與衆不同的線上生活。虛擬世界裡各個社區可以有不同的特點，連結讓大家在虛擬世界和全球資訊網間來回遊走。我們在網路上的各種活動，購物或資訊瀏覽，都可以經由虛擬世界獲得社會環境。資料顯示，人們花費很多時間在線上進行社交互動。

未來的趨勢不斷推動我們，將網路變成一個豐富的社交園地。有汽車之前，人們聚集在某處，因爲交通不便，都只能透過學校、工作和宗教崇拜認識附近的人。運輸工具興起後，人們才開始到離家較遠的地方工作、上學、參加宗教儀式。結果是人和人間的關係變得較疏遠，很多人都不認識他們的鄰居，或是只有在週末和夏天在花園裡工作時才會看到彼此。但是我們仍然需要和他人聯繫。現在很多人進入電腦空間與朋友和愛人聯絡，同時認識新朋友。

我感興趣的是科技如何能夠加強溝通，並且豐富我們的生活。電腦幫助人們表達自我、分享彼此經驗、與人聯繫的程度，令我讚嘆，因爲我本身曾擔任教職，對人類學習和溝通的方式很有興趣。網路上不只可以創造出精美的資訊，人們還可依個人喜好，創造化身和空間。

當人們在社區中投注心力，就會更加關心社區發展的狀況。我們如果希望網路上能發展出社區的感覺，就要讓大家有充分參與的機會，而不是查資料，或僅僅存在於別人創造的空間裡。人們常常談論社區。我最近參加的一場討論會中，有人提出：「這些建築物代表我們已經創造出一個數位社區了。」對我來說，社區不只是建築物，社區包含人類、空間，以及二者之間的關係。

科技逐漸成為我們生活中的一部分，這現象是否會造成許多科幻小說所描寫的由科技主導的惡質未來？還是科技會提升我們生活的品質和人際關係？決定權在我們手裡，全靠我們的努力和意圖。

介面二：大家說

● **軟體發展師／比爾・蓋茲**：琳達的虛擬世界和社交互動構想相當具有創意。她的小組陣容堅強，我對她的計畫很有信心。

● **天才小子／丹尼爾・希利斯**：琳達目前的工作針對網路近程發展最重要的問題，即如何利用它增加人類互動的機會，我們很多人都受到史帝文森（Neal Stephenson）《雪崩》（*Snow Crash*）的啓發，而說：「嘿，這聽起來不錯。」琳達正在實現我們的夢想。

● **製作人／李察・佛爾曼**：我記得在東京一家餐廳裡，和琳達、輝彼（Max Whitby）、瑟夫（Chris Cerf）坐在一起的景象。雖然我們早就聽過彼此的大名，要不是琳達，我們也不會面對面坐在一起。她對個人特質的敏感度，加上她本身的興趣，讓新的構想得以成型。而以上只是其中一例而已。

- **電腦空間分析師／雪莉・特爾克**：琳達・史東思維清晰，意志集中，是模範的對話伙伴。
- **先知／大衛・邦諾**：琳達知識豐富，見解獨到，可以是你最好的朋友。

介面三：布洛曼說

「在眞實的空間裡，我們去的每一個地方都有不同的意義，不同的心情、行爲舉止和環境。我們選擇散步、用餐、談天或購物的地點時，考慮的是這個地點和我們的心情、同伴，以及希望完成的目標是否配合。同樣地，我們的穿著打扮、行爲舉止會影響我們帶給別人的印象。生活可說是發展、調適、修正自己的過程。今日我們電子郵件的簽名，就是我們在電腦空間的識別證。」

在微軟或是整個資訊業界，琳達・史東扮演著先知的角色，而且也都能成功地實現她心中的遠景。她視網際網路爲一個全人類共享的園地，讓人類在此得到意外的收穫、高度的社會互動、娛樂、資訊和生產力。她提倡這個想法已經有好幾年了，但微軟的其他人直到最近才加入網路的行列，才瞭解到，琳達的工作和我們即刻就要面臨的社會和商業問題息息相關。

琳達說：「多媒體結合聲音、圖畫和文字，讓我們在電腦空間創造出園地和個人的感覺。走進多媒體的虛擬世界，它將社會和文化環境帶進網際網路。不論是好是壞，人們上網路的時間，超過百分之三十都花在談天和社交互動方面。人類渴望和其他人接觸聯繫。人對人溝通很可能會成爲網路上橫掃千軍的應用軟體，虛擬世界是人對人溝通的次層（substrate）。」

琳達和高科技接觸始於一九八六年在蘋果電腦任職。一九九三年她轉到微軟。多年以來，她的工作結合了藝術、文化和科技，她將本身藝術、教育、認知心理學各方面的背景，與電腦軟硬體的發展相結合。

在蘋果電腦，琳達的工作和多媒體的業務與市場推廣有關，合作的對象包括研發人員、創意小組和紐約出版業界。當時蘋果對多媒體的態度仍處於測試階段，主要是想瞭解多媒體發展現況，有什麼樣的產品，多媒體的市場在哪裡，未來的前景如何。她說：「有好長一段時間，多媒體都被笑稱是零到數十億美元的生意，多媒體的發展有確定的。也有不確定的，網際網路的未來也是一樣。」

身爲虛擬世界小組主任，琳達曾在軟體大師和業界出名的老饕麥爾福（Nathan Myhrvold）手下工作。她創辦領導的工作小組發展出微軟 V-Chat 和 Comic Chat。此外，琳達也持續發展虛擬世界——可在 MSN 和網際網路上操作的多使用者、多媒體環境。她相信電腦工業早期人對電腦（person-to-computer）的介面，在現今網路世界中，將被人對人（person-to-person）和人對自我（person-to-self）的使用介面取代。她說人對自我（person-to-self）使用者介面，即我們對虛擬自我的定義，就是電子郵件簽名、網路頁面和我們的化身（avatar）——所有造就我們在網路上的地位和名聲的因素。

琳達很懂得與人相處之道，在業界堪稱一絕。她很聰明，是業界的催化劑，她知道如何交朋友，和業界的重要人物保持聯繫，參與重要集會推銷其理念。我參加的場合處處可見她的身影。琳達總是大力說服別人接受虛擬世界，不論是客戶、競爭對手、朋友或是微軟的批評者。

自一九九五年起，琳達似乎也成了微軟在業界非正式的親善大使。在這方面，因爲琳達本身的個人權威，對企業是項策略性的資產，只要她在場，沒有人會批評微軟，因爲沒有人想得罪這位微軟公司的高層主管。琳達總是眉飛色舞地在公開場合大談她在蘋果電腦的日子，並透露說，她曾把蘋果筆記型電腦當小孩來養。據她本人告訴我，她到微軟工作後改用東芝牌的筆記型電腦。我當時不敢問她，情感的血緣關係是否亦一併轉移。

我說的話合理嗎？如果是，有沒有更深的含意呢？「親善大使」是否只是光鮮亮麗的外表？微軟獨占鼇頭的局面，難道不是因爲它所有的行動都經過審愼的策略安排？當琳達在會場上朝著我走來，嘴裡說著：「嗨，約翰，眞高興見到你！」我心裡想：又是誰想做什麼了？難道「大廚師」麥爾福聽說了我母親的特製牛肉食譜？（我想最好趕緊打電話給我的律師。）還是爲了在紐約開的微軟 V-Chat 午餐會中，錄下來的十六種姿勢，琳達的小組想要發特殊執照給「布魯克曼化身」？（假設我是產品的話，他們會叫我簽保密合約嗎？）

琳達・史東玩眞的，一點不假。她是「催化劑」，人對人的溝通者。

30

傳教士

路・塔克 Lew Tucker

塔克是「爪哇人」，深信爪哇的潛力無窮，
將對電腦工業產生深遠影響。

- 「JavaSoft 公司」（JavaSoft Corporate）及 ISV Relations 的負責人。
- 在加入昇陽公司（Sun Microsystems）之前，是「思考機器公司高階發展部門」（Advanced Development at the Thinking Machines Corporation）的負責人。
- 曾任康乃爾大學醫學院（Medical College of Cornell University）之神經生物學助理教授，是電腦科學博士，寫過許多人工智慧、平行處理和電腦結構方面的論文。

介面一：傳教士自己說

我第一次聽到爪哇時，就知道答案已經出現。這幾年來，我腦中逐漸成形的，和經由與朋友、同事討論而得到的許多想法，一直少了個環節，而爪哇就是將各個想法連接起來的環節。這些想法的中心概念是「可執行內容」，包含內容的傳送和互動所用的工具，也就是和軟體關係密切的內容，讓使用者可以觀看或操作。舉錄放影機和錄影帶為例，我在看FBI對非法盜版的警告時，想要讓錄放影機同時讀一個軟體，這軟體能以我所選擇的方式播放這部影片，是專為此影片設計，隨錄影帶出售的。我可以看導演修剪的四小時原版，九十分鐘的電影院版，或者二十分鐘的濃縮版。就網際網路而言，我在讀取個人股票投資組合資訊時，看到的不是一般股價報表，而是隨資訊而來的試算表程式，讓我依個人意願操作分析投資組合。我相信在我們邁向數位資訊世界時，軟體直接附在內容上傳送是必要的。

談到可執行的內容，就面臨下列問題：提供者如何得知，使用者會以什麼系統觀看內容？今日的軟體要依賴內容，爪哇的設計是獨立的，可在所有的平台上執行。撰寫應用軟體的人以爪哇環境作業時，不需要擔心使用者用的是Windows系統、UNIX系統或錄影機。反之，爪哇讓軟體發展人得以在單一標準的軟體平台下作業——爪哇虛擬機器。

有了爪哇，從他處取得內容的同時，你也得到了程式。你如何得知它沒有病毒呢？如何確定它不會竊取你在系統上的個人資料？爪哇的設計讓程式驅動時即確定，它不會對你的系統造成傷害。爪哇環境讓程式在受限的情況下驅動可執行的內容，像是在加上軟墊的牢房裡，禁止它讀取檔案或打開未經授權的連接。

因爲爪哇建立在網路的基礎上，所以通訊是爪哇應用程式的一部分。例如你的爪哇版百科全書已出版六至十二個月，因爲軟體的內部以網路爲基礎，這個程式就可以傳送訊息給出版商，獲得新版後自動把它納入。內容不再是靜止的，它是動態的，因爲內容使用網路、伺服器及其他內容來源連結。爲了把這些做得天衣無縫，我們需要標準。

目前在網路上發表資訊的人都用HTML格式。HTML獨立於任何瀏覽器以外，加上它到處存在，任何系統都可以接收，因此使得全球資訊網廣泛被利用。然而因爲HTML只是頁面用的描述語言，仍然有其限制。修改HTML可以讓它處理排版格式和其他互動的形式，但身爲一種描述頁面的語言仍是無法克服的限制。

爪哇讓程式活在HTML頁面之上。因爲爪哇虛擬機器裝在像網景 Navigator 這樣的網路瀏覽器裡面，表示這個程式在及能驅動網景的機器上都可以使用。爪哇和網路的結合使爪哇廣受歡迎，爲當今各主要電腦公司所採用。

動態是爪哇另一項重要的特點。現在要建一個瀏覽器，你首先要知道瀏覽器即將支援的所有不同格式，如果有某種格式不被支援，要讀裡面的資料就要有內建的輔助應用程式。爪哇驅動的瀏覽器遇到它不懂的格式時，會從網路上取得編碼解讀這個格式，將編碼下載，讓使用者可以讀這個檔案。爪哇開啓了革新的大門，內容提供者可能發現資料無法放在傳統的

HTML格式，現在他們可以發明新的格式，因爲發明新格式的同時，他們也發明了與內容相合的爪哇編碼。爪哇是當今網路上主要的技術，將促成網路提供一系列新的服務。

爪哇也可應用在公司內部。不斷更新桌上型的電腦系統需要龐大的經費，但使用爪哇僅需一個由爪哇驅動的瀏覽器，所需服務和應用軟體可以經由網路從主機處取得。使用者若要塡出差的單子或費用報表，在執行表格同時就會得到這個程式，也就是說應用軟體需更換時，系統管理者不需要在桌上型電腦上重新裝入所有的軟體，只要更換在主機裡的軟體，下次有人要塡表格時，新軟體就會自動下載。

許多製造商開始討論，開發專爲爪哇虛擬機器設計的網路終端機。這個構想使得應用軟體撰寫人不受硬體規格限制，他們只要有爪哇驅動的瀏覽器，需要應用軟體時就可以經由網路取得。這項發展對整個軟體工業將有長遠的影響。現今市場上的軟體產品大多以二百至四百美元的價格出售，而且功能愈來愈複雜，大部分人根本用不到所有的功能。語言簡單是爪哇的特性之一，使用者需要某功能時，爪哇能幫助使用者寫出小型的應用軟體。這項特性功能強大，對當今軟體工業構成很大的威脅，經銷通路將掀起一陣變化。傳統的軟體通路正在逐漸消失。在網路上，傳送產品給客戶的成本趨近於零。

經銷通路的變化，加上能自動更新的小型動態應用軟體，將使軟體工業的結構重新調整。我相信租用將是未來的趨勢。假設我要用某特定軟體來做報告，我可能每個月需要用到這項軟體的時間不過數小時，我爲什麼要擁有這軟體呢？假設可以用租的，每當我需要用這軟體時，我就上網路找最新版最好的，付費使用之，下次需要時，自動得到更新版的軟體。

製造商對租用有興趣，因爲租用方式拉近他們和客戶間的距離。製造商能夠看到客戶用軟體做什麼，他們喜歡哪些功能，同時又可以降低經銷成本。軟體販賣機將會在網路上出現。軟體價格下降，加上網路無處不在，顯示發展軟體的公司會增加。軟體革新的步伐，常常因爲軟體市場上大公司主控經銷通路而受阻，破爛的小店就算有很好的軟體也很難推到市場上。網際網路改變了遊戲規則，經銷通路的成本下降之後，小角色也能夠和大人物競爭。

常常有人問我，爪哇爲何廣受軟體發展人的喜愛，我覺得和它的起源有關係。爪哇最初是蓋司林爲消費者電腦設計的程式語言，數百萬台個人電腦是無法承受病毒侵入的。因此蓋司林設計的爪哇是簡單易用，物件導向的語言。爪哇具有多項功能，使程式設計師能創造出無錯誤的應用軟體。它囊括了其他廣泛使用的程式語言如 C^{++}、Smalltalk、Lisp 等的特點，讓使用者覺得不陌生又容易學。尤其當爪哇應用在HTML及網路上時，大家對它的興趣就更濃厚了。昇陽公司的爪哇網址上，「爪哇發展人工具箱」(Java Developer's Kit) 每個月有十萬次下載，顯示大衆對爪哇相當感興趣。軟體發展人將爪哇視爲網路電腦的新平台，爪哇解答了獨立平台的問題，降低開發新應用軟體和服務的成本。

爪哇廣泛被使用及其潛力無窮的特點，在電腦業引起廣大回響。昇陽公司採開放政策，讓每個人都可以使用一套共同的程式設計介面。即使微軟公司也「熱情擁抱」爪哇，將之視爲微軟網路策略的關鍵要素。這場爪哇革命要成功，更重要的是這些介面必須開放，在所有系統上都可以使用，唯有如此，我們才能得到隨處可用的軟體。微軟想讓爪哇變成他們Windows環境的一部分，迫使發展人撰寫僅能在他們的環境下作用的編碼，但這和整個爪哇革命的想法是背道而馳的。

爪哇正快速地從一個網路電腦的語言，變成與多種機型相容的共同軟體平台。我相信，這樣的變化將對電腦工業產生深遠的影響。應用程式只要寫一次就可以在不同環境下使用。可執行內容、小型應用程式和媒介，將得以不受硬體或操作環境的限制，在網路上自由移動。手上式機種、呼叫器、電話等通訊器材，將突破地點的限制，讓使用者在任何地方都可以上網路。爪哇開創了許多新的機會，具創新精神的發展人將利用新的機會，今日的網路未來將產生根本上的大變革。

介面二一：大家說

●**保守派／大衛・加倫特**：在思想機器公司，塔克創造了有史以來最強大的資訊科技研究環境。雖然思想機器在商業市場上失敗了，它對資訊科技的智慧累積貢獻卻不可磨滅。塔克在這方面功不可沒。

●**天才小子／丹尼爾・希利斯**：一位學有專精的生物學家，正致力於研究讓電腦在網路上交談的語言，絕非巧合。塔克正在創造地球上自有生物史以來最複雜的東西。

●**搜索者／布魯斯特・加爾**：路・塔克是「爪哇人」(Javaman)。我看著他協調管理上千家推行爪哇的公司。假如「網際網路時間」的密集度是對個性的測試，塔克通過了這項考驗。

介面三：布洛曼說

幾年來，我常常聽到路．塔克的大名，卻都和電腦或網際網路無關，都是和愛有關的。我把這現象稱爲「奧泰薇亞的難題」（Ottavia's Dilemma）。

奧泰薇亞．巴賽蒂（Ottavia Bassetti）是我在米蘭的一位朋友，我都叫她「公主」。她曾在劍橋和思想機器公司的丹尼爾．希利斯共事。一九九二年夏天，困惑的奧泰薇亞到越東農場（Eastover Farm）找我，當時她已經準備好要回義大利，幫助她的父親競選米蘭市長。

「我不知道該選哪一條路走？」她用著可以配費里尼電影般的優美義大利口音說。

「要怎麼辦呢？繼續住在劍橋的小公寓裡，爲平行處理電腦做程式設計？」我回答說：「當然不是，你有什麼問題呢？」她輕聲說：「喔，思想機器裡的那個男孩子。我不知道，我眞的不知道。」「公主啊，」我幾乎不能相信地說道：「你頭腦不清楚嗎？甩了他，過你自己的生活。回米蘭去，你不該住在『電腦痴村落』（Geeksville）裡的。」

三年後在舊金山，我請史托、高德文、布蘭德和拉尼爾吃飯。我們一桌人耐心等待昇陽公司旗下，爪哇軟體和ＩＳＶ關係的負責人，想聽他談「可執行內容」（executable content）的影響。最後，他終於和妻子一同到來。她的夫人抱歉地說：「眞對不起遲到了，小孩子剛剛在鬧情緒。」同樣的可以配費里尼電影的義大利口音。她接著轉頭笑看塔克，「傳教士」。

31

電腦空間分析師

雪莉·特爾克 Sherry Turkle

她常以心理分析的角度，
有時也帶有法國思維，
來看電腦空間的發展。

- 哈佛大學社會學暨人格心理學博士。麻省理工學院（MIT）的科學社會學教授，也是一位臨床心理學家，專長在於電腦與人之間的關係。
- 著有《螢幕上的生活：網際網路時代的身分證明》（*Life on the Screen: Identity in the Age of the Internet,* 1995）、《另一半：電腦與人類精神》（*The Second Half: Computers and Human Spirit,* 1984）及《心理分析政治學》（*Psychoanalytic Politics: Jacques Lacan and Freud's French Revolution,* 1978）。
- 曾獲「國家科學基金會」、「麥克阿瑟基金會」等研究資助。
- 所寫有關電腦與人之間關係的文章出現在學術刊物和一般雜誌上。

介面一：電腦空間分析師自己說

我對網路經驗將哲學觀念帶入眞實生活的方式覺得很有興趣。過去二十年來，我一直研究人和觀念間關係的建立，特別是集中在自我觀念的「適當性」。我第一次探究這方面的問題是在六〇年代末期，研究法國人爲何對佛洛伊德學說著迷。當時法國興起這股佛洛伊德風潮有它的背景，因爲二十世紀上半葉，法國人對心理分析都抱持完全排斥的態度，幾乎所有的法國哲學家、心理學家、精神病醫師和一般大衆，都將佛洛伊德學說斥爲無稽之談。然而到了七〇年代中期，心理分析，尤其是拉岡（Jacques Lacan）學說一時蔚爲風潮，爲什麼呢？佛洛伊德翻身的原因何在？

我覺得很困惑，所以動身前往法國去看個究竟，發現一九六八年五、六月間，學生聯合勞工發起的運動對整件事有關鍵性的影響。五月事件讓許多人把個人的事政治化，事件結束後就形成一個空洞。因爲拉岡心理分析具高度政治意味，並且提出連接社會和個人的理論，五月事件引出但無法解決的問題，便有了新的思考方向。我在《心理分析政治學》書中，研究拉岡的想法——身分認同和語言、自我和社會之間，如何互相滲透——如何爲思考的過程提供具體的意象。這些想法爲思考提供近乎具體的實物。

研究過程中我發展出一種方法，以研究日常生活中隨機發生的想法。在上述研究中，我研究的是從未和分析師談過話，也從未讀過佛洛伊德學說的人，他們對心理分析的理解。

以上所言似乎都離電腦的世界很遠。但是，自從我於一九七六年任職於麻省理工學院的第一天起，我就驚訝地發現，電腦傳達了心理學與哲學的新觀念，並且使它們成爲日常生活的一部分。具體的意象讓更多人以心理分析的方法看世界，我把它們當作是「供思考的實物」。經由電腦看世界的方法是具體實物促成的。受到這個啓發，我開始探討電腦如何引發人們以新的角度看待心靈、生活和智慧。

比方說，我發現電腦物件（電腦玩具和電動遊戲）影響小孩子對生命的看法。過去孩子們面對這樣的問題：「什麼是有生命的」，考慮的是這個東西是否不須藉助外界的推力或拉力，就可以「自己協調動作」。然而，電腦物件出現後，他們對生命的問題就有不同的想法，標準變成：這樣東西是否能夠「自己思考」，是他人設計的還是自創的，是否有認知的能力，有自己的意圖，是否會**欺騙**。電腦改變了對生命的討論。事實上，電腦對成人的影響也是如此，只是產生的結果不同。在《第二個自己》書中，我談到程式設計電腦產生後，成人將人類自動自發、無須「程式設計」，當成是人類與衆不同的關鍵，進化則是生命的中心。然而，今日電腦在某些方面的確有進化的現象，因此人們就開始對上述信念產生質疑。

對生命的看法是個很好的例子，電腦的出現將一個基本的哲學問題具體化。人類與衆不同的地方也是一例。二十年前，人們尚無法接受和電腦精神醫師談自己的隱私，大家都覺得和機器交談並不恰當。今天，大多數人對電腦精神病醫師的反應都改變了，他們通常會說：「讓我試試這個程式，不會有害處的，可能還可以幫助我解決問題。」這樣的態度我稱爲新實用主義。電腦智慧的概念已成為我們生活中的事實，現在要解決的是和它交談的方式。新實用主義引出這個問題：「我們覺得適當且願意交給電腦的有哪些事情？」相對於人和人關係的認定，我們和電腦的關係怎樣才叫適當，定義已不那麼嚴謹。

多年以來，我都將電腦視為引發新思想的物體，著重於探討人和電腦一對一溝通時，這獨立存在的機器所引發的思考模式。然而接近八〇年代末期，我發現人類透過電腦彼此溝通的這種網路經驗，已逐漸形成電腦改變我們思考模式的主要途徑。網路經驗「落實」了整套新的觀念。我最近這本書《螢幕上的生活》談的就是這些。

比方說，一九六〇年我住在法國時，第一次聽到：自我是語言所組成的，經由語言組成，沒有簡單、中央的單一自我，我們每個人都是零散部分所組成的複合物，渴望連接。有時我會半開玩笑地說，這些是我的「法國經驗」。這個新的思考模式我雖然略知一二，但對它的認知仍屬模糊。理論和生活經驗無法結合，一直都是多重和去中心理論（multiple and decentered theories）無法跟上時代變化的主因，即使理論跟上了變化的腳步，因為和生活經驗的關連不夠，我們仍很容易回到傳統中心的思考模式。

但當你浸淫在網路上的生活時，上述概念就不再顯得抽象或難以理解。舉例說明：當你必須在MUD中創造一個人物時，說你是語言所組成，經由語言組成就不再是抽象的概念了，你的言語就等於你的行動，你的言語就等於你的身體，自己可以真切地感受到。同樣地，獲得網路上的帳號時，因為得替自己在網路上的活動取五個名字，多重身分的概念就變得具體。

在不同的線上討論群中，一個人可能是「阿曼尼男孩」、「機車騎士」、「老古板」、「學者」和「唇印」。我在《螢幕上的生活》一書中提到，正如一九六八年五、六月間，在法國發生的一連串運動落實了拉康和佛洛伊德對政治和個人的看法，網路經驗也使有關語言的力量，以及去除自我中心的想法具體化。

很重要的是，網路心理學的討論，不能脫離當今心理學以更廣義角度來看身分認同的觀念。心理學界有一項新興的方向，不再以核心身分（即一個整合的自我）來定義健康的身分認同，而以能夠扮演衆多角色，接納多重自我，作爲健康的新定義。討論的方向已經從整合各個角色，轉變爲能夠隨心所欲在各個角色間遊走。這是一種新的語言，非病態的多重性（nonpathological multiplicity）。在網路上，遊走於視窗之間就等於輪流更換扮演的角色。在不同的線上環境，扮演的角色必定有些許差異，當然這和許多人日常生活的情況聽來相去不遠，但是網路具體呈現了這個概念。有趣的是，螢幕上的生活「落實」了上述概念。

在今日的世界，你醒來的時候可能是情人，做早餐時是母親，開車上班時又是律師。一天當中，許多人都經歷這些角色的轉變，也明白自己正在扮演多重角色。頭腦淸晰的人、成功的人、快樂的人，一個人要學習如何扮演好每個角色。在網路上，你可以看到自己同時出現在螢幕上好幾個視窗裡，扮演的角色都不相同。你以自己預先寫好的程式，將「分身」（pieces of self）留在不同的視窗內，同時又參與另一個視窗的討論。你同時以不同的身分出現在數個視窗中，漸漸地，螢幕上的生活也爲我們眞實的生活提供了一個視窗：我們要輪流扮演好幾個角色。當然，螢幕上的生活將「輪流扮演」的特性發揮得更為透徹。在我看來，這也是線上生活迷人之處：每個角色是如此不同，但深入探究又可以看出眞實的影子。

多重角色扮演已然成眞，我們再也不能說過這樣生活的人異常或不健康。將來的辦公室有實體可見的，也有虛擬的，在這兩個領域，我們都會建立起持續的人際關係。將來在不同視窗間遊走，表示自我存在的，不會僅限於「電腦痴」和「木訥的理工人」而已，越來越多人會開始使用這種語言。

有人擔憂人類會在線上迷失自我，尤其小孩會浪費太多時間面對電腦。這都反映出十年前人類對電動玩具的隱憂。我覺得這兩件事有許多相同點，青春期一開始，年輕人就要面對新環境帶來的壓力，新的身體、新的社交需求、新的同儕壓力、新的親子關係。這時候，年輕人傳統上就會尋找一個安全的地方。他們覺得能夠主控，嘗試創新，不怕會有後果的地方。而當今文化型態能提供的安全空間少之又少，電動玩具和線上生活正好是他們的安全空間。電腦讓他們覺得自己有主控權，有保護、感到安全，因此對處於青春期的少年倍具吸引力。年輕人找到這樣一個安全的地方，可以嘗試創新的電腦空間，必定會「上癮」。然而，如果父母懂得如何教導子女，年輕人本身有自信、懂得自重，對生理成長沒有負面的感覺，他們就能夠超越此安全空間，進入人類的世界，事物不再非黑即白，而是帶著一層灰色。從線上進入線外的生活中，他們將試著運用線上所學，在線外創造更良好的人際關係。

當然，人類對安全空間的需求，讓你嘗試新事物並解決難題的地方，並不會隨青春期結束而終止。身分認同是成年人也要面對的問題。我認爲，電腦空間是讓我們面對身分認同問題的場所，這也是網路讓人著迷的主因。

我曾經研究個人電腦對我們日常生活的影響。過去，電腦傳達的哲學概念，是將人腦視爲機器；今天就網際網路來看，電腦經驗帶來的新思考模式，傾向於多重身分與社會網路的概念。當然，新的思考模式不是一夕之間產生的，改變需要時間。我覺得今日的世界，在現代和後現代之間、機械和後機械時代之間擺盪，人類學家稱此爲「分界點」(liminal)。我們必須學會如何在這樣的時代生存，接納當代應運而生的新思考模式。懷念美化過去或是勾勒光明未來的遠景，都沒什麼意義。

新科技爆發力夠強的話，將有衆多機會等待發掘，先下手爲強，以致產生一段不穩定的「爆炸時期」。例如，線上生活爆炸時，許多人就熱烈討論我們對身份認同、眞實性和親臨其境應抱持的態度。有些人把我們形容成已經進入理想化的數位時代，也有人對人類被虛擬眞實給「吞噬」感到憂心。第一種人貶低了過去的價值，第二種人則傾向於美化過去，聲稱過去人類在直接、透明的社區裡，是完全「面對面」的溝通，其實這樣的黃金年代從來不存在。恐懼和誇大，有人提出未來美景，有人渴望回到過去，在這兩極當中擺盪，我相信人類因此迷失了方向。我們處於創造不安的時刻，在電腦空間環境裡創造化身的人，體驗到自我同時出現在兩個國度，經由其化身以全新、更複雜的方式體驗身分。我們正在重新思考關於眞實的概念。

我最能夠肯定的是，我們不會被虛擬世界「吞噬」，也不會完全生活在實體世界中，將來要學習的是如何在這兩個世界裡生活。現在已經可以看到，人們在虛擬世界相會後，會想在實體的世界裡見面。由電腦空間內部發展出來的社區，開始擴張到其他地方。「線外」生活裡的朋友，漸漸利用「線上」進行社交活動。兩個領域跨界成長，這也是最健康的狀況。現在的挑戰是營造能夠接納所有溝通方式的生活。今天我們仍處於發展的初期，實體和虛擬世界間的交流將越來越頻繁，兩個領域的分界會越來越模糊。

上述現象告訴我們，人類賦予科技意義，意義並不天生伴隨科技而來。六〇年代末，我第一次到巴黎居住時，和我同住的法國家庭剛剛裝了電話。他們將電話視爲外來的入侵者，只是爲緊急醫療而準備，這項扮演媒介的科技給人冰冷的感覺：但是，另一種媒介科技卻與人親近的感覺，重要的訊息當時都以氣壓傳送信件傳遞。

氣壓傳送信件的方式如下：你把寫好的信帶到郵局去，郵局職員就把它放到水力驅動的地下管道，系統涵蓋整個巴黎。這封信最後會傳到收信人所住區域的郵局，收到信的郵局職員再將信送到收信人手上。我認爲氣壓傳送信件的例子顯示：溝通的工具讓人覺得親近或冰冷，不只是工具本身的結構，反而和工具的社會結構因素有關。此外，氣壓傳送信件的例子，也讓我們瞭解數位傳播的迷人之處，透過水力、地下管道和活門傳送信件，和數位傳播也有幾分神似之處。

氣壓傳送信件的優勢不在於收發的時間短，而是以手傳送的方式給人親近的感覺。手碰觸到信紙，手把信送到郵局，送到目的地，最後還有收信的手。藉著電子郵件，雖然少了實體的接觸，我們又回到氣壓傳送信件帶來的迅速便捷。

電子郵件讓我們講話的方式不那麼正式，回應的速度加快，就像氣壓傳送信件。電子郵件是介於信和會話中間的媒介，它開啓了許許多多的可能。在麻省理工學院，我大部分的學生都是第一次離家在外，他們急於離開父母宣告獨立。有個學生告訴我：某個晚上他爲考試熬夜，他母親因爲剛自「美國線上」取得帳號，寫了她生平第一封電子郵件寄給他。他立刻回了信，告訴他母親來信收到，同時提到自己整晚都要熬夜讀書；他母親因爲失眠，淸晨四點鐘再度嘗試使用網路，看到他的回信後又寫了一封。因爲他還在讀書，所以就再度回信。他們就這樣透過電腦網路對話，談到他在麻省理工唸書的壓力和對第一次期中考的憂慮。要是沒有電子郵件，他們根本不會有這樣的對話。我學生說，他絕不會在電話中告訴母親因爲就快要考試，心裡很緊張，他準備熬夜讀書。然而，電子郵件拉近他們彼此的距離，母親得以和兒子聯繫，兒子也覺得受到慰藉。新科技有豐富的可能性，我們要透過對自身的認知善加運用，以豐富我們的生活。

介面二：大家說

●**北美土狼／約翰·巴洛：**雪莉有社會學的背景，尤善於嚴謹的社會調查工作。在新舊認知延續交替之際，傳統社會學的方法將扮演重要的角色。她是我見過唯一針對這個電腦空間議題思考的人：自我如何定義？

●**標準市民／霍華・萊恩戈德**：雪莉是少數針對電腦對人類的影響，實地進行長期研究的學者。

●**先知／大衛・邦諾**：儘管我喜歡她的想法，但也沒有時間去讀她寫的書。不曉得看過的人有什麼想法。

●**天才小子／丹尼爾・希利斯**：雪莉非常有趣。你如果向我描述她的工作，我可能不會對她有太高的評價，但是她寫的書十分有趣。她以另一個角度，通常是心理分析，有時也帶有法國思維的角度，來看電腦空間的發展。

●**市場專家／泰德・里昂西斯**：我在TED會議的大螢幕上看到雪莉就喜歡上她。她的書和我們談論的主題不謀而合：新創造的身分認同——電腦化身。我鼓勵想發展消費者使用程式的人讀她的著作，因爲她瞭解線上人的脈動與其眞正含意。

●**製作人／李察・佛爾曼**：雪莉將人物帶進電子傳播的領域。就像建築師康恩（Lou Kahn)問磚塊想變成什麼，她也在問電子傳播，它想成爲什麼。這問題看似簡單，卻具有前瞻性。

●**辨識模式高手／艾絲特・戴森**：雪莉・特爾克可能比任何人都瞭解，人們如何將情緒轉移到網路上：有時透過網路傳給他人，有時就停在網路上，展開和網路之間的關係。

介面三：布洛曼說

麻省理工學院心理學家暨社會學家雪莉・特爾克，首次進入網路上的虛擬社區，即「多使用者領域」（ＭＵＤＳ）時，她遇到一位雪莉醫生。這位雪莉醫生在ＭＵＤ裡有一間辦公室，她在那裡發問卷，研究線上生活的心理學。特爾克大吃一驚，因爲這位雪莉醫生不是她所知道的自己，她說：「就好像有人用我的名字當商標，以此表示是『電腦空間裡的精神科醫生』。」

特爾克在她的書中稱爲「啓發」的這項上線經驗，讓她以新的角度思考問題。特爾克在檢視我們和機器互動的研究上，一直都居於領導地位，這個經驗尤其意義重大。在《第二個自己：電腦和人類》一書中，雪莉研究個人電腦對我們學習方式和心理狀況的影響，重點集中在人和機器一對一的關係。ＭＵＤ和其他線上虛擬社區相繼出現後，她的興趣轉向經由電腦的溝通行爲如何使身分認同、關係和社區等概念，產生大幅的變化。

雪莉・特爾克是「電腦空間分析師」。我在一九八○年代末期認識她，當時她從波士頓到紐約來向「眞實社」演講。此後，我常看她到ＰＣ論壇和ＴＥＤ研討會中演講。別以爲她是麻省理工學院的科學家，她是人文社會學者，有文學和心理分析兩方面的背景，我眼中會閱讀紐約書評的人。正因爲她這樣的背景，所以登上了一九九六年四月份《連線》的封面。

雪莉對她在ＭＵＤ遇到的另一個雪莉感覺是矛盾的。她試著告訴自己：有人用你的名字當商標創造另一個人，在新的虛擬世界裡是莫大榮譽。但是她無法釋懷，因爲雪莉醫生不是商標而已：她是一個或好幾個人，和別人交談，在線上互動。

後來有個朋友問她：「要是雪莉醫生根本不是人，而是機器人（bot）呢？」"bot"是指在MUD裡如眞人一般，與人互動的機器人或人工智慧。也就是說，雪莉醫生可能是一個程式或人工智慧。雪莉說：「面對一個可能是人或是人工智慧的另一個自己，我了解到自己生活在一個美麗新世界中。在網路上或生活中，直到現在仍有人對我說：『昨夜你是否和我一樣難以忘懷，雪莉醫生？』」

32

情人

戴夫・懷納 Dave Winer

他把自己特大號的心情向所有人投訴。

到戴夫網路上看看，你就會明白。

- 「DaveNet」的軟體發展人及發行人。
- 1979年畢業於威斯康辛大學。學生時代即研究電腦程式語言。
- 1980年遷居加州，展開軟體發展事業。自創 Living Videotext 公司，
- 1983年初次接觸麥金塔電腦，從此擁護麥金塔。
- 1987年 Living Videotext 與 Symentec 合併。
- 1988年底另創 UserLand 公司。
- 1990年代開始網際網路的狂熱。

介面一：情人自己說

我計畫要寫作的時候，就會在清晨四點左右醒來，放些音樂，通常是一張專輯，或同一首歌反覆地聽。我會先寫一段和音樂有關的文字暖身，想說這段文字也可以幫讀者暖身，通常我就把它留在整篇文章裡。而且，我將來也想多寫些有關音樂的東西，把音樂當作整篇東西的一部分。當然，在熱線網站上，這段音樂文字總是被刪掉。我不怎麼喜歡自己的東西被修改。

事實上，我有兩個網址，一個專屬我個人，內容完整，不經修改。另外在熱線網站上有個「戴夫網路」，每週四刊登，熱線上的東西就經過修改。目前為止，我大概已經寫了三百篇文章，全部印出來的話，加起來可能是一本兩千頁的書了。

我試著儘量不把我軟體發展人的職業和作家的興趣搞混。從另一個角度來看，我也不假裝這兩者間沒有衝突。我發展軟體，這也是我寫作時的角度，你如果沒興趣就是你自己無趣，不對嗎？

「戴夫網路」一開始純屬意外，我根本沒想到它會廣受注目。我暫時告別軟體業八個月，因為當時手上進行的計畫不成功，我覺得厭倦了，剛好這時候又和我女朋友分手，所以我完全沒有工作的情緒。我花了八個月玩耍、旅行，做自己喜歡的事。我朋友坎特（Marc Canter）想成立一家新公司，推出自己的產品，因此要開記者會。我有一本內容可觀的電子郵件地址簿，多年累積而成，而且有整套發送電子郵件訊息的字體。所以我就幫他發信給每個人，鼓勵他們來參加記者會。記者會上，馬克提出一份清單：他想讓媒體認識多媒體的十大特點。

在我看來，馬克是多媒體方面的領導者，Micromedia Director 是他發展成功並做爲標準的。更重要的是，馬克有遠見（vision，雖然我討厭用這個字），他說話的時候，我通常會聽。我後來把馬克那十點打成信件，送給我地址簿上的人。之後，我想到這個出版平台可以做爲發表我的文章之用。當時業界盛行的說法是蘋果和ＩＢＭ將會合作，我爲這兩家公司撰寫了商業計畫，以電子郵件傳送給蘋果和ＩＢＭ的主管，他們沒有回信。我就想，乾脆把這封信寄給我地址簿上的人，結果我得到許多熱烈迴響。

我還寫了另外幾份報告。我研究個人數位助理（ＰＤＡ），得到幾個重要的結論，寫了篇報告，和以前一樣，充滿我個人的意見。我在網路上發表，並且得到摩特羅拉負責ＰＤＡ業務的主管巴泰（Randy Battat）的回應。他的見解很有價值，所以我也把它發表在網路上。我想到自己可以寫篇文章，然後就像老師一樣，叫某個人回答，這就是網路出版。當時我剛開始玩全球資訊網，我有一個ＩＳＰ帳號，用的軟體是 Eudora。然後我靈機一動，想到一個好主意，加上比爾・蓋茲在會議中說的：我把整個公司賭在微軟網路上！他一直都不承認自己說過這句話，他說微軟擁有一百八十億美元的現金，網路怎麼可能是整個公司的賭注？我的意思只是說網路和整個公司都有關連，況且微軟今天在業界的地位，和一九九四年底我寫那篇報告時相比，已經大幅滑落。

我的前提是已經發生的事不可挽回，基本上和當時軟體業的標準根本無關。在軟體業尚未注意到的時候，網際網路的標準就悄然來臨。這些標準有影響力，受到所有製造商的支持，將來也會受到所有平台的支援。令人訝異的是，這套標準沒有一個來自蘋果、IBM或網威。

API指的是應用程式設計介面，軟體上很重要的一個概念。軟體是一層層合起來的，而連接層與層的就是API，軟體內部每項重要的東西都必須有API。網際網路本身虛無一物，然而它又是一切。網路上都是API，都是這些爲標準而寫的軟體程式，歸結而言，網際網路沒別的，就是大家講好了要讓軟體相容的合約。這些開放平台不是以微軟格式設計，但微軟加入後反而開始發號施令。

也許蓋茲是對的，一九九四年我們都在等待他實行新的軟體工具，沒有人敢輕舉妄動。身爲軟體發展人，我感到百般無聊，我不想等待，寧可去玩風帆、陶土或結婚成家。我喜歡比爾．蓋茲和我們同在的世界，他扮演的角色重要，手上握有權力。因爲微軟面對網際網路的挑戰方式，讓我很尊敬蓋茲。我不想看到他贏，但另一方面，我知道他要是贏了，就表示方向要改變，微軟公司大逆轉：微軟如果能夠以重要領導人之姿度過轉型期，公司就會完全改觀。但是我不認爲比爾想要全盤改變他做生意的方式。

目前爲止，蓋茲試著以「擁抱和擴展」做爲和新挑戰妥協的方式——擁抱網路的格式。然而，很少人想到這個問題：「網景的力量要是減少了，蓋茲會回到九〇年代初，微軟控制所有個人電腦標準的局面嗎？」

因此，他決定微軟公司將跨足網際網路。但是，天殺的！他居然搞不淸楚，在這場競賽中微軟已經落後。這就是「戴夫網路」的起源，當時蓋茲給我的回應相當熱烈，幾乎讓所有人跌破眼鏡。事實上，我不過是運用了每個人在網路上都有的力量，以適當的方式，發表我個人的意見，引發某人的回應，就是這麼有趣。訊息只要像這樣有趣就可以了。

我非常高興「戴夫網路」有今天的局面，讓我覺得有權力，有能力影響未來。我常常有頓悟的經驗，常覺得有挫折感，因爲我就是無法忍受定型的世界。我必須常常提醒自己不要感到無奈，對事情採取沈默的態度。我可以讓事情發生，我要當網路界的新聞節目主持人芭芭拉・華特斯（Barbara Walters）。

有些人懾服於公司的規模，讓公司影響他們的選擇。但我傾向和優秀人才合作，不論他們是獨立工作、爲小公司或大公司服務。

我願意在任何一天與微軟一同工作。一九九六年一月，「戴夫網路」對比爾・蓋茲和馬克・安德瑞森來說是個競技場，我的信箱裡充滿你來我往、唇槍舌戰的信件。挑個適當時刻，我會發表他們的信件，因爲事情就在此時有了進展。

網景決定要製作麥金塔版，算是蘋果運氣好。網景也很幸運，因爲要是沒有這第二個平台，網景現在就會被微軟控制住。網景支援麥金塔平台，表示微軟也不能坐視不管。麥金塔環境下的「微軟探索者」（Microsoft's Explorer）是個很好的軟體，這絕不是客套話。領導才能很重要，現在我們看到微軟投資麥金塔平台，就是領導才能促成這個令人驚喜的消息。

現在「戴夫網路」以電子郵件形式出現，未來會經由爪哇語言傳送。我希望它的格式不會在傳送過程中流失。全球資訊網勝過電子郵件的好處是讓我更能夠掌握呈現的結果，更重要的是，透過網路我可以和讀者連結。連結是全球資訊網特有的藝術，我們才剛開始探索連結的好處。如果有特定的電子郵件客戶，也可以經由電子郵件連結。

我必須扮演好幾個不同的角色，有時候我有自己的看法而且主導文章內容。我寫史馬蘭(Rick Smolan)計畫「二十四小時的電腦空間」時，完全是發表自己的意見：瑞克是我的朋友，我自認瞭解他的背景處境，他原本有機會創造歷史的，因此我對他非常失望。換個身分，我現在鼓吹網際網路上的言論自由，要求史馬蘭，在政府簽署傳播規範法箝制網路言論當天，不要讓高爾副總統發表他對環境的看法。

柯林頓政府很清楚他們在做什麼，維持現有權力結構，不要讓網際網路改變它。維持現狀不變，金錢的流向也不變。《紐約時報》大談新興的媒體工業，以及它對人類社會的貢獻。他們都太自以為是了。不只是《紐約時報》，整個廣告業都是如此，他們以為網路是單向的媒體，和電視無異。

他們絕對怨恨我這麼喜愛網路的原因：在網路上你無法過濾我的言論。不管是上廣播節目、無線和有線電視，我說的話都要經過過濾，修剪掉有爭議的地方，同時也就失去即時性。種種限制讓我發表的言論不再有意義，這就是他們想要看到的。網路這項新媒體的特性是無法控制，他們就算把你關進監獄，也無法控制網路上已然展開的討論。

下次你有機會和馬克夫交談的時候，問他《紐約時報》爲什麼躊躇數月，才發表一篇有關網路言論自由的社論，問他在搞什麼鬼——他應該是數位英雄裡的一員。去問狄尼絲・卡盧梭相同的問題。

企業網站在每一件事情上，都將會避免採取立場，一定是害怕全球資訊網變得好玩。網路必然會激發興奮的心情。企業界放在網路上的東西大開倒車，只不過是一份說明要在網路上做多少生意的商業計畫書。我們眞正需要的是實驗精神、嘗試錯誤、玩樂、輸幾次也無妨——科技就是以這樣的方式進步。

CNN的網址很好，我常常拜訪，在東岸所有的媒體公司當中，只有CNN瞭解自己在新媒體扮演的角色。《紐約時報》則大錯特錯，爲此我感到相當失望。我從小到大看《紐約時報》，對它充滿仰慕和尊敬，一直期待看到《紐約時報》出現在新媒體上。結果遭透了。也許剛開始還有趣，但讀者能忍受的負面、嘲諷態度和不懂事的幽默有限，《紐約時報》寫的東西太負面了，網路上永遠不缺這樣的東西。但是我開始感到厭倦了。倒是軟體業在線上出版的表現令我讚賞，IDG的「資訊世界線上」(Infoworld Online) 精彩極了，我常反覆拜讀，我從中得到每日新聞報導以外的東西。這也是我對網路的期盼，事情發生時，我要能夠更快獲得訊息。

未來最具爆發力的網站會強調即時性，只要有事情發生，就會有箭頭顯示，這樣的網站會吸引大量的人潮。事實上，網路充滿了新的資訊，但是搜尋器無法立即爲事件建立目錄，光是要找出所有有關炸彈客訊息的網址，搜尋器就要花上一整個月才能列出完整的清單，炸彈客幾乎成了網路特有現象。只是你要自己去找資料，而且網路上的資訊整理得不好。像炸彈客被逮捕時，我應該可以找到炸彈客首頁，一群人採訪新聞，一有新的消息就會送到線上，你會看到箭頭，就像焦點一樣，你可以透過它窺得全貌。

介面三：大家說

●**市場專家／泰德·里昂西斯**：懷納脾氣很差，他每天寄給我一份批評謾罵郵件。「戴夫網路」上每天都充滿這些慷慨激昂的批評謾罵。我鼓勵每個人都加入他的郵寄名單，因爲戴夫寫的東西太有趣了。

●**實用論者／史都華·艾索普**：「情人」？和他從前的「書呆子」形象差太遠了吧！

●**牛蠅／約翰·德弗亞克**：到「戴夫網路」上看看，你自己會明白的。

●**催化劑／琳達·史東**：他把自己特大號的心情向所有人投訴。他對於自己的判斷和信仰相當認眞。

●**政治家／史蒂夫·凱斯**：懷納的背景本來不可能讓他變成電腦空間的詩人，戴夫網路卻永遠都那麼吸引人。因爲戴夫敞開心房，和大家分享他的想法，他開放的態度令我印象深刻。

介面三：布洛曼說

以下爲一九九六年一月十七日「戴夫網路」的內容摘錄：

麥金塔的恐懼

熱線網址(hotwired.com)的使用者，百分之八十都在Windows環境下作業，而且這個數字不斷增加。麥金塔過去的相對競爭優勢爲傳播的能力，但現在已經逐漸敗退。我們必須謀求對策！是不是最後問題的解答不會來自加州的蘋果公司總部？這話我已經說一年了，我們要把這個平台轉到一個全新的方向，讓它配合變化的速度。

我們使用Windows的機會越來越多，這是無法改變的趨勢，我們沒有可以在麥金塔環境下使用的爪哇語言。麥金塔的恐懼——沒有爪哇支援，Mac netscape 2.0根本英雄無用武之地。恐懼和氣憤盤據心頭，這到底是怎麼一回事？是誰想致誰於死地？

結果是像我這樣的網路內容發展人，在麥金塔旁邊一定有一台Windows系統的電腦，至少我自己兩週前因爲需要而買了一台。而事實上，在添購平台設備方面，我一直都算是後知後覺的。

每隔幾天，一份這樣的電子郵件就會出現在我桌上。新一期的「戴夫網路」出版了。戴夫‧懷納，軟體發展人，同時也是「戴夫網路」的管理員、作家、執行總裁兼工友，受限於現有技術加上網路營運收入模式，他的網站是網路出版最好的例子。

「戴夫網路」不斷對蘋果公司、微軟和整個網路社區大聲咆哮，主題要看戴夫的心情而定。通常他會先評論自己清晨五點鐘聽的一首搖滾歌曲，然後開始「唱」，或者該說是「低吟」那首歌——代表他勇敢嘗試以ASCII文字檔創造虛擬卡拉OK。

暖身之後，懷納開始大聲發表他的意見。他指導蘋果的新任執行總裁艾美利歐（Gil Amelio）如何進行企業改造；挑起微軟和網景工程師對開放標準的辯論，叫提供線上服務的業者別看他的電子郵件；向工業界和政府闡釋憲法第一條修正案的精神。他陷入熱戀中，最後以友誼結束。他挑起戰火，讓大家針鋒相對，這一切都充滿他簽名式的訊息：愛。

貴公司上一季的虧損金額是否已達七億美元？未來一年的策略計畫是否遺漏了網際網路？懷納瞭解你的困境，他可以體會你的無力感。他有一個夢想：在他夢中，你是個孩子，安詳地睡在他舒適的臂彎；他把你帶到綠意盎然的山崖，輕輕喚醒你面對陽光燦爛、洋溢積極活力的一天，他要將此夢想與你、與更多人分享，包括你的員工和你的競爭對手。他的語言程式（scripting language）可以免費提供你使用，所有美好的事物都是免費的。剛開完蘋果發展人大會，回到家時你是否看到自己的妻子和來自西雅圖的男人同床共眠？戴夫瞭解你的感受，他幫助你喜愛他們兩人之間的熱情。

這些語言都來自著名可以辨識的聲音，因此很難輕視它的存在。除非你覺得，懷納偶爾對英語的摧殘該引起大家警覺：

www.suck.com 小小地傷害了我，他們模仿我的用語。P.S.我愛你！懂了嗎？披頭四的歌，可愛！棒呆了！我眞的愛你，眞的，但是我以前從來沒說過，因爲我覺得時機未到。我認識的人都說，被 www.suck.com 模仿是件很酷的事（注意到了嗎？我只說很酷而已），我現在對自己的用字比較注重，也許我眞的應該停止用「斃」這個字？

也許他們是對的——說話的時候用太多「斃」不是什麼酷斃了的事？

這樣改好嗎？

才怪！

酷斃了！

給所有說我用太多「斃」的人——雞婆！世界上飢荒的問題還沒解決，居然有人要檢查網路上的內容：愛滋病正在侵蝕人類文化，你竟然還有時間管我說了幾個「斃」字？我通常不給別人什麼勸告，但是這一次例外，我要說：你省省吧！

電腦痴已經瘋了。

我覺得「戴夫網路」簡直是酷斃了！更棒的是訊息以電子郵件的形式送到我面前，不需要花時間連上我的網路服務提供者，再花上好幾分鐘去找戴夫的網址。戴夫主動把他的東西寄給約一千位業界人士，同時在他的網站上發表（舊的也歸檔收藏），大約有三萬五千名讀者。你如果在戴夫的一千人名單上，就表示你的公司還不錯，但是你不會看到完整的名單。「戴夫網路」上的地址簿列有名單，上面有你和另外十二個人的名字，其他的名字和電子郵件地址每次都不一樣。這個禮拜你和賈斯（Jean-Louis Gassee）、度爾（John Doerr）在一起，上禮拜你的名字和比爾‧蓋茲、萊恩戈德、安德森並列，下個禮拜可能就是馬庫拉（Mike Markkula）和里昂西斯。

戴夫認識許多社區。事實上，從他的言談中，我可以感覺得出來，他住在舊金山是爲了遠離他原來的社區，在那個社區中，人們在眞實的時空裡互動，所產生的動亂不安被戴夫溶入他的網站裡。

「戴夫網路」顯示內容即社區。許多人都在談這個觀念，但是戴夫將它實際運用在網路上。「戴夫網路」是個眞實的社區，首先，收到網站訊息的人都認識其他人，不管是有個人情誼或因爲在業界裡的名氣。第二點，對訊息的意見回應會被業界有影響力的人讀到。第三點，戴夫鼓勵讀者的回應、情緒和熱情，人們面對和自身，甚至整個世界有關的議題，在此針鋒相對，這個社區內的意見交流可以形成眞正的影響力。

歷久不變的道理是：市場佔有率主宰一切。在電腦空間裡的消防拴上撒尿以劃分勢力範圍，混戰三年之後，你可能會是灰燼堆裡冒出來的生還者，控有歷史上最大的市場。你只要看看媒體企業集團如何投注大筆資金，新公司估計將虧損數百萬美元，提供線上服務業者仍繼續發行股票彌補虧損，就不難明白其中道裡。

懷納說：「『戴夫網路』的優點是我不需要任何資金、編輯群和印刷費用，因此，沒有人可以規定我寫的東西。此外，我還擁有其他媒體記者所沒有的時間，要是新聞發生當下我第一個搶到，十分鐘以內我就可以在網路上刊登這則消息。過去從來沒有像這樣能夠即時報導的媒體。網路改變了新聞界的運作方式，也改變了輿論產生的方式。」

懷納對他軟體生涯的夢想，是讓在不同公司的人一同工作。他說：「軟體在本質上就不是企業的，它是個人的。而企業利益、公司老闆等阻礙了它的發展。」

戴夫・懷納是「情人」。

33

製作人

李察・佛爾曼

他遊戲人間的外表下，
有敏銳的設計能力和商業頭腦。

- 1996年獲「太平洋設計中心」頒贈「設計之星」的終身成就獎。同年並且獲得「克萊斯勒設計革新獎」。
- 擁有建築學碩士學位，是「美國建築師協會」及「美國設計中心」榮譽會員，「公司團體設計基金會」董事，「國際繪圖聯盟」的成員，以及「美國繪圖藝術協會」副總裁。
- 26歲開始出書，目前已經有60多本著作，最暢銷的一本是：「資訊焦慮」（*Information Anxiety*，中文版由時報文化出版），目前在幾家與設計和了解資訊相關的公司當常務顧問。曾經多次獲獎。
- 1984年創辦了「科技娛樂設計會議」（TED Conference）。

介面一：製作人自己說

人類潛意識裡的方向感讓我們覺得安穩，到陌生的城市讓人失去安全感。我們不知道降落的地點在整座城市的東邊、西邊、南邊還是北邊，我們不知道機場離城裡多遠，我們不知道自己身在何處。失去方向感讓人覺得陌生且害怕，因此需要電腦資料庫給予我們方向感。在書中或資料庫裡，只要和時空、故事情節有關，方向感就很重要。但是螢幕上頁與頁的轉換卻不能給我方向感，我從來不知道自己身在何方。

資訊建築師最基本的工作就是使訊息清楚易懂。我一直專注於把複雜的東西變得清楚（不是簡化），這句話我已經講了三十年。今日資訊爆炸，使訊息清楚易懂更加重要。我們必須能夠找出資料的模式，以讓人清楚易懂的方式組織訊息。

我尋找這樣的模式，一有發現就興奮不已，我會脫口而出：「天哪，它一直都在那兒，我有個模糊的印象看過它，但是今天我懂了。」我會因爲缺乏安全感而亂了腳步，因爲不懂得下一個人要做什麼而不安，因爲害怕自己不若聽我演講的人聰明而不安，爲了要到自己進不去的名校教書而不安，爲所主持的會議參加者都比自己敏銳、反應快而不安。唯一讓我覺得快樂、有安全感的，是當我想出含有**當然**二字的點子時：「當然，這就是模式，當然，現在發生的就是這件事。」有些點子和我書中訊息的組織有關，有些則起源於「ＴＥＤ概念」——科技、娛樂和設計業三者間的整合。

關於這方面，未來三到五年將是業界的重大時刻。過去，新出現的東西只要比上個版本好就可以了。但是在未來，新東西如果只是比舊版本好，一定會被淘汰。探索新領域會越來越重要，以簡單的交易方式，平行買賣點子、服務、產品等。

我說到交易時，大家腦海裡浮現的是螢幕上的高科技交易，想到的只是交易的一個層面：網際網路、電腦、美國線上等。眞實的情況其實更複雜，我想到舊式的舉重啞鈴，其中一端有個圓形鐵球的。一九八四年，約翰・奈斯比(John Naisbitt)提出高科技／高碰觸(high-tech/hightouch)，以及這兩種運動兩極化的現象。他讓我覺得，我的TED大會永遠都會很成功，因爲高科技在視訊會議和電子郵件兩方面的發展，人們不必遠道來參加，但是他們反而會更想來。兩極化的現象讓他們更想親身參加會議。

一件更有趣的事正在發生。高科技將創造模糊、溫馨、高碰觸的銷售方式，能夠買到量身定作的Levis牛仔褲，是件模糊、溫馨的事，而這由發展科技的人促成。是兩極間的親密接觸，讓未來三到五年服務和商品銷售得以成功。對網際網路來說，這代表什麼意義？對使用電腦或線上服務的人有何影響？我們將來取得資訊的方式還不確定，事情尙未成形，但是即將發生。

過去五年以來，我對介面設計的基本方向一直不滿意，就像是在一團混雜的資訊迷霧中，連飛機駕駛員也失去了方向。螢幕上的選擇多不勝數，你無法閱讀所有的資訊，因此永遠覺得有罪惡感。東西太多讓你看不清自己身在何處。我想知道如何做出一個讓你有方向感的介面，提供你份量適中的資訊，讓你不需碰觸太多個按鈕就能找到所需的資訊，解決這個介面的問題，對於螢幕上什麼東西會給人舒適感將產生重大的影響。

我不贊成顧客自行修改內容的報紙，因爲你定期獲得意外收穫的來源就是報紙，你可以看到不是特意要找的訊息。多麼美妙的事！就像是在圖書館開架區找書，常會有意外的收穫。這樣的經驗擴展你的生活，而非限制生活。這些東西看似柔軟模糊，卻是你設計的基礎、介面的基礎、開會的基礎，以及購買和瞭解的基礎。我尋找的就是能幫助你的小東西，像書裡的書籤，平凡無奇但效用強大。別人對我發明的東西提出的最好的評語就是：「我們一直都有這樣的東西，不是嗎？以前就一直是這樣。」

我算是輕微的偷窺狂，我喜歡看人們走不同的路線，之後又匯集在某一點。聚餐是個很棒的比喻，你對主人的尊敬和信心，激發你和鄰座賓客交談的意願，即使你根本不認識他們，宴會上被請來的人都有原因背景，彼此交談可能激發靈感。交談是人類做得最成功的事。事實上，我對圓滿婚姻的定義，就是你喜歡和妻子用餐勝於和妻子及另一對夫妻一起用餐。不同凡響的交談，是結爲伴侶的最佳理由，婚姻是對完美交談的頌揚。

在設計通訊系統時，我們總是想要簡化，因而損及其豐富性。書的編輯標準是不要聽來像是某人在講話，這麼做的理由是品味和風格，或說是聰明和清楚。然而，我一直在尋求能夠讓我不論在眞實時空中、利用平面印刷或電子媒體，都能和其他人交談的可能。我們和其他人交談所產生的興奮之情，如果能進入我們的電腦經驗，就能找到個人的路徑。我們需要會點頭的電腦——點頭表示回應、認同、瞭解。

介面二：大家說

●**催化劑／琳達．史東**：佛爾曼辦的舞會最成功。你怎麼可能不願意一年參加一次？李奇把人聚集在一起。也把事件聚集在一起，他一會兒發牢騷，令人厭惡；過一會兒又變得讓人喜愛。幾年以來，他以建築師和設計師的身分寫書、舉辦會議，做出很大的貢獻。

●**寫手／約翰．馬克夫**：佛爾曼是個很特別的人。我從前沒見過他，第一次見面他就當著六百人的面，在台上給我一個熱情的大擁抱，讓我雞皮疙瘩散落一地。然後他送給其他講者小禮物，卻漏了我的一份，所以我很生氣。

●**理想派／狄尼絲．卡盧梭**：佛爾曼就是佛爾曼。沒有第二句話。

●**電腦空間分析師／雪莉．特爾克**：佛爾曼教你以不同的角度看事情，試過他的方法之後，你通常想不起來你以前用的方法。他設計方面的才能改變了我主持會議、計畫旅遊，甚至辦公室的照明方式。

●**偵察員／史都華．布蘭德**：他遊戲人間的外表下，有敏銳的設計能力和商業頭腦。

介面三：布洛曼說

一年一度的TED大會為期三天，來自科技（T）、娛樂（E）和設計業（D）的菁英聚集一堂。李察・佛爾曼有先見之明，瞭解到個人電腦革命所帶來的疏離感和孤寂，而此疏離感又「增進」了個人通訊之便。科技、娛樂暨設計大會的目的可以說是「溫馨模糊」。應該有人要先告訴我的。一九九五年，佛爾曼邀請我參加TED在加州蒙特瑞舉行的大會。依大會慣例，演說結束後沒有問答時間。讓人覺得舒服、溫馨，而且模糊。要是有人講的話一點內容也沒有怎麼辦？

我和TED的關係因爲一句話而結束。一位講者做完了無新意、內容空泛的演說之後，我對他說：「我根本聽不懂你在講什麼，而且你自己也不懂。」整個觀衆席鴉雀無聲，討論小組人人面色凝重，李奇迅速結束了這一場討論。

凱利在大廳裡衝上來對我說：「哇！你嚇死大家了！就好比瑪丹娜遞給大衛・萊特曼一隻死老鼠。大家都恨死她了，你應該待在觀衆席的。」我從來沒看過凱利講話時表情那麼生動。接著是琳達・史東：「你怎麼可以？你怎麼做得出這種事？」然後是狄尼絲・卡盧梭：「你實在不需要說那些話的，尤其講者人那麼好。」其他人的態度也一樣。這些話持續了兩天，直到大會最後一日，瑞利（Tom Reilly）在講台上要所有觀衆以掌聲譴責我。眞可惜馬克夫不在場，否則我大概可以登上《紐約時報》。不過「爛人一族」（Sucksters）在場，你可以在全球資訊網上讀到這整件事的來龍去脈。附帶一提，我玩得開心極了，我會再回去的。

有些人說佛爾曼這種個性要相處久了才會喜歡。就像傳播學者麥克魯翰，他是先知先覺的感應器，告訴大家我們現在位於何處，他說：「我拿起一本書來，如果是小說，我知道有多少頁要讀，我知道故事現在進行到哪裡。看電影的時候，我知道片長兩小時，不論前五分鐘演了什麼，故事的結局都還沒有產生，要兩個小時才會知道所有的情節。我知道自己身在何處，這不是小事情，它給我座標，知道基礎就在這裡。」

近幾年，佛爾曼自稱是「資訊建築師」。他說：「我身爲建築師的背景只是巧合，因爲我說的資訊建築師和建築無關。資訊建築師注重的是對資訊有系統、有技巧的整理。」

李察・佛爾曼是「製作人」。

尾聲

一九九六

「坐下。我有話跟你說。」我太太（兼合夥人）卡婷加・麥特森（Katinka Matson）以嚴肅的語氣對著我說。凌晨兩點，我剛剛從美西回到家。「你和大衛有對手。」

卡婷加指的是我 Content. Com 公司的競爭對手。我和大衛・邦諾八個月前一起開了這家公司，現在想在網際網路上設立一個出版事業部，還沒有找出一個利潤模式，決定暫時擱置。我們其實已經說服了全球幾十家書籍出版公司共同參與我們的企劃：「書的頻道」（Book Channel）。

對手？老實說，我不把競爭當問題。我的點子想拿你就拿，怎麼做出來才是重點，我靠這個吃飯。我不相信有人能抄襲我們的策略或企劃。

「好吧，說，是誰？」我一面問一面倒咖啡。心裡有數，長夜漫漫，有得說了。

「噓。他睡了。」她瞄了一眼兒子麥斯的房門・麥斯剛滿十六歲。

「麥斯？」我叫了一聲，因生氣而變大聲。「好，說來聽聽。」她開始解釋：「你兒子晚餐時宣布，他的頻道正式運作，在學校的網站上，和書有關。」「那又怎樣？」「哦，」她頓了一下，繼續說：「沒有啦。他寄了電子郵件給網路上所有與書有關的公司，要求與他們連結。」

「用我的姓嗎?」我大叫。「不是。」她語調平靜。「他用自己的,但他跟你同姓。」

「小混帳。我殺了他。」我咕噥著。(我必須說,我聽見我爹的聲音在腦子裡響。)「爲什麼沒叫他簽一份 nondisclosure?」

「好啦。你兒子欣賞你的事業,也知道如何執行,可以高興啦。」「是啊,不過大衛一定會告他的。」我說。

第二天,我差不多平靜下來,可以好好和麥斯談一談。自從他與邱里博士那場「麥金塔對視窗」大戰後,我只在吃飯時間看到他,其他時間不見他蹤影,房門老關著,電話上亮著小紅燈,表示他占用線路。好不容易他露面了,總會忽然間(而且很詭異地)對所有關於數位世界的話題現出冷淡表情。特別是對於 Content. Con 公司的事。

「面對現實吧。」我們坐下後他平靜地說:「你老了,大衛累了。你們忙著開會時我建了網站,組了一個工作小組,今年年底我們就開始營運。」

「你給我聽好——」

「爸」,麥斯打斷我:「我無意冒犯,但我們這樣的小孩才會是先鋒。我們才是未來英雄。」

「很好啊,儘管去做。」我回答:「請記住三件事。第一,開路先鋒背著箭袋。第二,我們從錯誤中學習,年輕時候失敗也許是非常正面的經驗。你可以大學再說。第三,既然你非常非常可能做成這件事,請你稍微記住貝特森的話,在人類所有的發明之中,到目前爲止,從事經濟活動的人最呆板。」

「沒錯，爸，還有一件事。你知道我那台麥金塔。」他指的是他的 Power PC 7500/100。

（我的確知道他的麥金塔，而且我猜，他打算敲竹槓，要求我裝升級卡，變成 200MHz。）

「我的網站可以做更多事，但很多很酷的軟體 Mac 不能用。」

「所以？」

「所以，爸，我們弄成兩個平台並行。買一台裝 Window 的擺家裡，只做網路方面的用途。我房間裡麥金塔旁邊還有空位。而且，你不必擔心 Windows 95。邱里博士跟我說，直接用 Window NT，他會幫我裝。噢，還有。我需要再加一點點記憶體，才好用 Director 的錄影部分。馬克夫說至少要加到八十MB。另外，爲了避免忘記。你記不記得，德弗亞克告訴過我的，1GB容量的一種新式可拆卸式磁片匣？用它來存放多媒體資料很正點……」

關於 digerati. edge. org

Digerati 是個持續的計劃。在 Digerati 網站（網址：digerati. edge. org）上，將提供本書所介紹的人物之對談和新想法，同時亦介紹其他數位世界人物的作品和觀念。本網址以聲音和影像呈現諸位數位英雄的談話，並以互動方式讓本書讀者參與對話。數位英雄網站由「邊緣基金會」贊助。「邊緣基金會」創辦於一九八八年，爲「眞實社」的衍生機構，非正式會員包含多位當今最特殊的人物。

一九八一年起，「眞實社」邀請演講人有一自定簡則：凡其創作能開拓吾人對自我之認識暨人類之意義者，皆在受邀之列。若干講者係暢銷書作者或大衆文化界名人，大多數不是。我們反而支持處於文化邊緣的作品，鼓勵發表尚未爲大衆所熟悉的觀念。我們要「敏於思」，卻不受「智慧」的痲醉。宣言如下：「及於世界知識的邊緣，探尋最縝密細膩的心靈，使之齊聚一堂，相互激盪心中疑問。」

講者藉敍述自己創作、生活，以及他們的疑問，反映眞實。我們並希望作者自陳本身知識與經驗的極限，接受我們提出的質疑、評論、指正與見解。「眞實社」不只是一群人，更是一種觀點，一種協定。經常更新比喻，全力追上彼此思想：知識分子當如是。「眞實社」令人對知識生活有一番新的認識。

「眞實社」不同於「阿岡欽」、「使徒」、「布倫貝利」、「俱樂部」等團體，但有同樣程度的知性挑戰。與「眞實俱樂部」最類似的團體，可能是十九世紀初的「伯明罕瘋人社」（Lunar Society of Birmingham），一個非正式的文人社團，集結了工業時代的文化界要人：瓦特（James Watt）、達爾文（Erasmus Darwin）、威吉伍德（Josiah Wedgewood）、普利思黎（Joseph Priestley）、富蘭克林（Benjamin Franklin）。「眞實社」以接近「瘋人社」的精神，欲集諸探索後工業時代各課題之人士於一堂。

參加過「眞實社」聚會或「邊緣研討會」的講者，超過一百五十人，涵蓋藝術與科學界多位人士：哲學家丹奈、科學家道金（Richard Dawkins）、福里曼·戴森（Freeman Dyson）、蓋曼、顧爾德、考夫曼（Stewart Kaufmann）、孟德布洛（Benoit Mandelbrot）、馬格利思（Lynn Margulis）、心理學家契仁米哈利（Mihaly Csikszentmihalyi）、嘉德納（Howard Gardner）、品克（Steven Pinker）、杉克（Roger Shank）、藝術家班德（Grethen Bender）、海利（Peter Halley）、戈尼克（April Gornick）、史蒂芬（Gary Stephan）、詩人麥克盧（Michael McClure）、馬里亞尼（Paul Mariani）、史登、宗教學者洛希（Richard Baker-roshi）、佩吉爾（Elaine Pagels）、瑟爾曼（Robert Thurman）、社會評論家佛里登（Betty Friedan）、克萊斯納（Paul Krassner）、伍爾芙（Naomi Wolf）、已故的霍夫曼（Abbie Hoffman）、作家迪勒（Annie Dillard）、凱西（Ken Kesey）、李維（Steven Levy）、墨斯基（Mark Mirsky）。

邊緣基金會擁有「眞實社」與「邊緣研討會」共數百小時長度的演講內容（含聲音與影像）。日後將應用於網路網站上，並用於書中諸數位英雄所探索的新領域。

邊緣基金會致力推動知識、哲學、藝術和文學等課題之討論，並促進全社會之知識與社會的進展。邊緣基金會爲一私人非營利基金會組織，遵循營利事業法（Internal Revenue Code）第五〇一細則之C第三項的規定。若欲詳細資料——關於基金會、網站或本書——請寄電子郵件至：digerati@edge.org.

國家圖書館出版品預行編目資料

未來英雄 / John Brockman著；汪仲／邱家成／韓世芳譯
. -- 初版. -- 臺北市：大塊文化，1997 [民86]
面； 公分. -- (Touch系列；02)
Digerati, encounters with the Cyber Elite
ISBN 957-8466-04-0 (平裝)

1. 資訊社會

541.49 85014037

touch

10倍速時代

英代爾總裁葛洛夫的觀察與解讀

Only the Paranoid Survive

How to Exploit the Crisis Points That Challenge
Every Company and Career

Intel總裁 Andrew S. Grove

最具影響力的人物談最具影響力的變化

王平原⊙譯

沒有人欠你一份工作，更沒有人欠你一份事業。我們置身一個成功和失敗都以10倍速進行的時代。10倍速時代，行動準則與節奏是不同的。世界在既延伸又拉近，既垂直又水平，既協力又競爭。時間，不保証任何企業，或個人的成就。上一個小時造就你的因素，下一個小時就顛覆你。無論企業，或是個人，都必須掌握這個節奏，否則，就接受沒頂。

12/31
70

LOCUS

LOCUS

LOCUS

LOCUS